课程理论与教学实践基础

—— 吴淑芳 主编 ——

西安交通大学出版社
XI'AN JIAOTONG UNIVERSITY PRESS

图书在版编目(CIP)数据

课程理论与教学实践基础 / 吴淑芳主编. --西安：西安交通大学出版社,2024.8. -- ISBN 978-7-5693-1097-9

Ⅰ.G649.2

中国国家版本馆 CIP 数据核字第 20246E5W45 号

书　　名	课程理论与教学实践基础
	KECHENG LILUN YU JIAOXUE SHIJIAN JICHU
主　　编	吴淑芳
策划编辑	雒海宁
责任编辑	雒海宁
责任校对	李逢国
装帧设计	伍　胜
出版发行	西安交通大学出版社
	（西安市兴庆南路1号　邮政编码 710048）
网　　址	http://www.xjtupress.com
电　　话	（029）82668357　82667874（市场营销中心）
	（029）82668315（总编办）
传　　真	（029）82668280
印　　刷	西安五星印刷有限公司
开　　本	787mm×1092mm　1/16　印张 16.75　字数 356 千字
版次印次	2024 年 8 月第 1 版　2024 年 8 月第 1 次印刷
书　　号	ISBN 978-7-5693-1097-9
定　　价	58.00 元

订购热线：（029）82665248　（029）82667874

投稿热线：（029）82664840

读者信箱：363342078@qq.com

版权所有　侵权必究

序一
Preface One

从高等师范教育的视角来看,"课程与教学论"既是教育学的二级学科,也是教师教育课程体系中的一门专业基础课程。这样的学科与课程定位,显示了其在教育学中的重要位置与价值。如果将这个学科和课程的终极目标放在对师范生从事基础教育的知识和能力培养的角度看,就更能体现其重要的位置与重大的价值。

课程与教学是学校教育的中心工作。其主要的工作内容包括课程、教学规划、课程与教学实施、课程与教学管理、课程与教学评价、课程与教学改革等实践议题,而这几个议题又是一个连续体,构成了课程、教学知识框架与行动逻辑,共同回答"培养什么人、怎样培养人、为谁培养人"这一教育的根本问题。

从教育学发展的历史来看,课程与教学的学术研究经历了分化和融合的过程。早期的课程与教学是各自独立的两个研究领域。在西方思维中,课程是包含了教学的,所以课程观念与课程理论更为凸显。在我国的思维与语境中,人们更加强调教学的概念和观念,甚至有时只讲教学不讲课程,仅仅视课程为"教学内容"。而在当今,课程与教学高度融合,成为不可分割又不能彼此替代的有机整体。随着我国新课程改革的积极推行与不断深入,"课程改革"成为耳熟能详的普适性概念,这个概念实际是课程与教学高度融合中出现的一个概念,它最大的追求就是通过变革学生的学习方式、教师的教学方式实现立德树人的目标。也正因为如此,课程与教学论教材首先应将课程与教学作为一个整体,强化一体化意识,使职前教师或在职教师系统地了解并掌握课程与教学的基本概念、基本原理与基本理论,了解基础教育课程与教学改革的发展趋势与实践状况,明确当代课程与教学的新理念与新理论,掌握一定的课程教学、课程评价的基本知识与基本能力。

当前课程与教学改革所关注的学科核心素养培育、课程育人的实现、大概念大单元以及跨学科主题教学、学生批判性思维与创新能力培养等诸多重大的现实问题,都需要课程与教学不仅有理论观照,更要有针对性的解决方案和操作策略的回应。如果课程与教学尽陷于作为学科知识的学术架构,就会陷入"知识中心""学科中心"的险境;如果教师生搬硬套课程与教学的理念和方法,忽略学习者的认知、情意的感受与体验,就会犯"程序教学""外化教学"的错误,课程与教学这门学科也会失去主体关照的人文精神。

与此同时,课程与教学论教材也要特别关注课程与教学的实践特性和人文特性。特别是目前的中小学教师所面对的教育环境发生了重大变化,教育教学关键目标是学生如何获得"活"的知识,教师如何为学生的心智、技能发展提供真实的情境和源头,如何在有效的互动交流中,使学生主动地发现问题、思考问题、解决问题。

作为学科课程与教学论的专业教材,它应力求反映课程与教学的前沿成果,聚焦学生核心素养,尤其对课程理解、建构主义、反思性教学、有效教学、差异性教学、发展性评价、个性化学习、信息技术与课程教学融合、教师发展等领域的最新研究成果予以关注,特别对我国基础教育课程改革中的许多经验思想能够充分体现。

吴淑芳编写的《课程理论与教学实践基础》正是体现了课程与教学在理论、实践和前沿三方面的结合,在纵览和梳理课程与教学历史发展本源的基础上,客观地、分层次地向学习者展示了一幅关于课程与教学未来发展的全景式架构图,特别是对如何处理课程知识与教学主体关系的问题给出了一定的明证。比如,课程与教学理论和实践知识如何在个体化情境中发挥出具有针对性的功能与优势;两类不同知识对学习者发展起到了什么作用以及如何扬长避短,在不脱离实际的情况下,既符合教育教学的规律又可达到实际的教育教学效果,消解教学中长远目标和情境策略的矛盾,等等。本书对此既道明了合理化的依据,也提出了需要注意的问题——既不脱离现实的发展背景,也始终观察课程与教学中师生主体的知行变化,这也是本教材最打动人的地方。

在编写思路上,作者也突破了常规教材的概念系统,采用贴近教育实践经验的话语系统,强化课程与教学的整体性,探析理论和实践问题的解决方案。作者结合教师专业的学习方式,有重点地呈现课程与教学论的基本问题,突出教师应知应会的课程与教学论的知识与方法,让学习者为将来从事教师职业打下良好的理论、思想与方法基础。

期待《课程理论与教学实践基础》能为教师教育的发展发挥应有的作用。

李瑾瑜

西北师范大学教育学院原院长　教授

教育部教师教育课程资源专家委员会委员

2024年2月19日

序二 Preface Two

吴淑芳博士让我给她的《课程理论与教学实践基础》这本新书作序,我欣然答应了。这是因为,我从硕士阶段就开始关注课程与教学论,并选择了这一专业,博士和博士后阶段也一直是这一研究方向。其间,虽然我同时关注民族教育和教育人类学,但关注的也是民族教育领域的课程与教学论问题,而教育人类学则是作为一种方法论研究课程与教学的问题,因此不管直接还是间接,我始终未离开课程与教学论这一领域。在实际教学中,尽管我也上过其他课程,但主要还是讲授课程与教学论。可以说,我对课程与教学论情有独钟,当然也十分欣喜能为这一新书作序。

这本教材有以下几个特点。

(1) 体现新时代教育特点。新时代高校教育以立德树人为目标,实现五育融合和促进学生核心素养的发展,培养担当民族复兴大任的时代新人。该教材体现了这一目标要求,体现了新时代的教育特点,具有时代性。尽管过去有诸多课程与教学论教材,但在这一新时代背景下编写的课程与教学论教材并不多见。

(2) 内容编写简明扼要。这本书在编写上简明扼要、提纲挈领,克服了以往课程与教学论教材啰唆、烦琐的不足。

(3) 价值取向注重"学"。在教与学的关系上,以往的课程与教学论教材偏重"教"的一面,即便讲到"学"也是隔靴搔痒,没有具体的策略和技术。本教材在这一点上超越了以往教材价值取向的局限,不但取向于"学",而且有落实"学"的具体措施和方法技术。

(4) 课程、教学与学习整合的问题。20世纪90年代以来,国内开始讨论课程与教学的整合问题,也出版了不少教材,仅我手里就有十几本课程与教学论方面的教材,而且我也写过相关论文表达过自己的观点。我觉得在讨论课程与教学整合问题上,不能忽略课程、教学和学习的整合问题。在本教材中,我看到作者有把课程、教学和学习三者整合的意向。

(5) 设计思路上的问题导向。课程与教学论教材体系应该包括课程与教学理论及实践,具体来说包括绪论、学科历史、理论基础、课程与教学目标、内容、组织、设计、实施、评价、管理、领导、改革、未来走向等诸多内容。本教材没有按该学科体系编排，而是依据课程与教学实践的需要、学生发展的实际需要，采取问题导向的设计思路来组织教材内容，突破了以往的学科体系限制。

当然，课程与教学论教材如何编写、如何整合才更理想，目前学界还在探索之中，这也是许许多多课程与教学人想要完成的夙愿。本教材是众多探索中的一个尝试，尚有进一步提升的空间。比如作为外语类高校编写出版的课程与教学论教材，能否突出外语类和跨文化课程与教学比较研究的成果和案例，这也可作为作者今后进一步思考的方向。

以此为序。

金志远
西安外国语大学教授、博士研究生导师
2024 年 2 月 20 日

前 言 Foreword

21世纪,世界进入科学信息化、文化多元化、技术数字化、政治多极化、经济一体化的快速发展时代。教育的发展同样被赋予了新的时代特点和新的历史发展使命。

党的十八大以来,习近平总书记围绕"培养什么人、怎样培养人、为谁培养人"这一根本问题,提出一系列新理念、新思想、新战略,为新时代中国教育发展指明前进方向、提供根本遵循。各级各类学校始终坚持以立德树人为根本任务,以培养德、智、体、美、劳全面发展的社会主义建设者和接班人为目的和核心来育人。教育中关于学生、教师、教学、课程的理论与实践研究工作也以提质增效、构建具有中国特色的教育理论话语体系为目标向前发展。在立足于教育与教学实践的基础上,教育科学研究的领域将更加宽阔,内涵将更加丰富和深化,这体现了教育思想和理论发展的时代感和使命感。教育的改革、发展、研究、实践都更加专注于内涵发展、素质发展、高质量发展;专注于人的理性与非理性潜能的和谐发展,探索学生创新素养形成的机制;专注于教学理论和教学实践研究成果的转化,全程服务学生的成长,为学生的全面发展"保驾护航"。

在这样的时代背景和学科发展背景下,作为一名一线教师,笔者一直关注教育教学改革与发展。在结合个人的教学实践及对课程与教学学科的思考上,借鉴国内外专家学者的研究成果,笔者编写了这本《课程理论与教学实践基础》教材。

本书所涉及内容贴近一线教师的教学实践,充分反映国内教育界最新的教学研究成果,为中小学教师提供了系统的教育观念、教学设计的策略以及课程的科学性知识。本书主要供在校师范专业学生、中小学教师、高级进修及教育专业的学习者使用。笔者在内容编排和组织上也做了精心的处理,目的是尽可能立体地展现课程与教学论在传统与现代、理论与实践、方法与内容、整体与部分等各层次上的统一性、逻辑性发展特征,解释和回答读者在课程与教学研究和探讨时遇到的问题和困惑。

本书秉持课程与教学相统一、紧密联系的原则,按照"理论认识—教学实践—提升反思"的逻辑线索和课程与教学学科发展的过程线索安排章节。全书共八章内容,其中:第一章课程与教学概述、第二章课程与教学系统是本书的第一层次,介绍学科发展与理论的形成;第三章课程与教学目标、第四章课程与教学的内容、第五章课程的实施与教学是本书的第二层次,为读者展示真实教学场景中师生主体互动的内容、方式与方法,也就是介绍课程与教学活动的价值与关涉的问题;第六章课程与教学的评价、第七章教学艺术是本书的第三层次,按照课程与教学的价值目标,审视、反思教学过程,检视课程与教学活动是否践行了通情达理的标准,在反思与探索中达到一种情理对话的教育之美、知行统一的过程之美;第八章课程改革与教学革命是本书的第四层次,以课程目标的社会嵌入深度与教学的向学达成度作为教学改革根本指向,优化人才高质量发展教学策略。

  本书在编写和出版的过程中得到了相关专家、同事、学生、出版社工作人员的大力支持,使得本书能顺利出版。在此,特别感谢西安外国语大学金志远教授、孙华教授、孙二军教授给予本书的专业指导;感谢西安外国语大学英语师范学院教育学院2000届研究生郭荣、年玥同学参与并编写了本书第五章第四节;感谢西安外国语大学2022级研究生闫可昕、席珍珍同学参与了本书校稿、图表整理、数据完善等工作。此外,还要特别感谢西安交通大学出版社的雒海宁老师为本书提供的帮助。

  受本人专业水平所限,本书难免会有不足和不尽完善之处,敬请各位读者、专家批评指正。愿每一位读者朋友通过本书的学习,提高教学理论素养,完善自我,更上一层楼。

编者

2024 年 4 月 25 日

目录 Contents

第一章 课程与教学概述 … 1

第一节 课程与教学的基本问题 … 1
一、课程与教学的概念 … 1
二、课程与教学的关系 … 6
三、课程与教学的基础 … 8
四、课程与教学的影响因素 … 22
五、课程与教学问题的类型 … 24

第二节 课程与教学理论的历史发展 … 26
一、课程与教学理论的产生与发展 … 26
二、课程与教学理论流派与学说 … 29

第三节 课程与教学论发展的当代背景 … 33
一、课程与教学发展新航向 … 33
二、课程与教学论的价值 … 38

第二章 课程与教学系统 … 41

第一节 教育内容 … 41
一、教育内容概述 … 41
二、一般教育内容 … 47
三、具体教育内容 … 52

第二节 学生与教师 … 56
一、学生与教师概述 … 56
二、学生成长 … 63
三、教师发展 … 70

第三节 环境开发 … 75
一、环境的概念 … 75

二、课程协作参与 ………………………………………………… 77
　　三、学校文化 …………………………………………………… 79
　　四、学习环境 …………………………………………………… 83

第三章　课程与教学目标 …………………………………………… 89
　第一节　课程与教学目标概述 …………………………………… 89
　　一、课程与教学目标的含义 ……………………………………… 89
　　二、课程与教学目标的层次结构 ………………………………… 91
　　三、课程与教学目标的地位与作用 ……………………………… 92
　第二节　课程与教学目标的内容 ………………………………… 93
　　一、课程与教学目标的实践体系 ………………………………… 94
　　二、课程与教学目标的理论体系 ………………………………… 99
　第三节　课程与教学目标的确立与表述 ………………………… 101
　　一、课程与教学目标的确立 ……………………………………… 101
　　二、课程与教学目标的表述 ……………………………………… 105

第四章　课程与教学的内容 ………………………………………… 108
　第一节　课程与教学内容的选择 ………………………………… 108
　　一、课程与教学内容的学科取向 ………………………………… 108
　　二、课程与教学内容的社会生活经验取向 ……………………… 111
　　三、课程与教学内容的学习经验取向 …………………………… 112
　第二节　课程与教学内容的组织 ………………………………… 115
　　一、课程与教学内容组织的含义 ………………………………… 115
　　二、课程与教学内容组织的标准 ………………………………… 116
　第三节　课程类型及结构 ………………………………………… 119
　　一、学科课程与活动课程 ………………………………………… 120
　　二、分科课程与综合课程 ………………………………………… 126
　　三、必修课程与选修课程 ………………………………………… 130
　　四、显性课程与隐性课程 ………………………………………… 131

第四节　课程设计的层次 …… 135
一、课程设计的宏观层：课程计划 …… 135
二、课程设计的中观层：课程标准与教科书 …… 136
三、课程设计的微观层：教学设计方案 …… 136

第五章　课程的实施与教学 …… 138
第一节　课程实施与教学的关系 …… 138
一、课程实施的含义及意义 …… 138
二、影响课程实施的因素 …… 139
三、课程与教学在实践中统一 …… 140

第二节　教学规律与原则 …… 141
一、教学的一般规律 …… 141
二、教学的基本原则 …… 147

第三节　教学方法与教学组织 …… 153
一、教学方法 …… 153
二、教学组织形式 …… 161
三、教学工作的基本环节 …… 165
四、教案的研制 …… 170

第四节　教学模式 …… 172
一、教学模式概述 …… 172
二、教育史上影响较大的几种教学模式 …… 175
三、当代教学改革与发展趋势 …… 184

第六章　课程与教学的评价 …… 192
第一节　课程与教学评价概述 …… 192
一、认识课程与教学评价 …… 192
二、课程与教学评价功能 …… 193

第二节　课程与教学评价的对象与分类 …… 194
一、课程与教学评价的主体 …… 194

二、课程与教学评价的对象 ………………………………… 196
　　三、课程与教学评价的类型 ………………………………… 199
第三节　课程与教学评价版块及其实施 ……………………… 202
　　一、课程体系的评价实施 …………………………………… 202
　　二、教师教学活动的评价实施 ……………………………… 211
　　三、学生学习活动与成就的评价实施 ……………………… 214
　　四、课程与教学评价的问题及其改革 ……………………… 217

第七章　教学艺术 ………………………………………………… 221
　第一节　教学艺术概述 ………………………………………… 221
　　一、认识教学艺术 …………………………………………… 221
　　二、信息化环境下的教学艺术 ……………………………… 223
　第二节　教学艺术风格 ………………………………………… 228
　　一、教学艺术风格内容体系 ………………………………… 228
　　二、教学艺术风格的课堂表现 ……………………………… 233

第八章　课程改革与教学革命 …………………………………… 240
　第一节　课程改革 ……………………………………………… 240
　　一、课程改革的新理念 ……………………………………… 240
　　二、课程改革的新任务 ……………………………………… 241
　　三、课程改革的新内容 ……………………………………… 242
　　四、课程改革深化方向 ……………………………………… 243
　　五、国外课程改革新变化 …………………………………… 245
　第二节　教学革命 ……………………………………………… 246
　　一、国内教学新气象 ………………………………………… 246
　　二、国内"教学革命"行动方案 …………………………… 247

主要参考文献 ……………………………………………………… 254

第一章 课程与教学概述

第一节 课程与教学的基本问题

一、课程与教学的概念

在教育领域中,课程是含义最复杂、歧义最多的概念之一,要研究课程理论,理解课程实践,必须对课程的概念和含义有一个基本的认识。

(一)课程的概念及含义

1. 课程的词源分析

在中国,"课程"一词最早出现于唐朝。唐朝孔颖达在《五经正义》里为《诗经·小雅·巧言》中"奕奕寝庙,君子作之"一句注疏:"维护课程,必君子监之,乃依法制。"据考,这是"课程"一词在汉语文献中的最早显露。《诗经》里的"奕奕寝庙,君子作之",直解为"好大的殿堂,由君子主持建成","奕奕"形容宏伟状,"寝庙"指殿堂、庙宇,喻伟大的事业,"君子"指有德者。全句的喻义为:"伟大的事业,乃有德者维持。"孔颖达用"课程"一词指"寝庙"及其喻义"伟业"。"伟业",其含义必然十分宽泛,远远超出学校教育的范围。宋朝朱熹在《朱子全书论学》中频频提及"课程",如"宽着期限,紧着课程""小立课程,大作功夫"等。朱熹提到的"课程"主要指"功课及其进程",这与今天日常语言中"课程"的意义已极为相近。因此在我国,大家普遍认为"课程"一词最早出现于唐朝,而用"课程"意指功课及其进程,大约是到了宋代。

在西方,英国著名哲学家、教育家斯宾塞在1859年发表的一篇著名文章《什么知识最有价值》中最早提出"curriculum"为"课程"一词,意指"教学内容的系统组织"。该词源于拉丁语"currere",意为"跑",是动词;"curriculum"则为名词,原意为"跑道"(race-cource)。追溯"课程"一词的词源,在西方,"课程"最常见的定义是"学习的进程",简称"学程"。由于斯宾塞使用的"curriculum"一词,其原意为静态的跑道,故教育中过多地强调了课程作为静态的、外在于学习者的"组织起来的教育内容"的层面,相对忽略了学习者与教育者动态的经验和体验的层面。在当代的课程理论文献中,许多课程学者对"curriculum"的词源"currere"表现出浓厚兴趣,因为"currere"原意指"跑的过程与经历",它把课程的含义表征为学生与教师在教育过程中的活生生的经验和体验。与名词的"curriculum"(课程)相比,"currere"指的是

"过程课程"。

2. 已有的课程概念

迄今,已有诸多不同的关于课程的概念和定义,大致可以归纳为九类:描述性理解、科目说、计划说、媒体说、学习经验说、预期结果说、后现代阐释、操作性阐释、包容观。

(1)描述性理解,指对具体存在的课程进行描述性归纳。比如陈侠先生将课程解释为"为了实现各级学校的教育目标而规定的教学科目及其目的、内容、范围、分量和进程的总和"。

(2)科目说。该学说将课程当作"科目内容"的同义语来理解和使用。定义:"课程是指学校教学的科目及其进程。"

(3)计划说认为课程本质上是人们制订的、将由师生们实行的一种专门计划。定义:"课程是学生在学校指导下经历的所有经验的一种计划。"

(4)媒体说将课程看作是师生活动赖以开展的媒体。定义:"课程是由一定育人目标、基本文化成果及学习活动方式组成的用以指导学生认识世界、了解自己、提高自己的媒体。"

(5)学习经验说将课程看作是学习者的特殊学习经验。定义:"课程是指受教育者在走向社会之前的过程中所经历的全部经验。"

(6)预期结果说强调课程应包含内容、目标、内容顺序和评估等方面,课程是人们预期的学习结果。定义:"课程是一种预期学习结果的结构化系列。"

(7)后现代阐释。随着后现代主义的兴起,人们受建构主义以及解放教育学的影响,努力突出课程的计算机作用和学习者提问的权利,兴起了课程定义的后现代取向和阐释。定义:"课程是学生利用计算机及各种网络完成作业中所建构的东西。"

(8)操作性阐释。课程典型的定义是1984年由联合国教科文组织出版的《技术和职业教育术语》一书中提出的,指:"一种专门组织的理论性和实践性学习的计划,必须成功地完成这样的计划才能实现特定的教育目标,并相应地达到特定的知识水平,获得特定的职业资格。"

(9)包容观。有学者指出,每一种有代表性的课程定义都有一定的指向性,都隐含了作者的一些哲学假设和价值取向,均有合理成分,因此,它主张尊重各种不同的见解,建立一种课程定义的包容观念。费厄斯坦归纳概括道:"各种定义中包含了四个共同的课程要素,即'规划''目的''聚焦'和'流变'。"课程是规划的结果,需要设计出内容、方法与评估工具等各种课程组分。规划课程都是围绕学习展开,目的在于让学生产生学习变化,包括行为、态度、品性、知识或技能等方面的学习变化。学生是预期受众,所以必然是课程的聚焦点。规划出来的课程要根据学生的学力水平和发展需要在课堂上通过各种方法、手段来展示和互动。

3. 课程的概念及其含义

统观课程的各种定义,人们从广义和狭义两方面对课程进行了界定。

广义的课程是指人的一切有目的、有计划、有程序的实践状态的学习生命存在及其优化活动。

狭义的课程专指学校课程,是学校或教师组织学生进行有目的、有计划、有程序和制度化的学习生命存在及其优化活动。通过这样的活动,学生获得一定水平的知识经验,达到特定的预期教育结果,并被授予社会承认的专门资格证书。

通过学习,我们发现各种课程概念所包含的内涵是不同的。早期课程概念的内涵主要包括三个方面,即课程作为学科、课程作为目标或计划、课程作为经验或体验。在晚近的课程理论与实践的发展中,课程概念的内涵发生了重要变化,出现了新的趋势,主要包括从强调学科内容到强调学习者的经验和体验,从强调目标、计划到强调过程本身的价值,从强调教材的单因素到强调教师、学生、教材、环境四因素的整合,从只强调显性课程到强调显性课程与隐性课程并重,从强调"实际课程"到强调"实际课程"与"空无课程"(即指那些被学校和社会在课程变革过程中有意或无意排除于学校课程体系之外的课程)并重,从只强调学校课程到强调学校课程与校外课程的整合。

课程内涵的变化,在某种意义上,既意味着课程意识的深层变革,也预示着课程变革实践的发展方向。

(二)教学的概念及其含义

1. 教学的词源分析

在我国,早在殷商时期的甲骨文中就已出现了"教"与"学"二字。这两个字组合在一起,成为"教学",最早出现于《书·商书·兑命》中为"斆学半"(斆同教)。《礼记·学记》中说:"学然后知不足,教然后知困。知不足,然后能自反也;知困,然后能自强也。故曰:教学相长也。"这里的"教学相长"实际上是"教学半"的引申。宋朝蔡沈这样注释"斆学半":"斆,教也……始之自学,学也;终之教人,亦学也。"其意为:一开始自学,这自然是学;学了以后去教人,这也是学。这里的"教"与"学"实际上都是指教师的行为,是说教师的"教"与"学"是辩证的、对立统一的,是相互依赖、相互促进的。《礼记·学记》开宗明义地指出:"建国君民,教学为先。"这里的"教学"含义极广,几乎是"教育"的同义词,与我们今天所讲的"课堂教学"中的"教学"并不等同。许慎在《说文解字》中写道:"教,上所施,下所效也。"我们深入分析,其"施",就是操作、演示,即传授蓍占和龟卜;其"效",就是模仿、仿效,即学习蓍占和龟卜。后来,人们过于强调"施",以"施"支配"效",突出了"教"的"传授"的含义。据考,真正指教师的"教"和学生的"学"的"教学"一词,出现在宋朝欧阳修的文献中。欧阳修在为胡瑗先生撰墓表文时曾这样写道:"先生之徒最盛,其在湖州学,弟子来去常数百人,各以其经传相传授,其教学之法最备,行之数年,东南之士,莫不以仁义礼乐为学。"这里"教学之法"中的"教学"与我们今天的教学含义接近[①]。

[①] 王策三. 教学论稿[M]. 北京:人民教育出版社,1985:86-87.

在西方,"教学"是由不同的英文词表征的。"教"是由两个意义相近的英文词 teaching 和 instruction 表示的。"teaching"指所教内容,特别是指传统事实与信念;instruction 的词源意义是传授知识,即教学。"学"的英文为 learning。尽管 teaching(或 instruction)与 learning 在形式上并未像汉语一样结合得那样紧密成为一个词,但由于二者在意义上密不可分,所以在英文教育文献中经常见到二者的合成形式 teaching-learning。

教在英语中为 teaching,它的含义是"讲授"和"教导"。在中国古代,"教"有"教授、教诲、教化、教训、告诫、令使"等含义。所以在中外国家,"教"的基本含义是一致的,即"传授""教导"和"教授"。而"学"字,无论在中文还是在英文中,基本含义均为"学习"。

在西方,从古到今,人们先是格外强调"教授",后又格外强调"学习",继而两方面都强调,于是提"教与学"(teaching-learning)。20 世纪以来,人们格外重视教学过程中教师的引导作用,强调教与学的有机统一,更多地用 instruction 来指称"教学活动"。我国古代长期过分强调"教"的传授作用,只提"教授"不提"学习"。20 世纪初,陶行知先生留美回国后大力提倡将"教授"的提法改为"教学"的提法。

2. 教学的概念及其含义

广义上,教学就是教的人引导学的人学习一定文化的专门活动。教的人除了教师,还包括各种有关的教育者;学的人不仅包括学生,还包括各种有关的学习者。

狭义上,教学专指学校中教师引导学生在专门环境里以特定的文化为内容而进行的教与学相统一的活动,从而让学生有效地掌握知识、形成技能、发展能力和提升道德品质。

人们从教学的定义可以归纳出教学的内涵:

(1)教学是教与学的统一。教学不仅包含了"学"的含义、"教"的含义以及"教学生学"的含义,而且具有选择确定文化内容和设计开发专门环境的含义;在课堂教学情境中,教与学之间存在差异,教主要是一种外化过程,学主要是一种内化过程。正因为教师与学生之间、教与学之间存在差异,教师与学生之间的交往才有价值;教与学互相依赖,教与学之间互为基础、互为方向。在课堂教学情境中,教师的教就意味着学生的学,学生的学也内含着教师的教,这是同一个过程。在教学情境中,不存在没有教的学,也不存在没有学的教,就是说如果"教"的行为未达成有效的"学",那么这种"教"就不是真正意义上的教。

(2)教学具有互动性。教师的基本角色是引导者,学习者的基本角色是学习体验者,教师教、学生学是教学中两个主体之间认知与情感的交流与互动;教学过程是师生共同参与的过程。在教学过程中,教师和学生都是主体,而且是人格绝对平等的主体。教师与学生之间的关系是主体与主体之间的关系,是"交互主体(interactive subject)的关系"。学生有其独立的人格、独特的精神世界、独特的认知、情感、态度和价值观念,学生自愿地、创造性地参与教学过程,对教学过程有选择的权利。教师是教学交往关系中的另一方,教师"闻道在先",担负着教学过程的组织者、引导者、咨询者、促进者的职责,教师自然是教学过程的主体。正是教师与学生这两类主体之间的交往过程,构成了教学。总之,教师与学生之间不是单向的主体与客体之间的关系,不是塑造与被塑造的关系,而是复杂多向的互动关系。

(3)教学具有专门性或专业性,是人类有效地掌握知识、形成技能、发展能力和提升道德品质的专业活动。

(4)教学既是科学又是艺术。一方面,教学应当建立在一定的科学基础之上。教学的主体是人,教学的根本任务是促进人的身心充分发展。要完成这个任务,教学必须建立在对人的身心发展规律的充分认识的基础上,必须遵循人的身心发展规律。以人的身心发展规律为研究对象的生理学、心理学等学科,构成了教学的科学基础。另一方面,教学又是一种艺术化的存在。教学是教师与学生之间自由的交往互动过程。教学中充满了教师与学生之间、学生与学生之间认知的、情感的和价值观念的冲突,教学是一种富有创造性的活动。所以,教学不仅是一个合规律性的过程,还是一个合目的性的过程。在教学情境中,当教师与学生的主体性、创造性充分发挥出来的时候,教学在某种意义上就成为一种艺术鉴赏和艺术创造的过程。

(三)学习的概念

1. 学习的词源分析

在英语里,"学习"涉及 learning 和 study 两个词,learning 的词源是 learn,learn 与教学内容相关联。study 的词源是古法语 estudie 衍生的中古英语 studie,都是从拉丁文的名词 studium 及其动词 studere 发展而来。名词 studium 意指知识的应用(application to learning);动词 studere 表示渴望、学习,有尽心尽力学习和实践的意思。所以,study 其原意包含了学习知识和研究知识两层含义,今天具体指某一学习的探究活动。

在汉语中,最早造字时"学"与"教"统一为"斅","学"与"教"同字同义,在篆字中"斅"被简写为"学"。"学习"一词则始见于孔子的《论语》:"学而时习之,不亦说乎!"《礼记·月令》:"季夏之月鹰乃学习。"

2. 已有的学习概念

脑科学主张学习是接受来自环境(除自己以外所有一切)的外部刺激构筑中枢神经通道的过程。这一定义揭示了学习的生理基础。

心理学描述了学习的心理机制。在行为主义看来,学习即反应的习得;在认知主义看来,学习即知识的习得;建构主义提倡学习即知识的建构;人格心理学视学习为情感过程,突出分析学习过程中存在的多种心理防御机制以及学习的人格发展动力等基本问题。

人类学展示学习的社会脉络,凸显学习的文化过程。学习的社会理论认为学习就是主动参与社会群体的实践,并建构与实践共同体有关的身份的历程。

哲学致力于对学习的批判式解读和认识论层面的梳理。有学者认为,学习的本质是人们在实践中自觉地不断地通过多种途径、手段、方法获取知识并内化为自身素质和能力的人的自我改造、发展、提高和完善的过程,是使人成为主体并不断增强主体性的过程。

3. 学习的定义

比较公认的心理学中关于"学习"的定义：学习是个体通过练习或经验而导致行为有比较持久改变的过程或结果。

正在形成的新形态的文化哲学中"学习"的定义是指学习就是习得新的知识、行为、技能、价值观、偏好品质或理解力的过程，并包含着获取不同类型的信息的过程。

二、课程与教学的关系

(一)"现代教育"背景下课程与教学的分离

"现代教育"作为一种观念，在17世纪夸美纽斯的教育思想中就已经有了比较充分的表露，但作为一种制度，则是在19世纪以后才被系统地确立起来的，以义务教育制度的建立为标志。现代教育是受"技术理性"支配并追求"技术理性"的教育。"技术理性"是通过合规律（规则）的行为而对环境加以控制的人类理性，它以"控制"为核心，控制的目的是提高效率（生产效率和社会效率）。因此，现代教育一开始就与有效控制结下不解之缘。

现代教育的发展过程是日益按照"技术理性"的原则组织起来的走向"科层化"和"制度化"的过程，而现代教育的科层化和制度化过程也就是课程与教学日益分离的过程。课程日益成为单一化、同质化的"制度课程"。所谓"制度课程"是特定社会在特定历史时期规定并实现的合法化的学校教育内容。"制度课程"具体体现为官方的课程文件（课程标准、课程指南、教材、教具等）及这些课程文件的操作形态。"制度课程"具有密切联系的两种功能，即外部功能与内部功能。就外部功能看，"制度课程"处于学校教育与社会的交叉点，承担着把社会（或社区）对学校教育的期望和限定转化为具体的教育计划的任务，具体体现为社会按照外显或内隐的价值观对课程内容（知识、技能和意向）进行选择和组织，并将这些内容转换为适合班级学习的科目。由于社会需求和政治形势的多变，"制度课程"就成为学校系统传递社会需求的方便的工具。就内部功能看，"制度课程"实际上成为一个管理和限定教师工作的规范框架。随着现代教育规模的日益扩大，"制度课程"成为规范教师教学行为的有效工具。为了达到有效规范的目的，官方的课程指南往往对教师的教学实践规定得非常详细，以防止教师可能做出与官方认可的、与社会需求相悖的课程变革。

在制度层面，课程与教学极易成为两个分离的领域，二者的关系也被视为一种线性关系。课程是学校教育的实体或内容，它规定学校"教什么"；教学是学校教育的过程或手段，它规定学校"怎样教"；课程是教学的方向或目标，是在教学过程之前和教学情境之外预先规定好的，教学的过程就是忠实而有效地传递课程的过程，而不应当对课程做出任何变革。这样，课程与教学就被割裂开来，二者机械地、单向地、线性地发生关系。

教育科学在20世纪的崛起很大程度上是着眼于对学校教育的有效控制，因此，20世纪的教育科学主要是建立在行为主义心理学的基础之上，按照自然科学的研究理论研究学校教育,像对待自然事物那样,对课程、教学以及整个学校教育进行分解、量化,展开实验室研究,由此获得各种"规律"及基于这些"规律"的运作方法。20世纪教育科学的主要贡献在于怎样控制学校教育,而不是理解学校教育并使之富有意义。

教育科学在20世纪不断发展的历史就是课程研究与教学研究日趋分离的历史。课程研究的基本使命是将课程开发纳入理性的轨道。20世纪初教育心理学从科学心理学中分离出来(以桑代克出版三卷本的《教育心理学》为标志)以后,教学研究开始建立在教育心理学的基础之上,教学论遂成为教育心理学的应用学科、分支学科,这种研究取向一直延续到20世纪70年代。从总体看,这类教学研究的出发点是对教学行为的有效控制,是效率驱动的,其研究内容主要包括两方面:一是对教学方法或教学模式进行实证实验研究,力求发现最好的方法或模式;二是所谓的"教师效率研究",主要研究影响教学效率的教师的个性品质和教学行为表现,力求发现和确认最佳教师的标准。

现代教育制度把课程简单化为单纯的"制度课程",而"制度课程"是社会意志的合法化,社会通过"制度课程"对教师的教学加以控制,进而实现对学校教育的控制。因此,现代教育中课程与教学分离的过程即是现代教育日益工具化、日益成为现代科层社会的一个环节的过程,是"技术理性"(或"工具理性")在现代教育中日益占据支配地位、日益膨胀的过程。同样,为"技术理性"所支配的现代教育科学的兴起,加剧了课程与教学的分离,进而加剧了现代教育的工具化。

(二)课程与教学的关系

课程与教学的关系问题是困扰现代教育理论与实践的重大问题。总结起来,目前大致有三种不同的认识。这三种观念也反映了数百年来人们认识的演变过程。

1. 大教学观

最早人们认为教学包含课程,我们可以称之为"大教学观"。这种观念源远流长,从夸美纽斯的"大教学论"到赫尔巴特的教学思想,都明确地体现了这样的观念。尤其是在苏联的凯洛夫所著的《教育学》一书中,"课程"为"教学内容"所取代,课程属于教学论研究的范畴。这种观念直接影响到我国的教育理论研究,直到20世纪90年代,我国的大多数教学论著作仍然是把课程作为教学论的一个组成部分来处理的。

2. 大课程观

还有一种观念则与"大教学观"刚好相反,认为课程包含教学,我们可以称之为"大课程观"。这种观念自20世纪中期以来广泛盛行于欧美。持大课程观的学者认为,课程是一项完整的系统工程,通常叫作课程系统或课程工程,它由前期研究、课程设计、课程开发、课程实施及课程评价等几个阶段组成。其中的课程实施即教学,因此教学是课程系统的一个部分或一个环节。持这种观念的专家很多,如奥恩斯坦与胡金斯、马什与威利斯、米勒与塞勒等。"大课程观"在我国也有一定的影响,在近年来的基础教育课程改革中,教学便是作为课程改革的一个部分来处理的。

3. 课程教学观

课程与教学整合的观念发端于20世纪初杜威的实用主义教育思想。他在《民主主义与教育》(1916年)中深刻地揭示了传统教育中存在的课程以学科为中心、远离儿童以及课程与教学二元对立等问题及其根源，系统地论证了以"经验"为基础将儿童与学科统一起来、将课程与教学整合为一体的思想。他说："完善的经验是物我两忘的，真正的教育是心理与逻辑、方法与教材、教学与课程彼此间水乳交融、相互作用、动态统一的。"继杜威之后，西方的一些课程论专家在课程与教学的整合上又做了持续的努力。他们先是将注意力集中在课程上，将教学作为课程的实施过程，在后来的研究中发现，教学不只是被动实施课程的过程，更是课程创生过程，课程包含不了教学，课程与教学是一个有机的、共生的整体。美国学者韦迪用一个新术语概括了课程与教学的关系，这就是"课程教学"。课程在本质上不是对所有人都有相同的普遍性的内容，在特定的教育情境中，每一位教师和学生对给定的内容都有其自身的理解和解读，因而，教学并不限于内容的传递，也实现着课程的创生与开发。由此看来，在课堂教学中，教师和学生的主体性充分发挥的过程即是共同创生课程的过程，在这个过程中，课程内容持续生成与转化、课程意义不断建构与提升。所以，课程与教学是同一事件的两个方面。

教育产生时，课程在教育过程中也相应形成了自己的形态并获得了其在教育体系中的序列地位。起初，课程的地位是模糊的、不被关注的，当课程具有了其自身的内容和形式后，它逐渐构成了教育活动的核心。

课程以静态的方式呈现，以动态的方式发展和组织。课程包含所教授的内容及与内容相关的各种活动形式、方法技能等，通常与知识体系相关；教学是动态形式，一般涉及教授学习过程或与教授学习相关的过程，借助各种形式或形态的媒介（主要是课程）、方式、方法，并通过教师与学生之间的信息传递与互动，引起学生身心、道德、能力等方面变化的程序性过程。课程与教学是同一事物的两个方面，它们的目的相同，都是为了人的身心发展、道德和能力养成，要实现这一目的，要有"整体的方案"，这一方案就被包含在课程中，而教学则是"整体方案"实施的具体过程，是能引起教育对象变化的可靠手段。

三、课程与教学的基础

课程与教学基础，专门探究来自外部的主要影响因素，涉及的主要领域有"历史""哲学""文化及社会""科学""心理学"等。

(一)历史基础

历史是帮助教师理解课程与教学的过去与现在，把握其历史逻辑与线索的重要基础，教师通过对课程与教学发展各阶段历史的了解，进而能够洞察课程与教学发展的变迁。

1. 西方课程与教学的历史基础

西方在有文字记载的数千年文明史上,形成并经历了"原始""艺术""学科"和"经验"四类课程与教学形态。

1)"原始"课程与教学

"原始"课程与教学,诞生于古代底格里斯河和幼发拉底河流域,时间大致跨越了从公元前 4500 年到公元前 600 年约 3900 年的时间。"原始"课程与教学,以古代苏美尔人的"文士学校"为典型代表,采取的教育方法是反复而繁重的作业外加高压强制手段体罚。教学分为"理论"(包括教授语文、数学和司法知识)和"实践"(让学生到管理机关和寺庙等机构实习)两部分,其目标是培养政府、寺庙和王公贵族家里所需的从事书写、记账、测量土地、观测天象、治病和断案等知文识字的文士,其基本取向是职能主义。

2)"艺术"课程与教学

"艺术"课程与教学,产生于公元前 6 世纪的古希腊雅典,成型于欧洲中世纪的学校,一直流行到 14 世纪文艺复兴时期,以"七种自由艺术"课程与教学为典型代表。

这一时期孕育了多种艺术课程,包括由语法、修辞、辩论术(逻辑)构成的"三艺"和由音乐、算术、几何、天文构成的"四艺",外加体操,强调在甄别和筛选的基础上传递知识。学校里流行使用的教学材料是原著、名著和经典著作,采用的方法是多样化的,因材施教,因人而异,著名的有苏格拉底创立的"产婆术"。教育目的是培养"和谐发展"的人,课程与教学的根本价值,在于实现人的身体与精神的和谐发展、实现人文知识与自然知识的整合与传播。

3)"学科"课程与教学

"学科"课程与教学,从 15 世纪发轫,一直发展至今,它最辉煌的年代是 17~19 世纪,以赫尔巴特的"科目"课程与教学为典型代表。

当时的课程与教学"创造了教材""形成了中心整合法",并创用了"班级授课制"。其中教材是教育家们甄别、选择和重组知识的产物,为解决知识量的增长与学习时间有限的尖锐矛盾而探寻出的新方法。为了实现科目之间的有机联系,学校便以历史、文学、神学三科为中心来安排和联络其他科目,使学科课程与教学在分科的形式下各科内容能有机地联系在一起。班级授课制在一定程度上扩大了学校教育的规模,并在教学中广泛使用以教授及背诵为主的"五步教学法"。教育的目的是培养大量的社会工业化所需要的劳动力,教育对象首次从上层社会的少数人扩大到了全社会的多数少年儿童,培养他们生存发展的技能,满足他们的物质和身体需要,重视课程中自然科学知识的功利价值、训练价值和教育价值,宣扬功利主义的人生观、教育观和课程观。

4)"经验"课程与教学

"经验"课程与教学,亦称"活动"课程与教学,起源于 19 世纪,在 20 世纪初脱胎而出,一直持续到 20 世纪五六十年代。这一时期,学校虽然依旧使用经过专门编写的科目主题课本,但课程与教学中强调的是"经验",是科目主题里成人与儿童自身经验的有机整合,教学中使用的方法也发生了变化,使用的是引导式的策略与方法,并充分尊重和培养儿童的主动精神和创造意识。课程中各个科目的联络中心不是科学、文学、历史、地理等任何一个科目,也不是教师、教材和课堂,而是儿童本身的社会活动。教育目的是培养大量适应和促进民主社会发展的公民。人们强调的是课程与教学要满足民主社会发展需要和儿童发展需要的整合价值,充分尊重儿童的本性。课程不再被看成是教材或科目主题,而被看成是儿童在教师指导下获得的所有经验。

2. 中国课程与教学的历史基础

我国的学校课程与教学历史源远流长,在发展过程中,先后出现了"原始""艺术"和"学科"三种课程与教学形态。新中国成立后,课程与教学又获得了持续的改革和发展。

1)"原始"课程与教学

我国的"原始"课程与教学产生于原始社会末期,以道德教化为目的,虽涉及人与自然、人与神之间的关系,但以人与人之间的"人伦关系"知识和经验为主,以尧、舜实施的"德教"课程与教学为典型。课程与教学包括的内容丰富,可概括为"五教"(五常之教指"父义""母慈""兄友""弟恭""子孝")、"三礼"(即天神、地祇、人鬼之礼)、"一乐",使受教育者"明人伦",知晓宗教礼仪,掌握乐舞技能,在举行宗教活动中营造和谐气氛,维持部落联盟内部的人伦关系。教育目的是培养部落联盟的"天子"(部落联盟的最高军事首领)、"君"(部落的首领)、"天官"以及部落显贵。

2)"艺术"课程与教学

我国的"艺术"课程与教学形态,萌芽于春秋时期,成型于战国期间,一直延续到19世纪末20世纪初,以孔子私学为典型代表。这里的"艺术"有其特定的指称。"艺"指射、御、书、数;"术"指医、方、卜、筮。所谓"艺术",泛指各种技术、技能。随着社会变迁,特别是到了隋唐以后,受科举考试的影响,"艺"被不断强化,"术"则被贬低并遭到学校教育的普遍忽视,逐步形成了重"艺"轻"术"的课程与教学形态,教材也逐步演化和规范化为孔子的"五经",以及后人编成的"四书":《大学》《中庸》《论语》《孟子》。

孔子私学教育的基本目的是志道、弘道和行道。志道和弘道均落脚于行道。行道的途径有二:一是设学收徒,扩大道的影响;二是从政做官,以道治国安邦。这样,孔子的教育目的就是培养士和君子。培育士和君子,一方面为平民进入上层社会开辟了道路,对改善社会结构有进步意义;另一方面,育士是为了顺应社会的"用士"和"养士"之风,强化了知识分子与政治之间的"皮""毛"关系。几千年的儒家文化传承是导致中国知识分子丢失"主体性"的直接原因。孔子私学,其教学内容主要包括"文、行、忠、信",开设的具体课程主要有礼、乐、射、御、书、数"六艺",使用的教材主要有《诗》《书》《礼》《乐》《易》《春秋》。

当时的课程与教学成就表现为三个方面:

一是精心编制了专门教材,担负起整理、保留和传播中国文化精华的职能;

二是形成了以"艺术"为主要内容和形式的课程结构,并对中国的教育产生了影响深远;

三是形成了一套成型的教学方法体系,其核心是"因材施教""启发式""记忆背诵""刻苦读书"以及"测验考试"等。

3)"学科"课程与教学

我国的"学科"课程与教学形态,发轫于19世纪末期,至今只有一百余年的历史,在构建和发展"学科"课程与教学过程中,有过三次较为重大的变革。

第一次是在中日甲午战争后,在全社会要求变革强国、废八股、变科举、兴学校的强大压力下,经过反复斗争,到1904年初清政府颁布实施了《奏定学堂章程》,建立起学校教育的"学科"课程与教学体系。第二次是在辛亥革命胜利推翻封建统治后,南京临时政府于1912年颁布实施了《普通教育暂行办法》和《普通教育暂行课程之标准》,建立起了学校教育的新课程与教学体制。第三次是在1963年,新中国成立后,国家在学习苏联、继承老解放区经验和改造旧教育与旧课程的过程中,吸收保留了大量的经验教训,确定了新的中小学课程。

通过上述三次课程与教学改革,我国逐步建立起了成型的"学科"课程与教学。

4)1949年后课程与教学的改革与发展历史

新中国成立以来,课程与教学改革的历史,可以分为"改造""苏化""劳动化""本土化""大革命""恢复"和"改革"七个阶段。

改造阶段,从1949年底持续到1952年,这个阶段是对旧有课程理论和课程设置进行改造、制定实施新课程的阶段。

苏化阶段,1953—1956年,是在全面学习苏联的背景下,几乎原封不动地将苏联国内当时的教学体系移植到我国的阶段。这个阶段取消了"课程"的提法,搬用苏联的"教学计划""教学大纲""教科书"和"教学法"的一整套专门教学概念及其理论。

劳动化阶段,1957—1959年,课程以劳动为主,下放课程管理权力。

本土化阶段,1960—1965年,课程体系进行了全面调整。

大革命阶段,1966—1976年,教育和课程研究发展缓慢。

恢复阶段,1977—1984年,1977年恢复普通高等学校招生考试。大中小学教育教学秩序恢复正常,课程进入全面恢复时期,中小学课程逐步恢复到之前以学科课程为主的课程结构,在高中二、三年级开设了限定选修课,并恢复了课程理论研究。

改革阶段,从1985年开始,持续至今,已经进行了两轮课程改革。第一轮是1985年启动的,新一轮是1999年启动的。其间,我国经济体制从计划经济向市场经济转型,政治体制已迈向民主化进程,文化领域开始出现"一体多元"的态势。课程被牵动开始了适应社会发展需要的改革进程,表现出新的特点:确立了课程改革的根本目的是提高民族素质,多出人才、出好人才,建立21世纪基础教育新课程教材体系;实行国家、地方和学校三级管理制度;研制开发了新课程和新教材;课程走向综合化;探索和推行新学习方式;探索和建构发展性评价体系;推行校本课程开发、校本教学研究、校本教师培训和校本管理;探索政府主导、学术指导和社会参与的课程改革新机制。

研究课程与教学历史基础,既包含课程与教学实践的历史研究,也包含课程与教学思想的历史研究,也内在地包含着对课程与教学自身发展规律的研究。其主要目的是描述课程与教学的历史事实,揭示课程与教学历史发展的规律与逻辑。

(二)哲学基础

课程与教学涉及人的问题、知识问题、价值问题等,哲学则从根本上回答了这些问题,由此看来,课程与教学的理论探究与改革实践,是以哲学为其基础的。

1. 西方课程与教学的哲学基础

在西方,哲学在很大程度上影响或决定着人们的教育价值观、教育决策、选择和转化行为。英语中哲学 philosophy 一词来自希腊语的 philo(热爱)和 sophos(智慧),原意为热爱智慧和追求知识。西方哲学主要有三个分支:形而上学、认识论和价值论。西方教育领域影响较大的哲学流派很多,主要有观念论、实在论、实用主义和存在主义,前两者属于传统哲学,后两者属于现代哲学。哲学在过去已经走进了有关课程和教学的每一个重大决策,而且将来仍然是每一个重大决策的依据。哲学是指导课程与教学实践的原则。

西方各种教育哲学,基本都源自观念论、实在论、实用主义和存在主义四种主要哲学传统的一种或多种。西方公认的四种教育哲学流派是"永恒主义""要素主义""进步主义"和"改造主义"。

1)永恒主义

永恒主义是最古老而保守的教育哲学,充分吸收了实在论的原理,追求永恒的人性、普遍的真理和宝贵的社会价值,突出永恒学科。

2)要素主义

要素主义是在 20 世纪 30 年代与进步主义相对而生的,根植于观念论和实在论。要素主义主张课程必须注重基础和要素,并与永恒主义一样强调教学必须使学生掌握必要的技能、事实和构成学科的内容。

3)进步主义

进步主义是在批判和反对永恒主义的过程中诞生的,直接来自实用主义哲学。进步主义假设学校是一个微型民主社会,学生在其中必须学习和实践民主生活所必需的技能、手段和经验。学习技能和手段包括各种解决问题和科学探究的方法,学习经验包括协作行为和自律,它们对民主生活来说是非常重要的。

4)改造主义

改造主义也源自实用主义,但与存在主义的认识与教学观有着千丝万缕的联系,它反对进步主义过于注重以儿童为中心。改造主义具有培养国际主义者的教育目的,努力提倡国际课程,强调学生需要形成全球意识,掌握理解"世界体系"的工具,具有国际主义者的胸怀。

在美国,永恒主义和要素主义一般被归为传统教育哲学,而进步主义和改造主义则相对地被归类为当代教育哲学。它们有着不同甚至对立的教育观点。在社会与教育的关系上,传统教育哲学主张社会取向,而当代教育哲学主张个人取向;在知识和学习方面,传统教育哲学突出内容为本,而当代教育哲学则主张师生合作;在教学特征上,传统教育哲学强调教学的统一性,而当代教育哲学则倡导教学的多样性;在教育目的和方案上,传统教育哲学追求卓越性的精英教育,而当代教育哲学则关怀大众需要。

各种教育哲学观点,从传统到现代,从保守到自由,从观念论和实在论到实用主义和存在主义,从永恒主义和要素主义到进步主义和改造主义,是一个连续统一体。

2. 中国课程与教学的哲学基础

在我国,哲学的"哲"源自"知"和"词",乃"意内而言外也";"学"即"学问"和"学科"。哲学即指一种专门的学问和学科,它使用语言,通过描述事物外在特征来揭示事物内在活生生而决定生死存亡的东西的过程与结果。中国哲学丰富而多样,历史上有先秦的"诸子之学"、魏晋的"玄学"、宋明清的"道学""理学""义理之学"以及现当代的"中国马克思主义哲学"及"毛泽东思想"等。中国哲学包括的基本领域有"本体论、人生论、价值论、认识论和方法论",另外还有20世纪形成的"中国马克思主义哲学"。

20世纪80年代以来,我国的教育哲学开始进入产生不同流派的时期,其中已经产生并初具雏形的、影响较大的教育哲学流派有认识论、"生命—实践"教育学、科学人文主义教育以及"超越"教育学等。

1)教学认识论

教学认识论,既有苏联关于"教学过程是特殊认识过程"和"教学的教育性原则"等思想作为基础,更有马克思主义认识论作为指导。教学认识论主张教学认识客体以课程教材为基本形态,学生是教学认识的主体,教师是教学认识的领导,教学认识的基本方式是"掌握",教学认识的检验标准主要是考试,教学认识的机制是建构学生主体活动,教学认识是科学认识与艺术认识的统一,教学认识是师生之间的交往活动。随着教育与课程改革的不断深化,教学认识论出现了向文化教学认识论发展的趋势。文化教学认识论指出,教学即探究,教学认识不仅是一种特殊认识,而且是一种具体的文化认识。作为一种具体文化认识的教学认识,至少包含着教学实践活动和教学研究活动两个层面,不仅学生是教学认识的主体,教师亦是教学认识的主体,师生不仅是教学实践的主体,亦是教学研究的主体。

可以说,教学认识论是20世纪80年代以来我国最流行、最有影响的教育哲学,它孕育出了我国的"主体教育"和"主体教学"形态。

2)"生命—实践"教育学

"生命—实践"教育学,是在批判并尝试突破"教学认识论"的过程中产生的。有学者指出,"教学认识论"在区别教学与其他认识活动时忽略了它们之间的联系,"特殊认识活动论"不能反映班课教学的全部本质,却把丰富复杂、变动不居的课堂教学过程简括为特殊的认识活动,把它从整体的生命活动中抽象、隔离出来。要超越"教学认识论",就必须重新理解和建构教育。教育的基础,是整体的人的生命;在人性假设与知识观转换背景里,唯有教育这一人类社会实践才是以直接影响人的发展为宗旨的,所以研究教育问题的教育学,内含着"实践"的品质。因而教育学不仅是"生命"的学问,也不仅是"实践"的学问,而是以"生命·实践"为家园和基石的学问。

3)科学人文主义教育

在教育哲学领域,基于科学主义的"教学认识论"同立足于人本主义的"生命—实践"教育学,一直处于对峙与摩擦状态,于是科学人文主义教育应运而生。在科学人文主义教育观看来,教育活动既具有"客观""必然"与"普遍"等科学性,又具有"主观""价值""难以重复"和"复杂"等人文性,所以教育必须既采用科学方式又采用人文方式。

4)"超越"教育学

教育及其研究采取科学方式和人文方式,往往相互割裂而各执一端,这种状况引发人们对教育本性的深入思考与探究。教育并不仅仅是一种适应活动,它作为以人自身为对象的有目的的实践活动,本质上是一种超越活动,既是"对人的自然属性的超越",又是"对人的现实规定性的超越"。

"超越"教育具有中国传统教育哲学的"道德主体"思想底蕴,并已经建构起"超越"道德教育哲学和"超越"审美教育哲学,但要实现教育哲学观从适应论到超越论的根本转变,建构系统的教育哲学体系,则有待继续探究。

课程与教学哲学基础的研究对课程与教学有重要的影响。对于哲学基础的研究来说,未来应注意四个方面:第一,深入系统地研究和比较各种课程与教学哲学流派的优劣,去粗取精,合理地吸纳和不断完善;第二,关注学校中各行为主体的课程与教学哲学理念的研究;第三,深入挖掘、清理和发展本土古今的课程与教学哲学思想;第四,积极探寻新的哲学思潮,比如文化哲学,从文化哲学的情怀去体认与提升课程与教学。

(三)文化及社会基础

探究文化及社会基础,意在使变化发展中的课程与教学,能够比较好地促使学习者适应文化及社会变迁的需要,提升幸福生活的能力。

1. 文化及社会基础的意义

文化,指人们所创造的一切物质财富和精神财富的总和,其实质是人的行为方式的集合,表现在物质层面、制度层面和心理层面,其核心是人的价值观及其行为规范。

社会,指在一定物质生产基础上形成的相互联系的人类生活共同体及其活动与组织机构。社会由经济组织、政府组织和公共组织等组成,教育及学校教育属于公共组织。实际上,文化及社会领域的各种因素,比如文化传统、语言、价值观念、风俗习惯、文学艺术、科学技术、知识发展等,比如经济、人口、政治、法律、军事、民族国家等,比如家庭、宗教以及社会团体等,无一不构成教育、课程与教学赖以存在的背景,而对其产生制约作用,也无一不受到教育、课程与教学变革的冲击。当下,教育学领域与文化及社会有关的主要事项有文化传统及知识发展、经济增长及教育财政、政治法律及教育管理体制等。

从文化及社会角度看,课程与教学意在协助传递被人类所认定有价值的、可用的、有用的或合宜的知识,从而塑造学生的文化经验。课程与教学协助塑造学生的文化经验的具体途径有反思已有知识和经历新型知识两种,教师借此支持学生发展其个性与社会性,同时向其传递与解释人类文化中的知识经验。

在现代文化及社会背景里,课程与教学研究面临两个层面的重大问题:一是教育与社会关系中的文化选择问题,亦即文化是怎样部分地被选定为教育内容的;二是教育内部关系中的内容转化问题,亦即教育内容是怎样转化为学习经验或学习结果的。

2. 文化及社会影响的特征

1)一般特征

课程与教学始终根植于一定的文化及社会背景之中,文化及社会对课程与教学的发展变化的巨大影响表现为社会是变化的源泉,学校是变化的力量,知识是变化的动因。教师必须敏锐地洞察社会的变化,进而才能对课程与教学革新做出规划,因为社会是变化的源泉;即使社会提出了新的要求,仍需要教育行政部门和学校主动变革自身以适应新的文化与社会发展,才能最终实现课程与教学的变革,因为学校是变化的力量;课程与教学究竟应朝什么方向变化,在很大程度上受到知识的分类、组织、价值以及知识与未来学习的关系等因素的制约,因为知识是课程与教学变化的动因。

2)发展特征

通过分析文化及社会对教育的影响,我们可以发现,政治结构(如中央集权型、地方分权型等)的不同带来教育控制的差异;经济结构(如农业社会型、工业社会型、后工业社会型等)的不同带来教育职能的差异;文化结构(如后喻型、互喻型和前喻型等)的不同带来教育取向的差异。可以说,文化及社会对课程与教学产生的影响,在不同的历史时期,主导因素和作用性质有所不同。

现代教育发展史表明,一开始时,政治(即意识形态)是主要影响因素并起决定作用,然后慢慢地经济变成了主要影响因素并起决定作用,进而文化凸显出来成为主导影响因素并起决定作用。因此,从文化及社会影响课程与教学的发展特征来看,存在着从政治决定到经济决定再到文化决定的决定因素转换。我国的课程与教学改革进入了文化因素起决定作用的阶段,从文化视角出发,自觉地研究与把握文化影响是促进课程与教学理论与实践发展的重要途径。

3. 文化及社会基础的基本内涵

1) 两个维度

目前人们对课程与教学的文化及社会基础,主要从"文化及社会因素对课程与教学的影响机制"和"课程与教学领域的特殊文化及社会现象"两个维度进行考察。

文化及社会因素对课程与教学的影响,并不是一种抽象存在,而是具体体现在知识的选择、教学方式的选择和使用,课程与教学的价值发挥等,进而揭示课程与教学现状背后的深层文化及社会原因及其影响机制。

文化及社会因素渗透进课程与教学场域,并与其紧密结合。文化及社会因素已渗透于课程目标、教学模式和评价标准等方方面面。我们应通过剖析课程的标准、结构、内容、实施、评价等,来回答课程与教学中所包含的文化及社会现象。教师扮演着不同的社会角色,学生来自不同的种族与社会阶层,具有不同的个性和年龄特征,从而形成了这个群体的独特的族群文化、阶层文化、性别文化和同辈文化等。每所学校都有各自的管理文化。不限于此,在课程与教学领域还有其他林林总总的文化及社会现象。

2) 价值取向

不同的文化及社会,有不同的价值观。在美国,被广泛认同的是"从个体到社会"的价值取向。它首先强调个人的独立性与创造性,强调个人的自由发展,不受或少受社会、政治、宗教等势力的限制,然后才关注通过集体合作谋求社会的发展与进步。受此影响,美国的课程与教学必然体现出将个人视作价值的主体,高度重视个人的自我体验、自我建构、自我控制和自我发展等特征。与美国不同,在我国被广泛认同的是"从社会到个体"的价值取向。它首先强调社会发展的重要性,个体发展的最终目标就是促进社会繁荣和发展,然后才是关注个体的自由成长与发展。受此影响,我国的课程与教学必然体现出为社会发展服务、为社会建设培养人才的特征。可见,不同的价值取向对课程与教学提出的要求不同。

我国当代价值观嬗变的特征,可以概括为"多元并存,新旧交替"。

3) 热点问题

近30年来,我国学校教育优先应对的文化及社会热点问题,一直也是课程与教学改革的聚焦点,主要包括"优质学校文化""班课有效教学""追求科学性""崇尚卓越性""推进教育公平""重建农村教育课程与教学""道德社会重建""犯罪与法治""家庭需要"和"少数民族教育课程与教学"等。

4. 文化及社会基础的研究

1) 课程与教学的文化学研究

在西方,课程与教学文化学研究始于20世纪70年代,形成了"文化分析"理论和"多元文化理论"。劳顿等创立了文化分析理论,这一理论指出,由于人类文化是无限丰富的,而学校时间和资源是有限的,因而必须认真规划课程,以确保对文化的适当选择,选择机制是"文化分析"。"文化分析"可通过解释法与分类法来进行研究。解释法把文化作为一个整体来看待,分类法则通过设计清单、图表以及精致的统计系统来分析文化。以班克斯为代表的多元文化理论强调,教育的最终目标在于形成学生容忍与接纳不同民族、不同宗教信仰的态度,增进学生保持与发展多元文化的知识与技能等。这一目标的达成,有赖于教学的内容、方法与评价的多元化,尤其有赖于改造学校的隐性课程。

在我国形成了"广义文化学的研究""文化哲学的研究"和"教育文化的研究"等取向。广义文化学的研究,主要探讨文化种类、文化生态、文化模式、文化变迁、文化交流等各范畴与课程的关系。文化哲学的研究,聚焦于课程与教学的文化本性以开辟课程与教学发展与研究的新路向。教育文化的研究,以人的解放为目的,展开对学校文化、课程文化、教学文化、教师文化和学生文化等的批判与建构。

课程与文化有着天然的联系。文化造就了课程,它作为母体决定了课程的文化品性,并为课程设定了基本的逻辑规则及范畴来源。同时,课程又在提炼和形成文化,成为文化发展和创新的基本途径与机制。

2)课程与教学的社会学研究

20世纪70年代,课程与教学社会学研究在西方兴起,并逐步形成"结构功能说""冲突理论"和"解释学理论"三个主要方向。以涂尔干和帕森斯等为代表的结构功能说,强调维护既有的社会结构以保持社会稳定。教育一方面通过唤起学生的集体良知和共识行使社会整合的功能,达成社会团结,另一方面通过筛选学生促进社会分化与分工,让不同的学生进入适当的社会位置。以布迪厄和阿普尔等为代表的冲突理论,抨击结构功能说的"调和"立场,指出教育的分析必须以社会冲突与斗争为线索,指出社会秩序不是建立在对共同价值的一致认同上,而是建立在统治阶级的控制权力上,统治阶级利用学校的再生产功能以巩固自己的地位。它旨在揭示统治阶级如何通过课程与教学等传递其意识形态而控制社会。以杨(Young, M. F. D.)和凯迪等为代表的解释学理论,聚焦于对学校课程与班课互动的分析,主要研究学校课程内容的社会性构成,以及师生在教学过程中围绕班课知识所展开的互动等。

我国的课程与教学社会学研究,需要特别关注"家族社会"和"公共社会"两方面的力量同课程与教学的互动关系。

(四)科学基础

科学技术迅猛发展与广泛应用,已成为教育、课程与教学的重要基础。

1. 西方课程与教学的科学基础

近代以来,西方自然科学取得了举世瞩目的成就,深刻影响了课程内容、课程研制、教学方法和教育测验与评价等。

1）课程内容科学化

西方一直存在着人文主义与自然主义之争，随着科学的大发展，自然主义日益占据上风，科学知识在课程内容里逐步占据主导地位。19世纪，斯宾塞通过比较"什么知识最有价值"，阐明了科学知识的功利价值、教育价值和训练价值，从而确证了科学知识在课程内容中的合法性。

课程内容的科学化直接孕育出了学科课程。按科学知识的分科，不同学科的知识经验进入学校，就构成不同的学科。迄今为止，即使在西方，课程形式虽走向了活动化，但学校课程仍然是以"学科"为基础和核心。

2）课程研制的科学范式

20世纪初，科学的思维方式成为课程研制的主导原则。博比特率先运用科学方法探究课程研制，他指出，学校课程必须以明确的质量标准对结果进行控制。泰勒则促成了课程研制科学范式的真正成型。泰勒的课程研制原理可简化为课程研制的四个步骤：确定目标、选择经验、组织经验和评价结果。泰勒原理是科学方法运用于课程研制的最佳范例，其标志性著作是《课程与教学的基本原理》。

3）有效教学方法

受科学主义思潮的影响，教学开始使用观察和实验等科学方法来研究教学问题，力图建立有效教学方法以提升教学效率。有效教学方法的研究经历了从教师教学行为本位（20世纪70年代），到学生学习行为本位（20世纪70年代后期），再到系统化考察的三个阶段（20世纪90年代后）。

经济合作与发展组织（简称OECD）的研究揭示，对教学有效性的考察应考虑五方面的指标：①教师所掌握的实际课程领域的知识和教学内容的知识；②教师教学法的技能，包括使用有效教学策略的意识与能力；③教师教学反思的能力与自我批评能力以及教师专业化的品质；④教师的移情能力与尊重他人的品德；⑤教师教学管理的能力。

4）教育测验科学化

20世纪初，受实验心理学和统计学等发展的影响，西方掀起了教育测验的科学化运动，核心是倡导标准化测验。标准化测验是按照系统的、科学的和规范的程序对误差进行严格控制的测验。从1904年桑代克编制各科标准化测验开始至1928年，美国有三千多种测验问世，大致包括学业测验、智力测验和人格测验三类。其后，标准化测验作为客观评价学生学业的方式得到广泛传播。

5）唯科学主义批判

当科学主义在西方发展演变为唯科学主义时，人们逐渐认识到，唯科学主义给课程与教学带来了现实性的问题，显露出其弊端。首先，教育内容中的科学知识绝对至上，滋养了课程的工具性和功利性,导致课程漠视人的欲望、需求、情绪、情感和想象等非理性因素的存在,也疏离了与道德价值等非物质性观念的关联,课程走向工具化,窒息了自身应有的育人功能。第二,课程研制的科学范式极力追求课程目标检测的精确性和可操作性,导致课程的工具化和非人化。教学不仅是一门科学,更是一门艺术,应当关注教学方法的艺术性,关注教师的人格魅力、情感态度以及学生的个性心理特征对教学的影响。第三,标准化测验主要测验学生的知识掌握程度,并不能测验学生情感、态度、价值观等的状态,造成教师片面突出知识教学,忽略对学生其他方面的培养。

2. 中国课程与教学的科学基础及其发展

在教育、课程与教学领域,西方的科学化发展过于极端,需要批判纠偏;而中国的科学化发展则严重不足,尚需进一步发展。

1) 科学基础的意义

在西方,科学的产生和发展以两个伟大的成就为基础:一是希腊哲学家发明的形式逻辑体系;二是近代建立起来的以系统的实验观察发现因果关系的实验方法。西方的科学主义思维方式蕴涵和延续着对象化的理性至上主义和精确实证的经验主义。

中国课程与教学的科学化,在传统文化的限定下刚刚起步,面临的主要问题是如何建构和发展科学基础,以提升课程与教学的科学性,传播科学知识,推行科学方法,培育科学精神并促进科学繁荣。

2) 科学基础的发展

当代中国发展科学基础进而提升课程与教学的科学性,需要研究的课题很多,主要包括"提升教育研究的科学性""加强课程内容的科学性""构建课程研制的科学范式""创新有效教学方法""实现教学媒体的信息化""开发网络课程""促进网络教学"等。

(五)心理学基础

心理学为理解教的过程和学的过程提供了基础,这两个过程对于理解和研究课程与教学来说都是必要的。

1. 西方课程与教学的心理学基础

1) 行为主义心理学

以桑代克、华生和斯金纳等为代表的行为主义心理学认为,学习是刺激与反应的联结,学习的产生由外部刺激引起,学习的保持是强化的结果,学习的过程是循序渐进、积少成多的过程,学习的结果是可观察和可测量的外显行为。因而,课程与教学应强调具体的、分解的行为目标;课程内容应按照逻辑顺序由简至繁积累而成;开发教学技术,加强程序教学、视听教学和网络教学等;突出对学生的外显行为的评价;进行教学效能核定、成本-效应分析以及目标管理等。

2）认知主义心理学

由于不满行为主义心理学将人类学习过程描述得过于简单与机械，以布鲁纳和奥苏伯尔等为代表的认知主义心理学家提出，学习是学习者内部认知结构的形成和改组，心理学应该关注学习者内部认知结构的性质以及它们是如何变化的。认知主义心理学主张：课程目标应能促进学生认知结构的形成与发展；课程设计要依据学生的认知结构水平，尊重认知规律；教材编制要体现"结构"论的思想，每一门学科要选择组织好知识的基本结构，并按一定的逻辑顺序予以呈现；在教学过程中应注意提供先行组织者，以使学生的新旧知识与经验产生联系。

3）人本主义心理学

以马斯洛和罗杰斯等为代表的人本主义心理学既不像行为主义心理学那样过分关注学生的学习结果，也不像认知主义心理学那样过分关注学生的认知过程，而是关注学生学习的情感、需要与信念等人格发展问题，关注学生学习过程中认知和情感的统一，以培养完整的人格，关注学生学习潜能的发挥和自我表现。人本主义心理学主张：课程目标在于促进学生的自我实现；课程设计要尊重学生，要为学生提供主动学习的情境，创造和谐的学习氛围；课程内容要与学生的基本需要及生活有密切关系，并对学生情感的丰富和理智的发展具有重要意义；课程形态包括"整合课程""意识课程""自我导向课程"等，其中最典型的是整合课程，体现情感与理智的整合、个人与社会的整合、教材与学生生活的整合。

4）发展心理学

发展心理学关注个体的年龄特征，强调个体身心发展的阶段性。影响较大的研究成果有艾里克森提出的人格发展阶段说和哈维赫斯特提出的发展任务说。

人格发展阶段说认为人格发展过程由相互联系的若干阶段构成，每一个阶段都需要解决一个特定的受文化制约的矛盾。如果个体在各阶段都能解决好矛盾，那就会逐渐形成健康而成熟的人格；否则，就会产生心理-社会危机或出现情绪障碍，为后一阶段的发展带来阻力，并出现不健全的或病态的人格。

发展任务说列出了个体为获得健康和令人满意的成长所需学习的一系列任务。

2. 中国课程与教学的心理学基础及其发展

1）心理学基础

我国的心理学理论已经有了一定的积累，其中对课程与教学产生了一定影响的，主要有"结构-定向教学理论""学习双机制理论"以及"发展心理学理论"等。

结构-定向教学理论，其基本原理是结构化教学与定向化教学。结构化教学是指教学应该以构建学生的心理结构为中心，而教学所要构建的心理结构就是学生的能力与品德结构。能力与品德结构是在学生与教材的相互作用过程中通过各种心理活动在头脑中建构起来的。学生学习的教材包括物化了的知识、技能和行为规范。学生的各种心理活动包括知识学习中的领会、巩固与应用,技能学习中的动作定向、操作、内化或熟练等。定向化教学是指教学必须依据学生心理结构的形成和发展规律,有计划、有目的地进行定向培养。结构-定向教学理论探讨了五方面的学习规律,即学习动机及积极性形成与发展的规律、学习的迁移规律、知识的掌握规律,技能的形成规律与行为规范的接受规律;主张对教学进行四方面的改革,即教学目标系统的改革、教材系统的改革、教学活动系统的改革与教学成效考核及评估系统的改革。

学习双机制理论指出,人有两类学习机制,即联结性机制和运算性机制,相应地,人的学习分为联结性学习和运算性学习两种基本类型。联结性学习是个体将同时在工作记忆中出现的若干客体或符号的激活点联系起来从而获得经验的过程。运算性学习是个体在头脑中经过复杂的认知操作而获得经验的过程。通过不同的学习机制,个体分别获得不同的知识。不同类型知识的获得过程,有着不同的特点和规律,教师在教学过程中应遵循不同知识的学习规律进行教学设计,课堂教学也应有不同的模式。

我国心理学工作者对中国儿童青少年心理发展与教育开展了深入、系统和全面的研究,内容涉及感知觉、注意、记忆、语言、思维、数学能力、情绪情感、意志、气质、性格、个性倾向性、自我意识、道德认知和品德心理等。还有学者对我国中小学生心理能力发展与培养进行专门研究,揭示了中小学生智力与能力的发展特点,并提出了相应的培养措施。也有学者从生命全程的角度,阐述个体心理发生、发展的规律及毕生心理发展的年龄特征,内容包括胎儿、婴儿、幼儿、小学儿童、中学生、成年初期、成年中期和成年晚期的心理发展变化。这一系列的发展心理学研究成果,为人们全面了解个体心理发展的纵向图景提供了科学依据,有助于教师进行符合心理发展规律的科学的课程与教学设计,从而提升学生的学习效果。

2)心理学基础的发展

1949年以前,我国心理学研究主要以引进西方理论为主;20世纪中期则主要学习苏联的研究成果;"文化大革命"之后,国内心理学研究又以学习西方研究理论为主流;当下,人们正在为推进心理学中国化而努力。

当代课程与教学研究要解决"教学什么"和"怎样教学"的问题,心理学为此提供了有关人脑研究理论,人的思维与智力发展理论,特别突出的是提供了学习理论和发展理论。可以说,没有心理学提供的心理发展理论、学习动机与认知策略理论、学习兴趣和学习态度等理论,就没有现代课程与教学的形成与发展。

历史表明,从古代到现代,课程与教学的根本基础,正实现着从哲学到心理学的转向。在古代,课程与教学主要以哲学为根本基础。近代以来,18世纪,裴斯泰洛齐首倡课程与教学心理学化;19世纪,赫尔巴特及其弟子在理论和实践上,将教学心理学化;20世纪,杜威及其追随者进一步将课程与教材心理学化。加之20世纪以来发展与教育心理学的大发展,为课程与教学的心理学化提供了客观可能性。

综观我国课程与教学研究,仅有哲学和心理学比较受到重视,而且主要以引进西方的理论为主。因此,我们应当倡行课程与教学基础的多样化,做到不仅对每种基础进行深入研究,而且对多种基础进行整合研究;不仅学习西方先行一步的研究成果,更要突出中国文化的立场。

四、课程与教学的影响因素

课程与教学的影响因素就是那些对课程与教学的形成、变化和发展产生制约作用的客观事物及观念。客观事物及观念必须以言语符号加以表现,而言语符号是属人的,所以课程与教学的影响因素总是以人的认识和观念的形式而存在与表现。人们在对其进行考察时,要么关心的是影响课程与教学的全部因素,要么重视的是影响课程与教学的主要因素。

(一)课程与教学影响因素的种类

课程与教学作为一种特殊文化,总是受到与之有关的各种因素的制约。各种课程与教学的影响因素,可以归纳为"课程与教学自身的因素""教育条件""学习原理""社会因素"和"自然环境"五种类型。

1. **课程与教学自身的因素**

课程与教学自身因素,主要包括课程与教学传统、现行课程与教学、课程与教学材料以及课程与教学理论。课程与教学传统是课程与教学的一种历史形态,是课程与教学发展的历史限定,它决定课程与教学从哪儿来。现行课程与教学是一种现实形态,是课程与教学发展的现实条件,它决定课程与教学发展从哪儿开始。课程与教学材料是一种物化形态、资源或技术,是传统的和现行的课程与教学的一种特殊表现。其中的教学材料,特别是课本或教科书,是主流传统的载体,表征着课程的现状。课程与教学理论是对传统和现状进行系统认识的成果,它源自过去和现在,但却指向未来,建构着人们的理想,决定着课程与教学发展可能和应该到哪儿去。

2. **教育条件**

教育条件主要包括教育意识形态、学制、个人知识以及教学条件等。

教育意识形态是人们对于教育的特殊认识结构,包括在一定共同体中流行并反映了该共同体在政治、社会、道德和宗教上的偏好与兴趣的、相互依存的有关教育的信念、观点、原理等。它激发人们去实施一定的、社会要求的教育活动,按照社会的需要决定谁学习、学什么和学多少。

学制是指一个国家各级各类学校的体系,它规定各级各类学校的性质、任务、入学条件、学习年限以及它们之间的衔接和关系。学制既影响课程的宏观结构,决定课程在幼儿园、小学、初中、高中和大学的分段与否及其相互关系,也影响课程内容的选择和组织,还决定不同类型学校课程与教学的性质与特点。

"个人知识"指的是课程与教学情景中的教师和学生所具备的知识和经验。师生的认知结构、他们的新经验如何与一般的生活经验整合,是"个人知识"领域的主要问题。"个人知识"不仅影响课程与教学的结构,而且决定师生是否愿意以及是否能够接受新的课程与教学。

教学条件是指教师在努力创造富有吸引力的、活跃的班课教学中所面对的一些制约因素。它主要分为构成因素(如班级规模、课室构成和学生多样性等)、班课环境、教辅人员及家庭因素。教学条件制约但不能决定教育教学过程。

3. 学习原理

学习原理主要包含发展心理学、教育心理学和性别研究等。发展心理学原理对课程的宏观结构产生决定性的作用。教育心理学对微观的课程内容结构和课程形式结构产生决定性的作用。其中的学习心理学创新,往往直接孕育有效的教学形式和教学方法或学习方式。性别研究长期被忽视,近年来开始被人们关注,已经逐渐形成了女性主义思潮。女性研究已经对大学和中学的课程设置和教学改革产生了影响,并开始向幼儿园和小学课程与教学渗透。

4. 社会因素

社会因素广义上包括了法律、政治、经济、社会、文化、宗教、教育政策和知识技术等。在当代条件下,法律(特别是教育法)、教育政策、课程政策、知识探究与信息技术等,对课程与教学的影响作用越来越大。而文化价值观,既左右人们的法律、技术行为,又制约人们的课程与教学决策行为。

5. 自然环境

自然环境在我国的课程与教学发展过程中曾经长期被忽视。在当代生态污染已经危及人类的生存和发展的严酷现实面前,人们愈加认识到了人和自然之间关系的重要性。自然环境可以分为原始自然和人工自然,它们都是学校课程与教学的重要资源,包括动物资源、植物资源和地理资源,它们既能丰富课程内容,又能活跃教学活动形式。

(二)课程与教学的主要影响因素

概括来说,知识或文化、社会、学习者以及生态是影响课程与教学的四大因素,它们既分别地又综合地对课程与教学的产生、变化和发展起决定作用。

1. 知识或文化

知识或文化,在来源上决定课程与教学内容的产生、变化与发展。在原始社会,人们在渔猎、采集果实、举行祭祀活动中积累了一定的知识经验,这些知识经验进入教育活动产生了专门的课程与教学。后来随着人类知识经验的不断丰富,学校课程与教学内容也不断变化和发展。任何课程与教学改革,必然有知识或文化嬗变的动因,而任何知识或文化的变迁,也必然或早或迟地引发相应的课程与教学改革。

2. 社会

社会既在选择标准上决定课程与教学内容的变化和发展,又在宏观上决定课程结构形式的变化和发展。在现代社会,知识经验变得如此丰富,以致不可能全部进入学校成为课程与教学内容,人们不得不从中选择出一部分,分门别类作为学校的课程,并组织实施专门的教学活动。选择的标准和分门别类的标准,最初是通过社会习俗,后来主要是通过法规的形式制定的。这样,社会通过制定标准来决定教育内容,决定学校分段,决定课程与教学分科,如此等等。历史上,社会或国家只是将课程与教学作为途径或工具而已,实质在于通过知识权力分配,来控制人和新生一代,以达至社会自身的稳定、平衡与发展。

3. 学习者

学习者在微观上决定课程与教学的组织结构形式。课程与教学要提高效果,需要优化自身组织结构,而结构优化的客观依据是学习者的身心发展规律和学习规律。事实上,学习者的身心发展规律和学习规律直接决定课程内容顺序的结构形式和教学活动的结构形式,又间接影响着不同教育阶段的内容选择。

4. 生态

生态包括自然生态与社会生态。随着生态主义的兴起与发展,生态平衡与持续发展成为当代课程与教学研究的重要取向。生态主义文化的批判与建构,表现出整合"社会""个人或学习者""知识或科目"和"自然"影响的倾向。课程研制的同一性和连续性原则与技术方法得到迅速建构与应用,促进学生在一个社会、自然环境、文化有机统一的环境中身心获得全面发展。所以,生态在系统结构上决定课程与教学的平衡状态。

我们在发现和解决课程与教学问题时,需要认真研究和掌控各种影响因素:既要突出对主要因素的考察,也要对其他各种因素进行考察;既要看到各种因素的影响作用,以把握课程与教学改革和研究的动因及方向,也要看到各种因素的资源特性并进行开发利用,以支持和促进课程与教学的改革与研究。

五、课程与教学问题的类型

(一)课程与教学问题

课程与教学论的研究对象过去常常被规定为现象或规律,现在许多人提出应当将课程与教学论的研究对象表征为问题,就其组成而言可以区分为"实践""经验"和"精神"三个层面。

课程与教学问题指反映到教育活动参与者大脑中的、需要探明和解决的课程与教学实际矛盾和理论疑难。从开始研究课程与教学问题以来,人们就提出过许多课程与教学问题,后来教育改革与发展实践孕育和产生了更多的新课程与教学问题。

(二)课程与教学问题的类型

众多课程与教学问题,可以从研究的定位、指称、价值、深度和广度等方面的不同特性进行概括和归纳,分为"内容问题与方法问题""一般问题与真实问题""常识问题与未知问题""表象问题与实质问题"以及"'大'问题与'小'问题"等多种类型。

1. 内容问题与方法问题

教育领域中的两个教育本体问题,一个是"教学什么",系内容问题;另一个是"怎样教学",系方法问题。它们是从早期的"教什么"和"怎样教"逐步发展到今天的"教学什么"和"怎样教学"的。在很久以前的专制社会,教师支配一切,所以提出和研究的问题是围绕"教师的教",侧重"教什么"和"怎样教"。今天,随着社会民主化进程的发展和人本主义思想的不断启蒙,学生得到关照,学生的学习也受到重视,人们提出和研究的问题,不仅涉及"教师的教",也涉及"学生的学",所以教育本体问题就深化并扩展为"教学什么"与"怎样教学"的问题。

"教学什么"与"怎样教学"实际包含了"学生学习""教师教授"与"师生教学"三个方面的问题。"教学什么"即"学生学习什么""教师教授什么"和师生教学互动时"教师引导学生学习什么";"怎样教学"即"学生怎样学习""教师怎样教授"以及师生互动时"教师怎样引导学生学习"。

2. 一般问题与真实问题

一般问题与真实问题又分别被称为"泛指问题"和"特指问题"。人们在脑海里形成和提出的问题,有不同的指称,根据指称的范围不同,课程与教学问题分为"泛指问题"和"特指问题"。指称古今中外所有的课程与教学活动,或指称一定时间和空间范围内的课程与教学活动,属于"泛指问题"(亦称"一般问题")。相对地,指称学校课内外某位教师带着一群学生正在进行的具体科目的课程与教学活动,属于"特指问题"(亦称"真实问题")。

3. 常识问题与未知问题

根据研究价值的有无,课程与教学问题有常识问题和未知问题之分。前人或他人已经探明和解决了的,查阅有关文献资料就能明了,不需专门研究,没有太大研究价值的属于常识问题。那些没有探明和解决,或没有完全探明和解决的,还需要进行专门研究,具有研究价值的问题即未知问题。

4. 表象问题与实质问题

根据问题探讨的深度不同,课程与教学问题分为表象问题与实质问题。表象问题是人们对课程与教学表面特征及其外在关系中存在的矛盾和疑难的反映,是课程与教学中个别的、特殊的、具体的问题。实质问题是人们对课程与教学内在特性及其内部关系中存在的矛盾和疑难的反映,是课程与教学中普遍的、一般的、抽象的问题。

5．"大"问题与"小"问题

根据问题涉及的范围的宽窄,课程与教学问题又可分为"大"问题和"小"问题。"大"问题是在一定时空里,关涉了课程与教学全部或主要方面的各种因素的矛盾和疑难,也就是包含了中观和微观问题的宏观问题。"小"问题是在深入而具有普遍性的层面里,聚焦于课程与教学某方面的一两个因素的实质和关系的矛盾和疑难,就是微观问题。

课程与教学问题在指称、价值、范围等层面都有所反映和表现,而且在每一层面都是按照一一对应的互补关系划分的。在研究课程与教学问题时,根据问题的类型划分进行研究是对研究过程深化的基础,是必要的前提。

(三)课程与教学问题研究取向

在当代教育研究领域,影响较大的取向有文献研究、实证研究、质性研究和行动研究等。从古代的"原始研究",经过近代的"文献研究"和现代的"实证研究",到当代的"质性研究",再到当下的"行动研究",实际上形成了一个继承发展的"研究文化相继体"。

古代的"原始研究"以苏格拉底为代表,融入了研究过程与结果,尚未作为方法独立出来,是一种综合研究。"原始研究"虽未深入考察与建构研究的主客体关系、方法、分析技术和价值目标,但内蕴着后来独立发展起来的各种研究取向的元素及其结构的所有萌芽。而当下的行动研究是在原始研究的系列线索上,经过文献研究、实证研究和质性研究的相继发展与扬弃,剔除糟粕、吸取精华发展而成的一种新兴研究形态。

教育行动研究,其研究对象主要是师生在教育教学行动中形成的观念状态的经验与意识等,类似于我国原生的经验总结法。

第二节 课程与教学理论的历史发展

一、课程与教学理论的产生与发展

课程与教学理论是指已经形成的关于课程与教学活动的知识或信念体系。课程与教学理论又称为课程与教学模式或课程与教学方式,特别是论及具体的课程与教学理论时,常常用"模式"或"方式"。课程与教学论从产生发展至今,可以划分为三个时期:萌芽期、建立期和繁荣期。

(一)萌芽期

从课程与教学产生到16世纪的数千年,课程与教学理论经历了漫长的萌芽期。这一时期,学校教育规模较小,教育为统治阶级所垄断,主要是上层社会的贵族教育和宗教教育。

这个时期,人们的研究普遍是一种哲学行为,主要对整体的教育问题加以探讨,课程与教学问题没有成为独立的研究对象。这一时期的教育家已明确提出了"怎样教学""教学什么"和"为什么教学"三大问题,分别关涉课程与教学的组织方法、内容体系和价值目标。随着人们对课程与教学问题广泛深入研究,许多论著出版了。比如中国的《礼记·学记》,成书于战国末期,是世界上已发现的最早的课程与教学理论专著;古罗马的昆体良所著的《雄辩术原理》,则是西方教育史上第一部系统的教学法专著。萌芽期的课程与教学理论发展的特点有:

第一,重视教育内容及其分科等问题。

第二,国外有关课程与教学的主要观念经历了巨大变迁,从职能主义到宗教道德主义再到人文主义,而在中国,只从职能主义到了宗教人伦道德教育,就停滞不前了。

第三,课程与教学认识成果仍包含在整个教育理论甚至哲学理论中,基本的学科、科目、课程与教学等基本概念尚未形成,没有形成独立的学科领域,比如西方有"七艺",中国有"六艺"(礼、乐、射、御、书、数)。

第四,教育内容的选择问题尚不突出,教育内容直接来自主流文化,课本就是经典著作。

(二)建立期

17—20世纪初的三百年里,是课程与教学论的建立期,课程与教学论在欧洲诞生。在欧洲受资本主义的影响,学校教育得到发展,学校教育走出上层社会,走向劳动阶层。班级授课制(亦称班课教学制)也在这一时期创生。由于学校教育的大规模发展,人们对课程与教学问题极其关注,专门的研究应运而生,专门的著作不断问世,课程与教学论这一专门的学科建立。在建立期,课程与教学论的发展特点有:

第一,拓宽了问题领域。建立期出现了"课程与教学是什么"的新问题,这一问题实质上是教育哲学问题。从建立期到现在,"课程与教学是什么"的问题一直被归入"教育或教育哲学"领域。

第二,出版了学科诞生的标志性著作。1632年《大教学论》出版,此著作是捷克教育家夸美纽斯的代表作,是历史上第一部系统、全面研究和阐述教育问题的专门著作,被公认为教育学诞生的标志,也被誉为课程与教学论发展史上的第一座里程碑。1806年《普通教育学》出版,此著作是德国教育家赫尔巴特的名著。《大教学论》中把教学看成是"艺术",而《普通教育学》中追求的是教学的科学性,并明确地将心理学这一门学科作为教学的理论基础。

第三,转换了根本基础。在建立期,课程与教学论的根本基础从哲学思辨走向了心理学实证,开辟了课程与教学心理学化的崭新前景。

(三)繁荣期

20世纪是教育的黄金年代,是课程与教学论的繁荣期。在这个时期,首先是全球范围内义务教育的普及,接着是终身教育观念的提出和发展,教育规模持续扩大。这样,追求教育规模和教育质量、追求教育效率和教育公平,以及教育规模的进一步扩大,构成了课程与教学论发展的新背景。繁荣期的课程与教学论发展表现出以下特点:

第一,问题领域再度扩展。到了20世纪,学校的课程与教学进入了一个新阶段,人们开始反思自身对课程与教学的基本态度,人们发现由于受唯科学主义的影响,对课程与教学研究的态度仅仅是"实然"性的,存在比较极端的"科学化"倾向。走出这一误区,人们提出了教育民主化和课程与教学人文化的要求,进而产生了对课程与教学研究的"应然"态度。现实的课程与教学,包括现实的教育目标、课程设置、教学方法、教学观念,并非就是完全符合人性的,就是各种可能性中最好的。这样,"应该怎样开发课程""应该怎样教学"就成为人们追问和努力解决的新问题。在美国,课程与教学理论经历了从"课程开发"到"课程再概念化"再到"课程国际化"的进化历程[①]。

第二,不同流派的代表作面世。经过长期的实践和研究,代表不同流派的课程与教学论著作陆续面世。比如,进步主义的《儿童与课程》、科学主义的《教育目标分类学》、结构主义的《教育过程》、信息技术主义的《教学的学习原理》、后现代主义的《后现代课程观》,以及概念重建主义的《理解课程》等。

第三,课程与教学理论基础心理学化。20世纪是心理学特别是教育心理学、发展心理学和学习心理学的大发展时期,凡是创新而有影响的课程与教学理论,总是有新的心理学理论做基础。

第四,课程论获得独立并与教学论进行整合。20世纪初叶,科学技术飞速发展,"无限的知识"与"有限的学习"之间的矛盾日益尖锐,人们重视研究和解决"教学什么"的问题,形成了独立于教学论的课程论知识体系。课程理论日益丰富,逐步形成了比较完整的体系,课程论从教学论中分离出来成为一门独立的教育学分支学科。有关课程研究的著作不断涌现,1902年,杜威出版了《儿童与课程》,1918年,博比特出版了《课程论》。其中,博比特的《课程论》被西方社会公认为"课程论"诞生的标志。

第五,现代媒体得到飞速发展和广泛应用。媒体的发展与应用,促使课程与教学发展经历了"教学机器"(20世纪20年代创用)、"程序教学"(20世纪50年代创用)、"CAI"(计算机辅助教学)和"网络学习"(20世纪90年代中期始)四个时代。现代教育媒体,在飞速发展和广泛应用的过程中,已从开始时的教学手段演化孕育出了当代课程与教学的一种新思维、新模式和新原理。

---

① PINAR W F. Curriculum Theory [M]// KRIDEL C. Encyclopedia of Curriculum Studies. Los Angeles: SAGE, 2010:267-270.

二、课程与教学理论流派与学说

(一)课程与教学的经典学说

1. 教师中心说

教师中心说,又称为教师中心论,肇始于古巴比伦,先后经历了古希腊与古罗马时期、中世纪、文艺复兴等不同时期的发展,到后来成为赫尔巴特学派建立的系统理论。教师中心说主张教师在教育、课程与教学中居于支配地位,起决定作用。

2. 学生中心说

学生中心说,又称儿童中心论,与教师中心说相对立,这一学说主张学生的身心发展规律在教育、课程与教学中居于支配地位,起决定作用。长期以来,学生中心说积累了深厚的理论基础,包括"生长主义"的教育目的观、以学生为本的教育价值观、社会改造的教育功能观及机能主义心理学基础等。

3. 学科中心说

学科中心说,又称科目中心说,产生于20世纪50~60年代的美国课程改革运动中。它的理论基础包括英才主义的教育目的观、个人与社会需要相统一的价值取向、传播文化科学技术的教育功能观及认知发展心理学等。学科中心说主张,教育的根本目的是培养能幸福生活的公民,教育的根本职能是创新文化,课程与教学应当促进儿童的认知发展,重视学科结构、直觉思维和发现学习,将科学逻辑与心理逻辑统一于学科逻辑。总体来说,这一学说强调教育内容的极端重要性,追求教育卓越性的目标。

(二)中西方课程与教学理论流派

1. 中国课程与教学理论流派

我国古代就已经形成了丰富的课程与教学思想,近代以来学者们又从西方引进各种流行学说和实践经验与本土实际相结合,孕育产生了许多有影响的课程与教学理论。其中影响较大的有"启发式教学""主体性教学""情境课程与教学""概念重建主义课程与教学"等流派。

1)启发式教学

"启发式教学"由儒家文化始祖孔子所创,名称即来自他的名言"不愤不启,不悱不发"(《论语·述而》)。启发式教学的实质在于教学过程中学习者内在的"愤悱"状态(愤:心里想求通而又未通;悱:想说又不知道怎么说)。其教学过程就是激疑、解疑与释疑的过程,启发式教学过程既要注重认知的因素,又要考虑非认知的因素,二者的辩证统一是实现教学整体优化的必要条件。从心理机制看,启发式教学活动发生的基本条件,包括学习者的自觉要求和外界新信息的刺激。

2）主体性教学

主体性教学是在20世纪70年代末的教育改革运动中逐步孕育起来的一种课程与教学流派，由我国著名教育理论家王策三等人引领。主体性教学认为："教学过程是认识过程的一种特殊形式，学生是认识的主体，教师的职责是引导学生的认识，朝着完成教学任务和实现教育目的的方向发展。"主体性教学突出人的主体性，凸显人的主体价值，高扬教学活动中教师、学生生动的生命力、能动性与创造性，并遵循活动教学原理，让活动成为人的主体生成、发展的源泉和动力，师生以对话、包容、共享的方式在教学人际关系中相互尊重、相互信任、相互理解和相互承认，强调教学活动的自主、开放、创造。

3）情境课程与教学

在我国，情境教学的思想古已有之，20世纪后期，李吉林在长期的语文教学中，探索和创立了有效的情境教学方式。情境课程与教学强调激发主动性，强化感受性，着眼发展性，渗透教育性和贯穿实践性，开发充满美感和智慧的学习情境，利用暗示、移情的原理，促进角色转换，引发和培养儿童主体意识，使其在活动中获得充分发展。

在情境教学中，活动课程被融入学科课程，在包括课外活动、班队活动、野外活动及其他课程开发中，将知识传授、智力发展和品质培养作为明确的目标纳入其中，形成了"情境课程"。"情境课程"将知识的系统性、活动的操作性、审美的愉悦性融为一体，强调以特定的氛围，激起热烈的情绪，在优化的情境中，促使学生主动地参与，克服了单纯学科课程存在的重讲、轻练，重知识、轻能力以及因缺乏操作而削弱应用性的弊端，同时也在一定程度上弥补了单纯活动课程容易陷入知识无系统状态的缺陷。

4）概念重建主义课程与教学

概念重建主义，是美国著名课程学者派纳于1975年正式提出来的。在我国1999年启动的新一轮基础教育课程改革中，课程创新成为迫切追求的目标，在吸收糅合派纳、多尔等人的课程理论，并结合我国教育改革的特殊需要的基础上，我国形成了概念重建主义课程与教学流派。在我国孕育而生的概念重建主义课程与教学流派，针对的是中小学"应试教育"的弊端，矛头直接指向以教学认识论为主导的"主体性教学"，直接指向对我国有长期影响的凯洛夫教育学。

概念重建主义的核心假说是"从知识到文化的转换"。其基本理念是，破除书本知识的桎梏，构筑具有生活意义的课程内容；摆脱被知识奴役的处境，恢复个体在知识生成中的合法身份；改变学校个性缺失的现实，创造富有个性的学校文化。新的"知识观""学习观""教学观"是课程创新的概念重建的基础。

知识观。传统课程是客观主义知识观，把知识视为普遍的、外在于人的和供人汲取的真理。这种知识游离于丰富的现实生活之外，其客观化追求，以牺牲个体知识因素为代价，违背了知识建构的机制。概念重建主义信奉经验主义知识观。这种知识观认为，知识不是游离于认识主体之外的纯粹客观的东西,知识是由学习者主动建构的,是由认知主体与外在世界进行社会互动即个体与社会文化价值互动的结果。知识兼具主观性与客观性,特别是非语言化的感受作为知识的主观成分是构成知识之意义的要素,缺乏它则无法形成知识的意义。这种能动地形成或者整合经验的力量,即"缄默知识",它不同于"明确知识",是不可言说的,无法客观地编码或表征出来,却是形成个体知识意义的基础。概念重建主义认定,知识习得是学习者的经验的合理化或实用化,不是记忆事实;知识习得不是被动灌输,而是主动建构的;知识习得是学习者通过对话与他人互动与磋商而形成共识。

学习观。传统课程将学习局限在学校里和课堂上,将学习规定为"知识的学习",而概念重建主义明确主张:学习即基于情境的行为变化;学习即基于个体现象场的意义形成;学习即基于思考和行为的生存感悟、洞察;学习即基于协作的智慧对话;学习即基于多重对话的文化性实践。

教学观。已有的课堂教学,在教师向学生传递教学内容,传授概念、法则之类的"知识"中,逐步蜕变为"灌输式教学",它不是以学生的经验认识活动为媒介,而是教师片面地注入知识,它排斥学生应当把握的现象和过程与学生自身表象和经验间的关系及其在新知识生成与发展中的作用。概念重建主义倡导的是探究性、合作性和开放性的教学行为与学习方式,并提出教学是师生共同建构知识和人生的过程,是师生之间以交流、对话、合作为基础,进行文化传承和创新的特殊交往活动。概念重建主义倡导建设班课文化,使班课教学(班级授课)成为一种重视批判性思维、促进验证批判性思维的集体实践,即"文化性实践"经验的场所,使学习过程本身成为学习的"内容",建立师生"交互主体"关系,并且,教师要为学生这个学习活动主体创造"互动型学习环境"。

2. 西方课程与教学理论流派

长期以来,西方孕育产生了许多影响较大的课程与教学理论流派。比如传统的古典人文主义、自然主义和赫尔巴特主义,现代的进步主义、文化-历史理论、要素主义与范例教学和人本主义,以及新兴的建构主义和后现代主义等。

1)进步主义

进步主义教育的代表人物杜威旗帜鲜明地批判以赫尔巴特为代表的"传统教育"的知识中心的教育理念,倡导"儿童社会活动中心说",此即进步教育的核心。进步主义教育的课程与教学理论主张教育满足儿童发展的需要和满足社会发展的需要是内在统一的,课程应以儿童社会活动为中心,儿童与课程本质上是统一的,统一于儿童的经验与活动,教育即生长,教育即经验的不断改造。

2)要素主义与范例教学

要素主义充满了对进步主义教育的批判,要素主义的代表人物是巴格莱和德米亚西克维。他们坚持主张,人性有缺陷,经验靠不住,教育和课程不能依靠经验,而要传授知识;课程内容不应是经验,而应是文化要素,以儿童为中心和按心理逻辑组织教材很荒唐,必须坚持以学科为中心,按知识逻辑组织教材。

与此相应,德国著名教育家瓦根舍因和克拉夫基创立了"范例教学论",它是指通过典型的事例和教材中关键性问题的教授与探索,来带动学生理解普遍性的材料和问题。范例教学需要遵循三个基本原则:基本性、基础性和范例性。范例教学的课题选择不能是随意的,而是引导学生发现规律的突破点。同传统教学相比,范例教学的本质特征并不在于教学过程上的区别,而在于它的教养性教学目标,这种教养性目标包括培养学生的问题意识和独立能力。

3)文化-历史发展理论

文化-历史发展理论由苏联教育家维果茨基在20世纪20年代创立,包含儿童最近发展区学说。维果茨基敏感地认识到儿童发展过程本身所具有的生长可能性,并用以观照儿童的智力发展。他指出在儿童的发展中存在两种水平:第一种水平是儿童现有发展水平;第二种水平是指儿童能够做到但不能独立,而只能根据模仿来做到的那个区域,它是儿童在以后能独立完成的,它应包括在儿童现有发展水平之中。这一区域被维果茨基命名为"最近发展区"。

20世纪50年代,苏联心理学家和教育家赞科夫根据维果茨基的"最近发展区"学说进行了长达12年的试验研究,创立了发展主义课程与教学论,这一理论有科学主义的烙印。赞科夫所说的一般发展,基本含义有三:一是指个性发展而不仅仅是智力发展;二是指心理一般发展而不是指身心的一般发展;三是指包括动机、情感和意志的全面发展。因为儿童的最近发展区只是可能,不是必然的,所以在儿童发展历程中,是教学而非其他创造着最近发展区。

4)人本主义

人本主义课程与教学理论是以现代人本主义心理学为基础,在批判布鲁纳的结构主义课程与教学理论中逐步发展起来的,最著名的代表人物是马斯洛和罗杰斯。人本主义主张,教育与课程的根本价值是实现人的潜能和满足人的需要,教育与课程的根本目的是培养人格健全、和谐发展和获得自由的"完人"(知、情、意的和谐发展)。为实现人本主义的教育价值和目的,需要建立和实施并行课程体系(学术性课程、社会体验课程、自我实现课程),它由知识课程、情意课程和体验整合课程有机结合而成。

5)新兴流派

(1)建构主义。建构主义由现代著名心理学家皮亚杰于1966年提出,后来以它为基础,美国心理学家布鲁纳建立了"学科中心论"。建构主义重视知识的不确定性和生成性,强调知识意义的建构特性,竭力主张开发互动性的课程与教学,组织合作互助学习。建构主义的核心是"建构"和"互动"。这就是说,作为特殊活动的学习,建构的形式尽管多种多样,而实质是互动。"个体与自身"互动,在学习发展上主要存在于从"感知经验"到"理性思维"发展的路途中,铺就这条路途的是"反省抽象"。

(2)后现代主义。20世纪70年代以来,欧美逐步孕育起了后现代主义课程与教学理论。后现代主义课程与教学理论的代表人物是美国的派纳和多尔等。后现代主义提出了"工具理性还原"的人性主张。它并不否定现代理性文明,而是希冀在继续享用现代化带来的文明成果的同时,医治好现代化的人性疾患。集中到人性问题上,后现代主义反对把人的本质理性化和抽象化,反对至高无上的理性主体,反对以主体的普遍性压抑对象的差异性,反对以理性支配情感,要求实现人的具体性及个体性发展。

后现代主义课程与教学理论主张课程不再是跑道,而成为跑的过程本身。教育要将科学的理性和逻辑、故事的想象力和文化,以及精神的感觉和创造性结合起来。新世纪的课程与教学,应该以对话性会话为核心,教师是领导者,但只是学习共同体之中的一个平等的成员。教育的目标、规划和评价将是开放的、灵活的,侧重过程而非结果。

第三节 课程与教学论发展的当代背景

一、课程与教学发展新航向

日本教育学者广冈亮藏在论述美国现代教育课程的历史发展时,将美国课程的发展分为五个时期:①19世纪中叶至19世纪末为止,主要是教材中心。②20世纪初至1920年左右,是进步主义教育思潮的全盛期,主要是儿童中心。③1930—1940年左右,主要是社会中心。④1950—1960年左右,是学问中心。⑤20世纪70年代,学习者、社会、学术性融为一体,显示出人本主义的倾向。日本佐藤三郎教授说,社会发展一般以十年为单位,可以划分出显示其一定特征的时代。美国现代教育史的划分也同样,以十年为一周期。如果说20世纪60年代是新课程研究的时代,20世纪70年代是人本主义教育的时代,20世纪80年代以来则是注重基础教育的时代。

这些概括为我们考察世界学校课程与教学的历史发展,提供了一条基本的线索。

(一)课程与教学未来发展的方向

15世纪以来,以分析为主的精密的自然科学在认识自然界方面获得了巨大的进展。但是,恩格斯指出:"这种方法也给我们留下了一种习惯:把自然界的事物和过程孤立起来,撇开广泛的总的联系去进行考察,因此就不是把它们看作运动的东西,而是看作静止的东西;不是看作本质上变化着的东西,而是看作永恒不变的东西;不是看作活的东西,而是看作死的东西。这种考察事物的方法被培根和洛克从自然科学中移到哲学中以后,就造成了最近几个世纪所特有的局限性,即形而上学的思维方式。"[①]这段话同样适用于课程与教学发展

---

① 马克思,恩格斯.马克思恩格斯全集:第19卷[M].北京:人民出版社,1963:220.

过程的描述。

1. 课程与教学的跨边界化

跨学科的综合课程的开发及其实施,跨年级的系统教学的课程的开发及其具体贯彻,有助于当前与未来的生活需求,学校能够同地区社会协作实施课程的开发与学习等。

2. 课程与教学的国际化

它主要培养学生对各国、各民族所拥有的文化的理解与尊重的态度与能力。从这个意义上说,国际理解教育也可以说是"异文化理解教育""多元文化教育"。1995年,联合国教科文组织大会重新界定了教育的使命,强调旨在培养"世界公民"的三个问题:①培养和平、人权与民主的具体实施过程中所仰赖的价值观;②不仅强调认知学习,更强调情感与行为学习;③立足于共同的价值观和知识的应用,学做"世界公民"。这种"世界公民"教育突出了两个要素:一是从未来的展望及地球社会的视野把握现代社会;二是强调人类的相互依存关系,认识相互理解与合作的必要性。

3. 课程与教学的信息化

网络信息化时代对"信息能力"有新的设定。在上述信息能力界定的基础上,强调以下三点要求:①"运用信息的实践力"——视课题与目的而适当运用信息手段,主动收集、判断、表达、处理、创造必要的信息,能够视受信者的状况发信、传递的能力。②"信息科学的理解"——理解运用信息的基础、信息手段的特性,理解基础理论与方法,以便适当地处置信息,评价、改进自身的信息。③"参与信息社会的态度"——理解社会生活中的信息与信息技术的作用及其产生的影响,认识信息伦理的必要性和对信息的责任,参与信息社会的理想的态度。

4. 课程与教学的综合化

课程综合化的追求最早体现在19世纪德国赫尔巴特教育学派的"中心统整法"以及20世纪初"合科教学"的研究之中。进入20世纪90年代,软化学科界限、寻求课程综合化成为21世纪交叉教育课程改革的基调。课程综合化存在着从"多学习领域设计(或多学科设计)"到"统整设计"的不同综合程度和不同形态。1989年英国倡导的"交叉课程"、1998年日本倡导的"综合学习"、2001年我国倡导的"综合实践活动"等,都是统整设计的实例。国际理解教育、信息技术教育、环境教育、健康教育等则是这种统整设计的主要论题。

(二)课程与教学研究的现状与新趋势

课程与教学研究大体可以分为两类:一是具体地就学校中应当编制怎样的内容与活动的、有现实影响力的"决策"问题的研究;二是超越这种决策,探讨课程的、历史的、社会的意蕴和主观意蕴的研究。前者是实践取向的,后者是理论取向的。下面将从理论取向的层面概述世界课程与教学研究的发展趋势。

1. 课程与教学研究的谱系

从历史上看,率先对把课程与教学视为"公共框架"的传统意识做出冲击的,当数19世纪末至20世纪中叶美国的进步主义教育运动了。进步主义教育运动是在"儿童中心主义"与"社会改造主义"这两个原理的基础上发展起来的。通过这个运动,课程的含义从学校所组织的教材体系改变为学校中的儿童实际经验的"学习的阅历"。这样,课程被重新界定为"学习经验的总体"或是"学习的阅历",以教与学的创造为中心,包括教与学的计划、评价在内,课程的开发与教学活动的研究活跃起来。

课程与教学的研究大体是借助两个谱系推进的。一个是视课程为"计划、大纲"的"社会效率主义"的谱系,这个谱系是基于行为主义心理学推进的。另一个谱系是视课程为"学习的经验"的"儿童中心主义"的谱系,这个谱系是基于认知主义心理学推进的。20世纪头十年,"社会效率主义"的代表人物博比特、查特斯等课程学者开始了"社会效率主义"的课程研究。他们把工厂企业的科学管理制度引进课程的组织与管理,从而提高学校教育的"生产性"与"效率性"。其典型的事例就是博比特引进近代劳动管理制度的倡导者泰勒的"科学管理原理"作为课程的科学研究框架。博比特把儿童比作"原料",把成人比作"产品",把教师比作"技师",借助课程与教学过程及其结果的评价,就像大工厂的流水线那样有效地达成"生产目标",建设"品质管理"的学校。事实上,当今普遍使用的"教育目标"这一术语就是引自博比特倡导的"生产目标"的术语,借助测验进行教育评价的方式也是参考了博比特"品质管理"的方法被引进到教育过程中来的。

以产业主义的意识形态和工厂管理为基础的管理原理对20世纪的学校教育产生了莫大的影响。单向的分阶段组织的教育大纲,以"目标—成就—评价"为单位的单元组织,基于测验的教育评价等,构成了20世纪课程与教学的基本框架。

2. 世界课程与教学研究现状

领导当今世界课程与教学研究之潮流的,首推美国学者,然后是英国、加拿大等国的学者。当然,要做出总体的描述并不容易。不过,课程研究领域大体可以分为两个:一是"课程的编制与开发"研究;二是"课程与教学的性质与功能、成果的批判性分析"研究。前者作为传统的研究领域,在实践层面也有强烈的要求,后者是近十多年来作为社会学批判急剧发展受到的理论层面关注的研究。较著名的学者包括阿普尔、惠蒂、吉鲁、派纳。在此之前受到学术界关注的是美国教育社会学家杰克逊、英国语言社会学家伯恩斯坦以及英国社会学家杨(Young, M. F. D.)。而新近学者是批判西欧中心、合理主义和科学技术主义的后现代主义者斯莱特里、多尔和澳大利亚的马什。这个领域的研究成为当代课程与教学研究的主流,这是因为,他们受到思想家与社会学家研究理论的有力支撑。他们是福柯、德利达、布迪厄。此外,继布卢姆之后,编制论的研究产生巨大影响。编制论、开发论研究当数阿特金的"技术方法与罗生门方法"和斯基尔贝克倡导的"校本开发"。

在当代课程分析的批判性研究的代表人物——阿普尔、吉鲁、派纳以及英国的惠蒂和古德森之中,亦存在着微妙的差异。他们大体可以分为四类。第一类是以阿普尔、惠蒂为代表的社会学政治学批判。他们具体分析了课程与教学是如何受到各种层面的政治权力关系的制约,特别关注性别歧视和社会弱势集团歧视,并从"潜在课程"的观点出发,通过具体的教科书和日常教学的实践来揭示这种歧视的实际。第二类以吉鲁为代表,针对为学校课程与教学所掩盖的社会不平等问题,从"抵抗理论"的角度做出谋求"解放"的尖锐的批判。第三类以派纳为代表,对传统的课程概念本身提出质疑,借助"概念重建"创造新的概念图式,为未来的课程构想提供理论框架。第四类以古德森为代表,对课程的社会历史性进行明确阐述。这种社会历史性是由具体的教育团体等政治力学的社会制约性决定的,受时代的局限,只有相对的稳妥性。

上述的研究进展表明,学校中"课程""教学"已经丧失了它的"正统性",被种种社会阶层特别是统治阶层巧妙地用作维护其社会歧视和选拔的手段。期望今后的课程转向相反的功能,即使之有助于民主化、平等化、自由化、相对化和综合化。

日本的今野喜清、柴田义松、安彦忠彦等学者一直致力于传统的课程编制、课程开发的研究,但他们之间的差别也是显而易见的。今野喜清立足于欧美国家的研究潮流,特别是社会学批判研究的成果,旨在建构"学校知识"的理想模式。柴田义松则尊重传统学科的学术知识,主张应当把重点置于"学习方法"。安彦忠彦从"终身学习"的观点出发,重建学校的概念,主张立足于"基础与个性""个别化与个性化",精简教学内容,建构"生活能力课程—基础学力课程—发展学力课程"的三层课程结构;倡导小学低年级与高年级、初中、高中一以贯之的"三层四阶段课程编制论",同时倡导根据实现目标能力的差异,课程应有所不同的"交互作用课程编制论"。

3. 课程与教学研究的新趋势

这里主要从课程与教学研究方法的角度来考察课程与教学研究的新趋势。就课程与教学研究的一般方法而言,我们可以列举各种研究方法。诸如关于课程的形成与发展的历史研究法,探讨课程本身的哲学研究法,把课程作为教育制度来研究的制度研究与行政研究法,分析外国课程的比较研究法,等等。这些研究方法并不是课程研究所固有的,而是一般教育研究所通用的。所谓课程研究的新方法,首先指的是有别于历史研究、哲学研究的比较新的方法,从社会学、现象学、政治学等学科研究的视点与方法做出的课程与教学研究。

20世纪70年代以来,以欧美各国为中心展开的对课程与教学的民族志、现象学、社会学、政治学、自传方法的研究,它们都是课程研究的新方法。

民族志研究是以文化人类学的领域为中心发展起来的研究方法。斯普拉德利认为"民族志是陈述文化的工作""构成这种活动的核心是以当事者的观点去理解他们的生活"。赶赴现场,长期同当地人生活在一起,观察特定的集团或是组织的文化和非主流文化,然后加以梳理,再栩栩如生地描绘出来——这就是民族志的工作。民族志研究由两个阶段组成:观察阶段和书写阶段。值得注意的是,我们不仅要关注以特定集团和社会世界为对象进行的民族志研究中研究课题的重要性和研究领域的理论贡献对于研究共同体的意义,而且要关注这种研究对于现场和实践工作者的问题解决与见解的社会有用性。

现象学研究有广义和狭义之分。狭义的现象学研究主要指遵循胡塞尔、海德格尔、梅朗·彭迪开创的哲学思想运动"现象学",析取教育构想与教育实践过程中潜在的真理的哲学探究。其代表人物有格林、费尼克斯、奥基等。广义的现象学研究则是接受狭义现象学的影响,以广泛的现代思想为线索,从批判理论的高度重新审视课程理论与课程这一现象本身。

社会学研究指学校中教育内容与教育方法的社会学研究,以美国的维勒和哈维格斯特等人的功能主义研究为代表。其特点是研究的焦点置于社会目标与学校教育内容及方法的整合性上,从社会适应的视角来探讨课程问题。

一般说来,从政治的视点出发做出的课程、教学与权力作用关系的分析,都可以谓之课程与教学的政治学研究。这种研究历来主要探讨如下问题:权力是如何从"外侧"作用于课程的?借助这种作用,课程受到了怎样的影响?是否被控制?在这种场合,要对国家主要的政治意图的教育政策与课程、教学的对应关系进行分析。相反,一些学者透视课程与教学的"内侧",分析课程本身所拥有的权力作用。课程本身具有正统化和再生产的功能。政治学研究的核心特点在于探讨政治对课程与教学改革理想的影响形态,即创造课程的种种权力关系的状态得以变革的可能性。

自传方法研究,美国的派纳是倡导以"自传方法"作为课程研究与实践的方法论的知名学者。派纳抵抗20世纪60年代以前传统的课程理论,转而诉诸新的课程理论旨在恢复人性的课程的建构。即他批判以往的课程理论中心,即以教育目标明确化和评价为中心的行为目标方法,抵抗以科学技术为中心的课程开发,倡导以人际关系为中心的课程理论。他的探究中心并不是学校的公共课程,而是每个人所经验的丰富的生活世界。他假定,每个人的生活世界正是发现自己经验的课程事实被隐蔽了的领域。因此,面向自传式的课程理论不是在教科书、课程大纲和教育体制中去求诸回归的事物,而是到自身中去寻求。这种主张的背景是,课程与教学的相关事物与事实不是离开了个人主观意识的制度和事物,而是自身作为主体所经验的相关事物和事实。这些事物和事实借助自传的方法和自我解剖的方法被加以阐释。这种方法不是劝告人们仅仅描述自我主张的单纯的主观见解,而是在谈论自己的时候,必须假定发现自己的他者的存在。所谓谈论自己的方法,就是将自己客观化的方法。这种课程研究的方法论摆脱了对公共课程的依赖,它作为一种课程实践的方法,倡导恢复个人主体性。

二、课程与教学论的价值

现代课程与教学论主要有"认识""知识"和"革新"三大价值。

(一)认识价值

课程与教学论的认识价值,主要是认识课程与教学现象,揭示课程与教学规律以及指导课程与教学实践。

1. 认识课程与教学现象

课程与教学论认识的首要价值是认识纷繁复杂的课程与教学现象。课程与教学现象,是课程研制与教学活动所表现出来的外部形态和联系,系其外在的与易变的方面,主要分为物质性现象(包括课程计划、课程标准、课本、教学材料、视听教材、课室、实验室、教学设备、校园建筑等)、活动性现象(包括课程规划、教学设计、课程实施、教师考核、课程评价等)和关系性现象(包括教师与学生的关系、教学与文化结构的关系、教学过程与教学结果的关系、课程研制与课程产品的关系等)三个方面。

2. 揭示课程与教学规律

课程与教学论认识的根本价值是揭示课程与教学规律。课程与教学规律是课程与教学及其组成成分发展变化过程中的本质联系和必然趋势,是内在的东西,人的感官不能触及,只有思维才能把握。

课程与教学规律作为一种客观存在,是内在的,不以人的认识和作用为转移,对认识来说是终极性的,这是课程与教学的存在性规律,而通常所说的课程与教学规律实则是对这种存在性规律的一种反映而已,不能等同于存在性规律,只是一种反映性规律,这种反映性规律,即通常所说的"课程与教学原理"。"课程与教学原理"是人们对课程与教学及其组成成分发展变化的本质联系和必然趋势的认识和表述,是间接性的,具有主观与客观相统一的特性,与课程与教学规律有本质区别。

3. 指导课程与教学实践

指导课程与教学实践是课程与教学论认识的最高价值。课程与教学实践,是人们有目的地通过改造课程材料、教育设施与教学活动来提升课程研制与教学实施质量的特殊感性活动。它往往被区分为相互联系的管理、研制和应用三种类型的实践。

管理实践是指教育行政部门或学校行政对课程与教学过程的计划、实施和评估总结的组织行为。在我国主要表现为三个方面:对课程与教学改革的行政领导、对课程与教学材料的行政管理、对课程开发与教学实施的组织领导。

研制实践包括课程研制及教学设计,是指教育行政官员、课程与教学专家和教师等专门人员,有组织地编制课程与教学材料以及设计教学计划的实际活动。

应用实践是指学校里的教师和学生根据课程与教学计划,使用课程与教学材料进行的所有教育活动。

(二)知识价值

对教育学知识的研究,至今已形成三条主要途径,即教育学知识的元分析、校本教师研究和教师教学过程中的知识增长。

1. 教育学知识的元分析中形成的知识

教育学知识的元分析根据教育学研究的三大活动领域(教育科学、教育哲学和教育实践)将教育学知识分为相对应的科学的教育学知识、哲学的教育学知识和实践的教育学知识。三种知识具有不同的基础并服务于不同的目的,其中任何一种都不可替代他者。

科学的教育学知识以教育事实或教育现象为对象,以希望受教育者达到的人格状态(目的)与特定教育活动和教育制度(手段)之间的关系为学科主题,以科学方法论为基础,采取"因果-分析"方法取向,旨在考察教育是什么和应该做什么的问题,以达到教育的目的-手段关系的特殊目标。

哲学的教育学知识,聚焦于教育应该怎样评价和应该要做什么的问题,从一定的世界观和道德智慧出发,以分析-认识论哲学为基础,探寻教育者美德、教育伦理、课程与教育组织规范,以达到为教育进行价值判断和确立规范的目的。

实践的教育学知识以具体教育领域中的"技术""方法"和"组织"为学科主题,以"现象学""解释学"和"批判-解放理论"等为方法论基础,从而为教育者提供进行合理教育行动所需要的实践知识。

2. 校本研究中教师形成的知识

校本研究过程中教师形成的知识,可分为"本地知识"和"公共知识"两类。

本地知识旨在揭示教师研究中两方面的状况:一是教师通过校本研究对他们自己的知识知道了什么;二是当教师研究者共同体在协作建立知识的过程中他们又知道了什么。

公共知识通过会议、网络、出版物以及培训等平台,不同区域的教师研究团体正加大传播自己的研究,使得教师或教师研究共同体的分析框架开始涉及其他教师或共同体提出的问题、争议以及解释,于是教师研究在个人知识与本地知识的基础上形成了公共知识。

3. 教师教学过程中的知识

教师教学过程中的知识主要指教师的教学实践知识,主要包括实践知识和科目教育学知识。

实践知识从广义上讲,就是构成教师实践行为的所有知识和洞察力,是隐含在教师行为背后的知识和信念的总和。这一定义实际上是将教师的知识属性规定为实践性。实践知识包括科目知识、课程知识、实践知识、个人知识和教学互动知识五类。

科目教育学知识,亦称为"学科教学知识"或"教学内容知识",指学校教育工作者通过教育与培训以及专业实践所养成或建构的,在逼真情境里教导学生有效学习掌握具体科目内容的一类实际教育教学知识。其实质就是教师实际教育教学能力的知识表征。

(三)革新价值

课程与教学论的教育革新价值,主要表现为促进课程与教学创新、教育制度与政策创新以及教师教育创新等方面。

1. 课程与教学创新

课程与教学论知识所具有的课程与教学创新价值,主要表现在"精神""目的""教师"和"具体方法"四个层面。课程与教学论知识的优化、更新为课程与教学活动注入创新的精神;课程与教学论知识中的哲学知识和科学知识为人们提供了新型课程与教学方式的目的期待与价值合理性;课程与教学论知识激发和指导教师在日常课程与教学活动中尝试创新,这样的创新尝试是具体的,由教师通过特定的程序、策略和方法在具体教学活动中运用和实践。

2. 制度与政策创新

基于课程与教学论知识的任何改革项目,必然要求并促进相关教育制度与政策创新,而教育政策必须革新以杜绝单一模式、单一结构和单一教育体系,使课程与教学通过制度与政策创新得到最大程度的优化,为实现课程与教学目标提供保障。

3. 教师教育创新

课程与教学论知识对教师教育创新的价值,主要涉及教师教育模式、教师教育课程方式和教师专业发展策略三个方面。课程与教学论新近提出了教师实践性知识的重要性,使越来越多的人相信"实践和现场作业"对合格教师培养至关重要,于是新型的教师教育模式开始开辟、建构起来;科目教育学知识的研究与发展,为教师教育课程改革提供了新框架,提供了新的知识基础;实践知识和科目教育学知识,同时还为有效的教师专业发展,开辟了新途径与新策略。

第二章　课程与教学系统

第一节　教育内容

我们所说的课程与教学系统,实质上是由相互作用着的教师、学生与内容等空间结构性要素和目标、活动与评价等时间进程性要素构成的特殊复合体。课程与教学系统是一种特殊的系统,首先它既有比较稳定的教师、学生和内容等空间性要素,又有目标、活动与评价等时间性要素;其次这些要素之间构成了异常复杂的关系,产生着复杂的相互作用;再次,这些要素本身又是一个复杂的子系统,并且是多种多样变动不居的。

课程与教学的基本要素,实质上就是指课程要素的核心和教学要素的根本,即教师、学生和教育内容。教师、学生与教育内容作为课程与教学系统的基本要素,存在相互作用的内在关系,如图2-1所示。

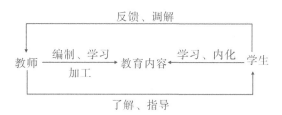

图2-1　教师、学生与教育内容相互关系模式图

一、教育内容概述

教育内容是课程与教学系统得以存在和运行的要素之一。它来自人类文化,主要包括知识经验、技能、态度与价值观等。

教育内容是构成教育活动的基本要素之一。凡纳入教育活动过程的知识、技能、思想观念、行为规范、风俗习惯等文化形态,统称为教育内容。教育内容是教育主体与教育客体共同认识、掌握和运用的对象,是二者进行交往、沟通的信息中介,是实现教育理想和教育目标的根本保证,是选择教育途径、形式和方法的重要依据,也是实施教育活动的核心问题。在学校教育中,教育内容主要是教学内容,一般通过课程计划、课程标准和教科书来呈现。

就其实质而言,教育内容乃人类文化,尤指其中的精神文化。教育活动作为人类的一种认识活动和社会存在形态,是由教育者和受教育者两方面组成,并以文化为内容,以语言、文字为手段所进行的一种交流、传承活动。教育内容解决的是对受教育者施以什么样的精神影响,给予什么样的文化的问题。不论是自在的还是自为的教育,都少不了人类所创造的文化,尤其是精神文化。简言之,教育内容正是教育活动中传播的人类文化成分。必须强调的是,对于学校,并非任何一种文化都可以作为其教育内容,只有符合国家规定的教育方针、教育目标和学生年龄特征乃至个性心理特征所要求的文化,才可以作为学校的教育内容。换言之,学校的教育内容是学校进行了某种选择的结果,是学校根据一定的要求与标准所确定的。当一定的社会观念、思想、知识、习惯、风俗等文化因子与教育目标相一致,又与受教育者的身心发展水平相吻合时,就会被纳入教育内容之中;反之,则被排除在教育内容之外。

教育内容有其特定的结构,包括内在结构和外在结构,并以二者相统一的形式存在。

所谓内在结构指的是人们所熟知的德育、智育、体育、美育等的文化内涵及其联系,由于我们要授予学生的并非单一而是多样性的文化,因此它就有了多方面的文化内涵。

所谓外在结构指的是教育的各种抽象观念和文化内涵的载体及其外在表现。教育内容的外显形式主要表现在其内涵载体即课程上,包括课程计划、课程标准和教科书,并通过它们来实现由科学、学科到教程的转化,从而把观念形态的教育内容规范化、程序化和具体化,最终达到促进学生发展的目的。

(一)教育内容的概念

教育内容,简称为"内容",在有些场合人们又叫课程内容或教学内容。

教育内容是伴随历史进程逐步发展和丰富起来的。在原始社会,成人在生活过程中,给儿童传授渔猎经验和群居生活共同遵守的风俗习惯,这是最早的教育内容。随着社会的发展,文字的创造,学校的产生,老人代表成人社会在"庠""序""校"里向新生一代传授生产知识、渔猎采摘经验和祭祀规范、风俗习惯,使得教育内容不断丰富,并形成了体系。到了现代社会,人们创造出了把教育内容及其呈现形式和实施方式统一起来的课程。关于教育内容的载体,不同国家在不同时期有所不同。在我国,古代使用的是经典著作,如"四书""五经";20世纪上半叶使用的是"课程标准"和"教科书"等;20世纪下半叶使用的是"教学计划""教学大纲"和"教材"等;现在开始改为使用"课程计划"或"课程方案""课程标准""教材"以及"课程资源"等。

通常,教育内容是指经选择而纳入教育活动过程的知识、技能、行为规范、价值观念、世界观等文化总体[①]。广义上它包括学校教育、家庭教育和社会教育的所有内容,狭义上它特指学校教育内容,选择标准一般包括社会发展需要、个人发展需要和文化发展需要等。教育内容具有社会历史性,随着社会变化发展而变化发展。从人的发展结构看,它包括德、智、体、美等方面;从社会结构看,它则包括政治、经济、文化、科技、军事和宗教等方面。

[①] 顾明远.教育大辞典(增订合编本)[M].上海:上海教育出版社,1998:765.

(二)教育内容的文化本性

教育内容既选自人类文化,具有文化本性,又打着教育目的的烙印,具有特殊性。教育内容本质上是一种特殊文化。作为特殊文化的教育内容既是人类优化的学习条件、文化的精华、师生活动的共同体,亦是权力载体。

1. 教育内容是优化的学习条件

教育内容来源于文化并获得了特殊的教育目的性,是一种教育化的文化,亦即优化的学习条件。

文化心理学揭示文化的内核,凝结着人类的认知、情感、技能等发展成果。原生文化原本是庞杂的,一定质量与水平的人类认知、情感、技能等实际上凝结在大量的、多种的文化内容和样式里。一代代新人通过学习已有文化,将其中凝结的一定质量与水平的认知、情感、技能等内化为他们自己的东西,从而实现人类种族的发展。

人类发展的初期,人类生存的方式处于较低的水平,在生存空间上相互分离,创生的文化是有限的,而且人类社会的文化自觉性尚未形成,加之文字(文化符号)及交通方面的局限使得文化的传播及传承都受到很大的阻碍。随着社会的不断发展,不同空间、不同部落、不同国家之间开始进行文化交流,同时新的文化内容和样式在不断创生,文化总量不断增长。当文化积累得相当丰富之后,一个绝对的矛盾出现了,即人们需要学习的文化越来越多,具有无限性,而学习的时间、空间和资源却是有限的。为了解决学习内容的无限性与学习条件的有限性这对矛盾,就必须给予新生一代更多的时间、专门的空间和丰富的资源,以使其能够占有更多的文化;同时,必须对已有的全部人类文化进行选择和重新组织,以便使新生一代具有人类发展水平的文化精华。这样的任务历史地赋予了从社会活动中相对独立出来的教育活动,继而赋予了从教育活动中相对独立出来的学校教育活动。因此,学校教育产生和发展的根本动力是文化的无限性与学习的有限性之间的永恒矛盾。

在教学活动中,经过选择和重新组织的文化便是教育内容。教育内容在被选择和重新组织的过程中,获得了不同于一般文化的新的客观规定性。显然,选择者和组织者的根本目的就是育人,就是培养新生一代,就是提供一种特殊而优化的文化环境。这样,学习者就能够在教育活动中通过学习活动掌握已有的人类文化精华,同时将凝结其中的人类已有的一定认知、情感、技能种类及其品质转化为自身内在的东西,进而得到发展。

2. 教育内容是文化精华

教育内容是按照文化发展、社会发展和个人发展的需要而专门选择出来的特殊文化,是具有发展价值的文化精华。教育内容作为文化精华,具有再生性和简洁性。

教育内容是经过专门选择的特殊文化,选择标准是文化自身发展的需要、社会发展的需要和个人发展的需要,这些标准使得教育内容成为具有发展价值的文化精华。

教育内容尽管来源于文化,却已不是人类创造出来时的原生性文化,而是一种再生性文化。这种再生性决定了教育内容的选择存在着创新或退化两种可能性。教育内容选择中的创新与否,取决于选择者的素养,选择标准的合理程度,以及选择过程中所使用的策略、技术和方法等。所以在课程研制和教材编制领域,建立和改进法律体系和政策体制,培养和训练课程专家,开发和提升行业标准,探索和建设专门的策略、技术和方法体系,都是非常紧迫的课题。

文化集中表现为精神化和物质化的知识和经验,其内核凝结着人类的认知、情感、技能等。知识经验和人类的认知、情感、技能,均为人类认识和改造世界活动的产物,它们的积累和发展,均依赖于人类活动的深化。知识经验总是特异性的,人类有什么样的实际活动,就会产生什么样的特殊知识经验,从而使知识经验在量上急剧膨胀。而认知、情感、技能则总是一般性的,人类无论进行什么样的实际活动,它们的发展总是表现为品质的改善和水平的上升,几乎不表现出量的扩充。因而,知识经验与认知、情感、技能便构成一种特殊关系,这种关系的实质是一般性的认知、情感、技能重复性地凝结在庞杂而特异的知识经验体系中。这就决定了一定量的而不是全部量的知识经验就可以全面地涵盖一般性的人类认知、情感、技能。知识经验具有人类认知、情感、技能的全息性,即少而精的一定量的知识经验凝结了已有的人类认知、情感、技能的全部信息。

所以,教育内容实际上是一种简洁性的文化。从文化中选择而生成的教育内容往往具有人类认知、情感、技能的"全息性",即少而精的一定量的教育内容的内核凝结了已有人类认知、情感、技能的各种样式和各种水平。

3. 教育内容是师生活动的共同客体

教师在教学全过程中,作为活动的承担者,始终是以教育内容作为活动对象的。在课程编制和教案撰写中,教师从大量文化和材料中,精心地选择出精华部分作为教育内容,并且通过设计使之结构化。教师在教学实施中,一方面要在教案的基础上,根据真实情境中的学生、时间和环境等资源的实际情况,及时地对教育内容进行增减调整,进行现场再设计、再组织和再结构;另一方面,还要利用设备、媒体等作为工具将教育内容呈现给学生,使之成为学生学习的对象。在教学评价中,教师把教育内容及其载体,与学生的学习结果进行对比,以确定教学目标的达成度。总而言之,在教学活动中,教师是主体,教育内容是客体。

在教学活动中,始终贯穿着学生的学习活动。在学生的预习中,预习的范围是由教师根据教学内容而划定的,预习对象是特定的教学内容。在教学实施中,学生学习的是教师提供的教学内容。在复习巩固中,学生学习活动的对象,仍然是教师要求的教学内容。所以,在教学活动中,学生是主体,教育内容是客体。

不仅如此,在教学活动中,教育内容同时是教的对象和学的对象。在计划和预习阶段,教师计划的是学生即将学习的内容,而学生预习的则是教师即将教的内容。在教学实施中,教师呈现和传授的内容,也正是学生学习和接受的内容。在评价复习阶段,学生巩固的内容,必然是教师划定的内容。所以,教育内容是师生活动的共同客体。

(三)教育内容的构成

教育内容的构成受教育的价值观和功能观的综合影响。教育内容的价值是多层次多元化的,有物质价值、精神价值、社会发展价值和儿童发展价值等。在社会发展价值中,它又有政治价值、经济价值、文化价值、宗教价值等;在文化价值中,它有科技价值、人文价值等。在儿童发展价值中,它有知识价值和能力价值、身体价值和心理价值;在心理价值中,它有认知价值、情感价值和意志价值。这些都是教育内容的潜在价值,具有无限性,但其实现条件是有限的。这就产生了教育内容的价值选择问题:什么文化最有价值?对谁最有价值?有什么样的价值?

教育内容的功能是多方面的,可以区分为人才培养、文化发展和社会服务三大功能及众多的亚功能。在培养功能上,教育内容有专才与通才、专业技术培养与普通文化教育的区别;在文化功能上,教育内容有文化的传递、传播、选择和创新的区别;在社会服务上,教育内容有社会的适应与改造的区别。这就孕育出了教育内容构成的功能定向问题。

文化无限与学习有限的永恒矛盾是任何时代都必须面对和解决的矛盾。不同的时代有不同的客观条件和主体观念,这使不同时代以及不同的人有不同的教育内容的价值观和功能观,从而孕育出多种多样的教育内容构成观,主要有形式教育与实质教育,科学主义教育与人文主义教育,普通教育、专业教育与职业教育,日常教育、正规教育与非正规教育等。

1. 形式教育与实质教育

教育和教学的主要任务是知识传授还是官能训练?围绕这一问题,长期以来社会中存在着形式教育与实质教育的对立和斗争[①]。

形式教育,也称形式训练,又叫心智训练。形式教育明确主张:"教育的主要任务在于使学生的官能或能力得到发展。"[②]它格外重视教育内容、课程和教材的训练价值及心理能力的发展功能。形式教育依据官能心理学,经过长期发展和积累,形成了三大主张。第一,教育的任务在于训练心灵的官能,所以教育内容要能最有效地训练学生的各种官能。第二,教育应以形式训练为目的。在教育中灌输知识远没有训练官能来得重要。古典课程被认为是训练官能最优秀的工具。第三,学习的迁移是心灵官能得到训练而产生的结果。因此,官能的训练及其迁移作用和价值是教育内容选择的一个重要依据。

实质教育是与形式教育相对立的一种教育内容观,主张"教育的主要任务在于使学生获得知识"。与形式教育截然相反,实质教育(material education)格外重视教育内容、课程和

---

① 瞿葆奎,施良方."形式教育"与"实质教育"(下)[J].华东师范大学学报(教育科学版),1988(2):27-41.

② 中国大百科全书出版社编辑部.中国大百科全书·教育[M].北京:中国大百科全书出版社,1985:430-431.

教材的知识传递价值和文化功能。实质教育依据联想心理学,经过长期发展和积累,也形成了三大主张。第一,教育的任务在于提出适当的观念来建设心灵。第二,教育应以知识传授为目的。因而教师必须重视教育内容的知识性和实用价值,使学生获得丰富的知识。第三,必须重视课程和教材的组织。课程和教材的组织和程序,直接影响心灵的组织和程序。

2. 人文主义教育与科学主义教育

教育内容究竟应当以什么知识经验为主?是以人文学科为主还是以自然科学知识为主?围绕这一问题,长期以来社会中存在着人文主义教育与科学主义教育的斗争。

人文主义教育主张教育内容应该以人文知识为主,人文学科在课程中应该占支配地位,宗旨在于把人培养成有人文教养的体面的绅士。人文主义教育后来发展成为新人文主义教育,不再极端地排斥科学知识,主张有选择地吸收科学知识,并挖掘科学中的人文主义教育意义。到20世纪60年代,勃然兴起人本主义,它尽管与传统的人文主义有历史渊源关系,但是已经更新为以人为本的现代价值观。人本主义教育主张,教育要培养"完人"和"自我实现的人",教育内容要实现认知与意动的统一,"理智"与"情感"结合。

科学主义教育(亦称自然主义教育)主张,教育内容应该以科学知识为主,科学在课程中应该占支配地位,目的是把儿童培养成具有科学素养的现代人才。科学主义是现代科学技术的发展及其在生产生活中广泛应用的产物。近代科学技术飞速发展,在工农业生产中得到广泛应用,推动了以班级授课制为组织形式的新学校的产生和发展。到19世纪上半叶,欧洲大陆学校基本上过渡到了以科学技术知识为主的教育内容。科学主义发展到当代,已经开始超越了极端化,注意吸收人文主义和人本主义教育的观点和主张,注意挖掘自然科学的人文精神。以布鲁纳为代表的结构主义教育,就是科学主义教育在当代的表现。美国1985年启动的课程改革的重大举措"2061计划",也贯穿着科学主义的思想,其主旨就是"普及科学"。

3. 普通教育、专业教育与职业教育

教育内容应以什么性质的知识为主?怎样优化教育内容中的普通知识、专业知识与职业知识结构?长期以来,教育内容范畴里存在着普通教育或通识教育、专业教育和职业教育的平衡问题。

普通教育指实施普通文化科学知识的教育,使学生掌握人文学科、社会科学和自然科学中基础的普通知识,使他们养成基本的文化修养和处理社会问题的能力[①]。普通教育又称通识教育,是一种关于以通用文化知识来提高人的素养、培养通才的教育主张,其渊源是西方的博雅教育。普通教育强调,从文化中选择宽泛的普通知识或通用知识作为教育内容,以培养人生素养为目的,并为学习者的持续发展打下必需的知识和修养基础。

---

① 顾明远.教育大辞典(增订合编本)[M].上海:上海教育出版社,1998:1196.

专业教育指实施某种学科或某种职业的专门知识的教育,使学生掌握精深的专业知识或专门的职业知识与技能,将他们培养成为学科或职业的专门人才。专业教育又称专才教育,是一种以专门学科知识来培养科技精英、培养专才的教育主张。专业教育强调从文化中选择精深而系统的学科专业知识或专门技能作为教育内容,以培养专业素养为目的,并为学习者成长为科技专门人才或形成高水平的职业技能打下必需的知识和技能基础。

职业教育指实施某种社会职业技能、职业知识以及职业道德的教育,使学生掌握社会专门职业的系统知识,形成娴熟职业技能和养成一定职业道德,成为有职业修养的人才。广义的职业教育包括专业教育,广义的专业教育也包括职业教育。在我国当代教育体制中,职业教育是与普通教育、成人教育并列的相对独立的教育体系,由社会职业培训机构、普通学校职业教育和职业院校构成。相比之下,职业教育突出工商业、农业以及服务业等职业知识与经验,侧重于这些行业的实践技能和实际工作能力的培养。

就内容而言,普通教育、专业教育与职业教育是密不可分的。三者的目的都是培植个人发展能力,以从事各种活动。

二、一般教育内容

一般教育内容指所有教育活动都涉及的内容,主要是知识。进入教育领域的知识,统称为教育知识。所以,教育知识就成为一般教育内容。人们关于知识和教育知识有不同看法,形成了不同的教育知识观,从而制约着教育内容的发展,影响着教育内容的选择与转化。

教育知识是人们从知识社会学视角考察教育而使用的一个新兴术语概念。

(一)传统教育知识

长期以来,人们最关心的两个问题是:"知识从何而来?""什么知识最有价值?"人类所生活和认识的世界,有客观世界和人文世界,分别来自这两个世界的知识内容就有不同的性质。根据内在性质的不同,传统教育知识被区分为人文知识和科学知识。

1. 人文知识

人文知识是人类采取各种手段对人文世界的认识及其结果。人文指礼教文化,指区别于自然的人和事。人文组成的世界,是人之成人的世界。人类最早的知识是语言,语言的根本特性不是客观性,而是人文性,所以人类最早的知识形态是人文知识。人文知识的发展和应用,营造出了浓厚的人文精神。西方的人文精神,核心是以人为中心、思想自由和维护人的尊严;中国的人文精神,核心是天人合一、中庸和谐以及以文化人。人文知识有自身的特性,主要表现为价值负载和解释依赖。人文知识承载着事实之外的价值,陈述的是经过价值解释、理解和选择的事实,是被意义化和价值化了,即被主观化了的客观事实,不限于充分客观的事实,而是被精神化了的"事情"。人文知识的学习,使得人们在获得价值的过程中,体会着人类精神生命的意义;使得人们在参与知识解释的过程中,创新着人类精神生命的价值。

人文知识已经被概括和区分为一系列人文学科(亦称人文科学)。人文学科最早起源于古罗马培养雄辩家的教育纲领,后转变为中世纪基督教的基础教育,包括数学、语言学、历史、哲学和其他学科。文艺复兴时期,它广义上指与神学相对立的研究世俗文化的学问,主要研究语法、修辞、诗学、历史与道德,狭义上指希腊语言、拉丁语言研究与古典文学的研究。19世纪以来,人文学科作为独立的知识领域,与自然科学相区别,泛指对一般社会现象和文化艺术的研究,包括哲学、经济学、史学、法学、伦理学、艺术学、政治学、语言学等。

2. 科学知识

科学知识是人们采取科学手段对客观世界的认识及其结果,表现为以范畴、定理、定律形式反映现实世界和运动规律的知识体系。"科学包括获得知识的活动和这个活动的结果(知识),它适应人们生产活动和社会生活的需要而产生和发展,是对具体实践经验的总结,是人类脑力劳动所创造的最宝贵的社会精神财富。"[1]马克思主义哲学认为,科学包括自然科学、社会科学和思维科学,它首先是一种知识形态的东西,既与借助形象反映世界的艺术相区别,又同对现实做出虚幻反映的宗教相对立。科学是社会历史发展的产物,近代科学就是文艺复兴中人文精神的实践结果。

按研究对象不同,科学知识一般可分为以自然、社会和思维三个领域为研究对象的自然科学知识、社会科学知识和思维科学知识,以及总括和贯穿上述三个领域的哲学和数学;按与实践联系的不同性质,科学知识可分为理论科学知识、技术科学知识和应用科学知识。自然科学是关于自然的知识,它所反映的是自然界本身的过程和人与自然界的关系;社会科学是关于社会的知识,它的多数学科所反映的是人们的相互关系和社会地位,阶级利益对社会科学有重大的影响;思维科学,比如心理学、逻辑学等科学的任务是正确说明和解释现实世界的过程和现象,探究其运动规律,解释客观真理,进而对事物的发展做出正确预见,指导人们的实践活动。科学的最终目的,是在对世界的正确认识的指导下能动地改造世界,使人类在自然界关系中、社会关系中获得自由。在人类与社会发展中,科学本质上是进步的因素,是一种在历史上起推动作用的、革命的力量。与人文知识相区别,科学知识坚持价值的中立性、理论的普遍性、结果的可检验性、逻辑的严密性和构造的简单性。

人文知识和科学知识共同构成了人类知识的总体,对人类的生存和发展是不可缺少的,对新生一代的成长是不可替代的。人文知识因为其系统性、理论性、深刻性而对人生真谛有更充分的揭示,所以也更能启发和帮助人们进行自我反思,不断提高修养,以达到高尚的人文境界。科学知识因为其客观性、简捷性、对象性和革命性,所以从近代以来一直是社会和个人求得高质量生存与有效发展的力量源泉。

---

[1] 冯契.哲学大辞典[M].上海:上海辞书出版社,1992:23,1193.

(二)新知识观下的教育知识

20世纪里,人类对复杂的知识领域表现出了前所未有的痴迷。大家不满于"人文"与"科学"的简单分类而导致的知识对立,不仅开辟了科学人文主义的道路,而且纷纷从哲学、社会学、人学以及心理学等视角,对"知识世界"进行观照,形成了丰富多彩的知识观。新的知识观包含着不同的知识分类观点,主要有"显性知识与隐性知识""社会知识与个人知识""常识、科学知识与现象学知识"以及"陈述性知识、程序性知识与策略性知识"等。

1.显性知识与隐性知识

知识的工具性或有用性标准建立后,引发了人们对知识语言特征的批判。人们发现,无论人文活动还是科学活动,其过程和结果都存在能否清晰地反思与表达的问题。在实践中发挥作用的,既有大量的语言性知识,又有许多不能进行反思和语言表达的知识。能够明确反思和陈述的知识叫作显性知识;尚无办法进行清晰反思和表述的知识,叫作隐性知识。

显性知识就是通常所称的"知识",一般以书面文字、图表和数学公式等加以表达。长期以来在人类生活和实践领域,占据支配地位的都是显性知识。它们以自然科学、社会科学和人文学科的形式存在,并通过人类创造的文字、语言、图像、书报、影视、计算机以及互联网等载体得到表达和有效的传递。在教育领域,占据支配地位的也基本上都是显性知识,它们通过教育文件、课程方案、课程标准、课本、教学材料以及各种教学媒体得到了明确的表达,并以专题活动、科目以及学习领域等形式存在。

其实,人类还拥有大量的"只可意会不可言传"的知识,但是在知识的殿堂里却被"遮蔽"了。它们就是隐性知识,又称"缄默知识",也就是"意会知识"。在生活与认识活动中,隐性知识无时无刻不在产生并发挥作用。而在教育活动中,在课程研制与教学实施过程中,隐性知识因长期受忽视而陷于盲动状态。隐性知识具有相当复杂的性质、功能和类型,并仅限于"经验"与"实践"的获得途径,隐性知识支配着整个的认识活动,为人们的认识活动提供了最终解释性框架。

显性知识特征:①显性知识表现出了理性、批判性、意识性、可陈述性、公共性等;②显性知识交流效率高,传播很快捷,控制性能比较好,可以直线式发展,具有提升理性、训练智能和促进道德完善的功能,而且还有促进平等和民主的社会政治价值。显性知识的特性决定了它们具有无法替代的重大价值和意义。

隐性知识特征:①隐性知识具有非理性、非批判、非意识、非言语、非公共的特性;②隐性知识不能通过语言、文字或符号进行逻辑说明,无法以现有的正规形式加以传递,难以通过理性加以反思批判和改进。

因此,我们必须看到,怎样加强显性知识的选择与组织,怎样提高显性知识的教学效率,在今后仍然是教育内容范畴的主导方面;同时,怎样认识和开发隐性知识以提高教育质量,则是需要引起重视和加强研究的重大问题。

2. 社会知识与个人知识

人们还将知识区分为客观知识和主观知识,客观知识是人们对客观世界普遍联系的认识及其结果,而主观知识则是对人们的主观体验的认识及其结果。无疑地,在课程与教学领域,客观知识长期居于支配地位,而主观知识则一直在发挥着重要作用。这种情形,随着教育的改革发展在逐步产生变化。"学习准备性理论""教师专业发展理论"以及"人的需要层次理论"把个人知识推到了教育活动的前台。

知识其实与人无法分离,所以知识往往又被分为"个人知识与社会知识"。

社会知识指的是得到社会大众认同的具有普遍客观性的知识,分为某个特定群体的社会知识、某一国家的社会知识以及全人类的社会知识。社会知识反映了特定的文明程度、科技水平和经济状况,随着客观知识的发展变化而发展变化。社会知识结构具有累积特征,基本单位是知识单元(即精确概念),从知识单元或知识点到知识纤维(即定律、定理或原理),再到一个专业和一个学科,从而构成整个社会的知识结构。

个人知识指社群中每一个个体所具有的知识,既有从社会知识或客观知识中学习掌握的部分,又有个体自身在探索、学习、研究或实践活动中通过自身思维加工而创造的知识。在个人知识中,客观知识是主要的和基础的部分,是个人通过与他人对话而融入社会之中成为社会人的根基;而个人创新的知识,虽然是少量的,但是具有新颖性、独创性和高价值的特点,既是个人知识的精髓,也是社会知识创新和科技发展的源泉。

社会知识与个人知识的相互作用和转化,成为知识发展的基本机制。社会知识内化为个人知识的一部分客观知识后,个体对有关信息进行加工产生创新性的个人知识,这些创新性的个人知识客观化为社会知识的一部分……这样循环往复,从而推进社会知识的发展和进步。就知识总体而言,在知识的发展与进步中,社会知识是基础,个人知识是动力。在教育内容范畴中,人们长期以来一直以社会知识为主,不同程度地忽视了个人知识;今后,在改善社会知识的同时重视和加强个人知识是教育研究与开发的基本趋势。

3. 常识、科学知识与现象学知识

已有的绝对化知识观导致知识与人分裂而对立,使得知识的异化现象愈演愈烈。揭示人与知识的同一,建构文化与人的连续性知识观,成为现代知识论的努力方向。新的哲学认识论聚焦于事实并从人的立场出发,建立起"人化"事实观及其"文化"知识观,区分出具有同一性的自然事实、科学事实和现象学事实,进而建构起了从常识到科学知识,再到现象学知识的知识连续体。

著名哲学家舍勒指出,人们通常所说的"事实",其实包括了相互连续的"自然事实""科学事实"和"现象学事实"[①]。人类对这些事实的认识,就形成了"常识""科学知识"和"现象学知识"。

---

① 舍勒. 知识社会学问题[M]. 艾彦,译. 北京:华夏出版社,2000.

自然事实是处于事物本身与人们在经验这些事物时所具有的主观状态之间的领域,是人们的感官可以触及和感知的事实领域。人们对自然的认识及其认识结果,产生了常识。

科学事实是人们通过一定人为性科学操作步骤进行"科学还原"而获得的事实,是感官不能直接感知,只有借助科学工具才能触及和感知的事实领域。人们对科学事实的认识及其结果,形成的是有别于自然态度的科学态度,并生成科学知识。科学事实以自然事实为基础,科学知识孕育于常识,向着人跨近了一步并更多地展示和促进人性发展。

有一类"纯粹事实"叫"现象学事实",是人们从哲学的高度,进行"现象学还原"而获得的纯粹直观内容,这些内容无论有什么样的实在性,都始终在人的直接经验中充分呈现,人们对它们的体验、认识及其结果,就获得了与纯粹事实及其本质相关联的"洞见性知识"或叫"现象学知识",并生成一种特殊的现象学态度。它是一种通过"直接的认识"描述现象的研究方法。它所说的现象既不是客观事物的表象,亦非客观存在的经验事实或马赫主义的"感觉材料",而是一种不同于任何心理经验的"纯粹意识内的存有"。

显然,常识获得的主要是客观性规定,与之相对,现象学知识获得的主要是主观性规定;而科学知识,实际获得的是客观性与主观性相统一的规定。因此,在文化生活中,在教育活动中,在课程与教学活动中,教育内容必然以科学知识为主,而辅之以常识和现象学知识。因而,科学知识、常识和现象学知识的选择及其组织平衡的基本原理、策略、技术与方法,成为教育研究领域永恒的主题和问题。

4. 陈述性知识、程序性知识与策略性知识

以上是哲学层面的知识观,心理学层面的知识观则比较关注学习,揭示学习有不同类型,它们有各自特殊的学习过程和结果。从学习结果角度,心理学"把知识定义为个体通过与其环境相互作用后获得的信息及其组织。被贮存于个体内,即为个体的知识。通过书籍或其他媒介贮存于个体外,即为人类的知识"[①]。狭义上,知识仅包括它的贮存和提取;而在广义上,知识不仅包括它的贮存与提取,而且包括它的应用,这样就将知识、技能与策略融为一体了。

在现代教育心理学里,广义的知识包括了陈述性知识、程序性知识和策略性知识。

陈述性知识是个人有意识地提取线索,因而能直接陈述的知识。

程序性知识也就是技能,是个人无意识地提取线索,因而只能借助某种作业形式间接推论其存在的知识。程序性知识是一套做事的操作步骤,是关于"怎么做"的知识。

策略性知识是指如何学习、记忆或解决问题的一般方法,包括应用策略进行自我监控。

心理学的广义知识观揭示了知识、技能和策略的同一性,建构起了三者之间的连续性原理。这既为教育内容的选择与组织提供了新的基础,又为在教育内容范畴中开展深入研究及优化知识、技能和策略的关系,提出了迫切要求。

[①] 皮连生.智育心理学[M].北京:人民教育出版社,1996:38-42.

三、具体教育内容

教育内容实质上是预期的教育结果,其核心是预期的学习结果。随着学习与发展之间的实质联系被揭示并受到重视,教育内容与人的发展便开始形成密切关系。人的全面发展包括身体、智能和道德的充分而和谐的发展,教育内容就扩展为体育内容、智育内容和德育内容等。一般而言,体育内容主要包括身体成长、体育锻炼和身体健康等知识,智育内容除了理性知识外主要包括技能和能力发展,而德育内容主要包括态度与价值观的形成。所以,现代教育内容,除了以知识为主外,还向着"体育内容""技能与能力"以及"态度与价值观"等具体方面拓展,并进一步具体化为科目教育内容。

(一)体育内容

一般而言,体育内容主要包括身体成长、体育锻炼、卫生习惯和身体健康等知识、技能和方法。体育有广义和狭义之分。广义的体育为"体育运动"的同义词。狭义的体育指向受教育者传授健身的知识、技能、增强体质,培养自觉锻炼身体和讲究卫生的习惯,促进学生身体和心理健全发展的教育活动①。

目前,我国体育内容发展为"运动参与""运动技能""身体健康""心理健康"和"社会适应"五个学习领域。"运动参与"是学生发展体能、获得运动技能、提高健康水平和形成乐观开朗的生活态度的重要途径。"运动技能"学习领域,体现了体育与健康课程以身体练习为主的基本特征,学习运动技能也是实现其他领域学习目标的主要手段之一。"身体健康"领域强调,在引导学生积极参加体育活动、发展体能的同时,注意使他们了解营养、环境和不良行为对身体健康的影响,并形成健康的生活方式,这样才能有效地提高学生的身体健康水平。体育活动不仅有助于身体健康,也能增进"心理健康",提高学生的自信心、意志品质和情绪调节能力。体育活动对发展学生的"社会适应"能力具有独特的作用,能有效提高学生的合作和竞争意识、提升交往能力、增强对集体和社会的关心程度,并将合作与交往等能力迁移到日常的学习和生活中去。

(二)智育内容

智育内容除了理性知识外,主要包括技能和能力发展。古代教育限于上层社会,所以人们比较重视可以装饰贵族身份的知识。而近代以来,教育的平民化,使得教育内容的重心转向了具有实用功能的技能和能力,包括动作技能与心智技能。

1. 技能

技能与人的学习、工作以及生活密切相关,使用比较广泛,含义也比较复杂。在心理学

---

① 王焕勋.实用教育大词典[M].北京:北京师范大学出版社,1995:447.

里,技能指"个体通过练习形成的合法则的操作活动方式"①。技能表现为一种动作系列,是一种合乎法则的活动方式,其动作的顺序以及执行方式均须符合活动法则或规则的要求,区别于一般的随意运动方式。技能是通过学习及练习而获得的,区别于本能。

技能关涉人的整个身心活动及其发展,既涉及外部动作活动,也涉及内部心智思维活动。根据活动中的主要成分,技能分为动作技能和心智技能两种。

动作技能亦称运动技能或操作技能。动作技能是指"通过学习而形成的合法则的操作活动方式"。动作技能调节和控制着操作动作的执行,可分为初级动作技能和高级动作技能。初级动作技能是通过一定练习或模仿形成的,仍带有明显意识控制特点;而高级动作技能则经过反复练习,其基本成分达到了自动化水平。

动作技能是为顺利完成某种操作活动而按一定方式组织起来的肢体动作系统,如写字、弹琴、骑车、游泳、打球、打字、使用生产工具等。动作技能主要以外部动作的形式组织起来。

心智技能亦称为智力技能。心智技能是一种调节、控制心智活动的经验,是通过学习而形成的合乎法则的心智活动方式②。心智技能是为完成某种认知活动以一定程序组织起来的智力动作系统,如阅读、运算、分析、综合、概括、构思等技能。智力技能主要以言语或表象的形式组织起来。

心智技能是一种活动方式,虽与程序性知识有密切的联系,但属于动作经验,不同于知识。它也是一种智力活动方式,具有观念性、内潜性、简缩性,不同于操作活动方式,虽两者有时密不可分,但它还是合法则的智力活动方式,其活动的动作构成要素及其执行顺序应体现活动本身的客观要求,区别于其他任意的活动方式。它同时还是在不断学习的过程中,主体通过动作经验的内化而形成的,并非与生俱来的,这区别于本能活动。智力技能是获得新知、养成经验、解决问题和形成能力的重要因素。

心智技能的形成过程:智力动作是外部物质动作的反映,其形成是外部物质动作向内部心理活动转化的结果。心智动作形成是一种由外部的物质活动向内部的心理活动转化的过程,即内化过程,一般有"动作定向""物质化动作""有声言语""无声外部言语"和"内部言语"五个阶段③。①动作定向基础阶段,即准备阶段,是学习者在头脑中构成关于活动和活动结果的表象,以便对动作本身和结果进行定向。②物质动作或物质化动作阶段,即借助实物、模型、图像或图表等进行智力动作的阶段。学习者通过外部的物质活动促进智力活动,了解学习内容。③有声言语阶段是动作由外部形式转化为内部形式的开始,学习者的智力动作不直接依赖实物而借助有声言语进行。④无声的外部言语阶段是学习者以词的声音表象、

---

① 林崇德,杨治良,黄希庭.心理学大辞典[M].上海:上海教育出版社,2003:868,104.
② 冯忠良.结构化与定向化教学心理学原理[M].北京:北京师范大学出版社,1998:257-283,284-330.
③ 潘菽.教育心理学[M].北京:人民教育出版社,1980:141-142.

动觉表象为支柱进行智力动作。⑤内部言语阶段则是学习者凭借简化了的内部言语,"自动化"进行智力活动,一般难以觉察。

动作技能和心智技能两者并不截然分开,而表现为相互联系,甚至相互包含,在复杂的活动中往往有机结合在一起。

2. 能力

能力指"使人能成功地完成某种活动所需的个性心理特征或人格特质"[①]。从心理学角度看,能力不是与生俱来的,而是以遗传素质为基础,在实践活动中逐渐形成和发展起来的。能力有多种类型,根据表现形态不同,分为认知能力和操作能力;根据适用范围不同,则分为一般能力和特殊能力。

认知能力指人在观察、记忆、理解、概括、分析、判断以及解决智力问题等方面具有的能力。

操作能力指人在器械操纵、工具制作、身体运动等方面具有的能力。

一般能力指大多数活动都共同需要的能力,包括一般认知能力和基本操作能力两方面。

特殊能力指从事某项专门活动所需的能力,如数学能力、绘画能力、音乐能力、写作能力、体育能力等。

能力、知识与技能之间是相互转化、相互促进、有机结合在一起的。所以,有效的教育内容,必须也必然是具有关联性的特定知识、技能和能力的统一体。忽视或者削弱知识、技能和能力三者中的任何一种或两种,都是不利于课程内容与人的发展之间的有效契合。

(三)德育内容

教育的基本含义是引人向善。善主要包含在个体的态度与价值观里,所以长期来道德教育内容就主要包括态度与价值观。

态度是"个体基于过去经验对其周围的人、事、物持有的比较持久而一致的心理准备状态或人格倾向"[②]。态度包含认知成分、情感成分和行为意向成分。认知成分指个体如何知觉态度对象,认识其概念内涵,基本上由对态度对象的知识或信息构成,反映个体对态度对象的相信与不相信。情感成分指个体对态度对象的评价,反映个体对态度对象的喜欢与不喜欢。行为意向指个体对态度对象的行为倾向,反映个体对态度对象的行为意图及准备状态,所以可以从外显的行为推知个体的态度。通常这三部分彼此协调统一。当认知成分与情感成分相矛盾时,行为意向往往倾向于情感。态度的特点主要有"对象性""习得性""意向性""稳定性"和"功能性"等。

在德育活动中,人们一直在寻求有效促进态度改变的原理和方法,从而形成了态度改变理论,已产生较大影响的有"一致性理论""自我知觉理论""和谐理论""归因理论""功能理

---

① 林崇德,杨治良,黄希庭. 心理学大辞典[M]. 上海:上海教育出版社,2003:868.
② 林崇德,杨治良,黄希庭. 心理学大辞典[M]. 上海:上海教育出版社,2003:1219.

论"和"认知失调理论"等。态度改变主要通过态度学习途径。态度学习专门指"通过经验形成的一种比较稳定的对人、对己和对环境的肯定或否定的持续反应的倾向,或决定个体行为选择的内部状态"①。态度学习通常包括态度的形成与改变,是调节个体社会行为的工具。态度的学习与建立要经过若干阶段,可以是联想、强化、模仿三个阶段,也可以是顺从、认同与内化三个环节。

价值就是"客体对主体的意义"②。价值是一个关系范畴,反映客体属性对主体需求的一种满足。人的多方面、多层次需要,决定价值关系的复杂性,所以价值总是多元的。在一切价值中,人的价值是创造一切价值的价值,是一切价值中的最高价值。通过一定的价值实践经验,人们便形成并表现出一定的价值观。价值观是理论化、系统化的价值评价和选择意识,是文化的内核和灵魂,决定表层文化的性质和特征③。它为处理人与自然的关系提供价值尺度,为人生提供理想和信念,为人的一切社会活动提供价值导向。它不是孤立地存在,而是渗透于哲学、科学、艺术、宗教、法律、制度等精神文化中,存在于社会的风俗习惯和人们的物质产品中,通过道德规范、价值准则发挥作用,往往自觉或不自觉地影响人的行为。它既具有一定的稳定性,一旦形成便作为传统的力量在一个相当长的时期内发挥作用;又具有历史性,随时代、文化的变迁会发生历史性变革。西方心理学史上有"价值内化论""价值外塑论"和"价值内在论"三种价值观理论。

一定的态度和价值观,既包含特殊思想与信念,也表现为具体道德与习惯。所以,态度与价值,连同思想与信念、道德与习惯(含学习习惯),便成为教育内容的重要组成部分。

(四)科目教育内容

具体的教育活动总是内容特定的,学校里的具体教育活动主要是按照科目来设置和区分的。这样,在学校与班课层面,教育内容就具体化为多种科目教育内容,学者们通常将其归入"课程内容"范畴。

课程内容通常是以特定术语加以描述的概念地图、主题与课题,它们全部是人们提出并命名的抽象物④。

课程最基本的问题是应当如何对待知识的问题,而科目最基本的问题则是如何区分与转化知识变体的问题。所以,在科目教育内容层面,课程工作依赖于对科目知识的哪些变体进行选择、分类与结构,并在根本上转化为可以实际应用的系列知识性、技能性、能力性和智

---

① 林崇德,杨治良,黄希庭.心理学大辞典[M].上海:上海教育出版社,2003:1219.
② 林崇德,杨治良,黄希庭.心理学大辞典[M].上海:上海教育出版社,2003:571.
③ 林崇德,杨治良,黄希庭.心理学大辞典[M].上海:上海教育出版社,2003:571.
④ MARSH C J. Key Concepts for Understanding Curriculum[M]. 4th ed. London: The Routlege, 2009:9.

力性作业的变体①。人们的研究致力于超越学科性。

第二节 学生与教师

学生与教师是课程与教学活动的主体。所以,学生成长与教师发展均为课程与教学研究的重要课题。

一、学生与教师概述

(一)学生与教师概念

1. 学生

1)学生定义

广义上,学生泛指在各种情境中接受教育的所有人,即受教育者。由于普及了教育并出于对学生天性的尊重,学生又被称为儿童或孩子。

狭义上,学生专指用专门的时间在大中小学、幼儿园等专门的教育机构里从事专门学习活动的人。

学生的学习活动是学校课程与教学的中心,是现代学校存在与发展的基本依据。在现代民主化社会,人们很关心学习活动及其结果公平,因而特别重视其中的学困生和学优生。

2)学习困难与学困生

学习困难又称学习障碍与困难②。心理学家最早开展的是学习障碍研究,重点关注脑损伤、身心障碍引起的学习障碍。在这种意义上,"学习困难是由一组学习技能缺陷构成的发展性心理障碍,表现为听、说、读、写、算术、空间等能力的习得与应用上的缺陷"③。后来,人们慢慢地将探究学习障碍与困难原因的眼光投向了学生的社会和家庭环境,甚至学校与班课环境乃至教师的教学方法上。大量研究使人们认识到,不仅身心损伤会导致学习障碍,对更多的孩子来说,他们的认知、情感和行为偏失乃至所遭遇的课程内容与教学方法失当,亦会导致学习困难。因此,21世纪以来,学习困难成为为数很少的既受心理学重视又受教育学重视的主题。

3)学习轻松与学优生

与学困生相对,在学校和班课里也总有一些学生学习感觉很轻松,表现很优异,成为学

---

①CONNELLY F M, HE M F, JOANN P. The SAGE Handbook of Curriculum and Instruction[M]. Los Angeles: SAGE,2008:66.

②BRKANAC Z, MYERS K, THOMAS C R. Specific Learning Disabilities and Difficulties in Children and Adolescents: Psychological Assessment and Evaluation [J]. Journal of the American Academy of Child & Adolescent Psychiatry, 2003:42(1):121-122.

③赵晶,陈传锋.学习困难:概念演变、认知表现及其影响因素[J].心理研究,2010(3):19-25.

优生,甚至会出现学习不足。国外一直比较重视学优生研究,一直在努力探讨和建立学优生教育学。

学优生,又叫尖子生、绩优生或资优生,与天才儿童有关。美国学者倾向于将学优生定义为"普通智能、特殊学术倾向、创造性思考、领导能力、视觉与表演艺术、技能六项成就或潜力的高度表现者"①。在我国,学优生指的是在学校与班课教育教学活动中表现优异的学生。目前我国对学困生和学优生尚需进一步加以关心与研究。对学优生,既要从生理遗传,心理特征和心智潜能,认知、人格、社会交往与生涯发展需要开展基础研究,又要从开发环境与教育以满足学优生潜能与发展需要切入,深入而系统地研究与解决学优生学习不足的问题,以实现学优生的潜能,从而培养大量优秀人才。

2. 教师

1)教师定义

广义上,教师是指所有直接或间接、专门或业余进行或从事教育活动的人,包括家长、教育行政人员、学校里的管理工作人员以及在各种传媒上参与教育工作的人等。

狭义上,教师一词,涵盖学校里负责学生教育的所有人员。

教师是否称职,是一个不断发展变化的基本问题。对此,有效教师或生产型教师,成为教学与教师教育领域一个主要课题。有效教师行为的五大特征:上课清晰,教学方法灵活多样,教师任务定向,学生投入学习过程,学生高成功率。

2)教师角色

教师角色的概念涵盖较广,教师角色,一些人用来指称教师的行为品质特点,另外一些人用以指称教师所享有的社会地位,还有一些人则用来指称对教师素养的期望。所以,教师角色是指作为职业人的教师在学校与班课共同体中被赋予的行为模式、身份地位、素养期望及其所发挥的功能。教师角色表现为教书育人的一整套行为方式,并受其社会地位和社会期望制约。这决定了教师角色必然随社会进步而发展变化。

为着实现"学习为本"的教育价值目标,现代教师角色以教师教与学生学之间的关系为核心。据此加以梳理,现代教师就具有知识的传授者、学习者、学生的引导者、课程的研制者、教学的组织者、团体的领导者、教育的研究者和文化的创造者八大角色②。

(二)师生关系

狭义上,师生关系仅仅指称教师与学生之间的关系;而广义上,师生关系则包括了三个方面,亦即教师与教师之间的关系,简称同伴或同事关系;教师与学生之间的关系,简称师生关系;学生与学生之间的关系,简称同学或同伴关系。

师生关系是课程与教学影响能否达到预期目的的关键因素。一直以来,师生关系都是

---

① 段红.高中学优生的心理健康状况研究与教育对策[D].苏州:苏州大学教育硕士论文,2009.
② 黄甫全.新课程中的教师角色与教师培训[M].北京:人民教育出版社,2003:50.

重要的教育理论与实践问题。长期以来,人们对教师与学生之间的关系、学生与学生之间的关系研究较多,成果比较丰富,但是对教师与教师之间的关系则关注较少,需要引起重视。

1. 师生的基本关系

在课程与教学活动中,师生关系主要包括业务关系、伦理关系和情感关系三个方面。所谓业务关系是指在课程与教学过程中,教师和学生分别充当一定的角色,组成师生双边的活动共同体,形成分工合作的角色关系。同时,教师和学生还组成了一个特殊的道德共同体,各自遵守一定的伦理原则,承担一定的伦理责任,也享有一定的道义权利。教师和学生之间形成的特殊道德责任和权利联系,就是师生的伦理关系。情感关系是教师和学生在课程与教学活动中自然形成的态度和感受上的联系。课程与教学过程同时也是一种特殊的人际交往过程,存在着群体交流、社会认知、社会情感、社会态度等社会心理过程。

师生关系的三个方面,分别代表着教师和学生作为工作人、社会人、自然人而存在的状态。其中,业务关系是最基础的关系,直接决定着课程与教学活动的组织执行;伦理关系是课程与教学活动社会性的重要表现,是社会或教育的道德观念的具体化;情感关系是师生互动与交往的自然结果,是师生作为活生生的生命存在及其优化活动的重要表现。

2. 师生关系的优化

优化师生关系,关键在于教师要具备良好的交往态度和有效的沟通技巧。著名的人本主义心理学家罗杰斯早已指出,促进课程与教学的关键不在教师的教学技能和课程计划,也不在视听设备和图书资料,而在于教师与学生交往中的某些态度品质。交往态度及其技巧就是教师对待学生的基本信念及其相应行为方式。

良好的交往态度和有效的沟通技巧主要体现为"关怀学生"和"有效沟通"。教师一旦对学生关怀爱护,就会融入学生的群体,走入学生的心灵,形成水乳交融的师生关系。在师生交往中,教师关怀学生并不抽象也不神秘,需要具体而实在地做到"尊重、热爱和真诚"。良好的师生交往关系,需要讲究沟通技巧。优化师生关系,教师处于相对主动的地位,教师的行为和沟通技巧,起着决定性的作用。一般来说,沟通技巧有言语的和非言语的两类。言语的或语言的沟通是师生交往的主要途径,教师在运用语言时应注意明确"目的、内容、方式、时间、空间和人物等",做到"选择适宜的语音与语种""辨明学生交往的动机""掌握语言的抽象、复杂和文雅程度"和"避免贴标签式的滥用心理学术语"。非语言的沟通往往事半功倍,教师运用时应尽量做到"衣着适体""表情切景"和"体态通情"。

3. 教师的基本素养

教师的基本素养是一个教师走进学校与课室时所必须具有的知识、技能和能力。实际上,教师就是人际关系专家,既要具备人际交往技能,更要具备自我调适技能。

1) 自我调适技能

心理学揭示人总是倾向于像对待自己一样去对待别人。所以,教师要搞好人际关系,首先要搞好自我关系。一个教师如果老是自己跟自己闹别扭,总是情绪冲动和大发脾气等,是绝对不可能搞好人际关系的。人总会有情绪，也有发脾气的时候，心理矛盾和心绪不宁，也是人之常情。关键在于出现这些情况时，教师要能进行有效的自我调适，实质是进行自我关爱，这就需要养成自我调适技能。其中，自尊也就是体认自身价值，欣然地接受自己，是一个有效教师最根本的品质。

一个有效教师必须是心理健康者，并且坚持原则，决不把自己个人或家庭的问题带到学校与课堂，决不带去给学生或他人。有效教师的自我调适品质与能力，主要表现为①：

①对自己的行动负责；

②关心和安抚自己的情感；

③适当揭秘自己；

④起模范作用；

⑤拥有一份健康的幽默感；

⑥主动自我检查；

⑦适时求助；

⑧做自我约束模范。

2) 人际技能

教师的人际关系，分为师生关系与班课外人际关系两种。后者又具体分为家师关系、同事关系、上级关系以及朋友关系。其中，师生关系是核心。教师在建立和维护良好人际关系中，交流沟通技能很重要。

建立良好的人际关系，秘诀就是真情关怀学生、家长、同事、上级以及朋友。这并不是要教师违背自己的心愿刻意去讨好别人，而是需要教师在自己身上和日常交往中涵养和实现教育本身所具有的"关爱"品性。其中，在班课活动中，教师对待学生应当做到六点：尊重、接受、理解、信任、关爱和友好。

教师最基本的四种交流沟通技能是"融通感情""关注伙伴""主动倾听"和"清晰无误"。融通感情指在两个人之间通过相互的合作、尊重和关心培植亲近感情；关注伙伴是真情地给予另外一个人恰到好处的身心关爱；主动倾听就是热情倾听别人的讲述，能抓准别人要传达的核心信息内容，并将其中的情感的和理智的东西加以区别；清晰无误是以智慧的方式，准确无误地将信息内容与他人交流沟通。

（三）师生赋权和参与

当代教育正在努力推进赋权增能，以增进师生和有关人员的课程与教学参与，从而提高改革成效。赋权增能和参与涉及所有人员，主要有学生、家长、社区有关人员、学校校长、教师和教辅人员，其中最受关注的莫过于师生赋权和参与。

---

① 费奥斯坦，费尔普斯. 教学导论：反馈与现实[M]. 北京：中国轻工业出版社，2005：22-43，45.

1. 赋权和参与的概念

赋权增能通常有两种用法：一是指称赋权增能的行动；二是描述个体被赋权增能的内在心智过程。赋权概念与人们所持权力概念有关，因权力所涉及范围不同而不同，至少存在"个人赋权""组织赋权"和"情境赋权"三种模式。

参与是利益主体对涉及自身的开发事项的决策与资源施加影响与分享控制的过程①。关于参与本质，有"手段说"和"目的说"。传统上将参与仅仅看成是提高参与者积极性、实现管理目的和提升行动效率的一种手段。而现代人本主义则主张参与的实质是分享，所以参与是个体的思想和感情都投入一种为团队目标做出贡献、分担责任的团队环境之中。这样，参与本身就是目的，就是个人自我价值的实现，体现以人为核心，满足人的需要。

2. 学生赋权和参与

当今课程与教学研究的深层价值取向是"解放理性"或者"解放兴趣"。解放兴趣强调自主和责任，强调学生只有在自我反省的行动中，解放才是可能的，透过解放兴趣产生的知识才是真实的洞见。解放兴趣的价值追求孕育出了学生的赋权增能和参与，以促使学生有权能来决定和提升自己的学习生活。

1) 学生赋权增能

当今的批判主义课程观指出，赋权是一种历程，在此历程中学生获得发展批判的与适宜的知识工具，以扩展他们对于自身的理解、对于世界的理解，以及对于那些与自身生活方式有关的并被视为理所当然的假定进行转化的可能性②。也就是说，学生赋权增能本质上是自我赋权的过程，是学生个体的主体性彰显的条件和手段；学生在参与课程与教学活动的不断"自我赋权"的历程中，不断重构对自我、环境、学校和文本等的认知，发展掌握自己行动以及影响周围人、事和物的权利与能力。

千万不要把学生赋权误解为外在于学生的权力给予，其实，学生赋权增能的内涵包括"权力觉醒""批判素养""去社会化"和"自我教育"。

2) 学生参与

学生参与的潜能是多层面和全方位的。学生参与课程决策，与学生赋权增能的实践紧密联系并互相促进。事实上，学生在学校与班课两个层面参与了课程决策。一个教师或一所学校对待学生参与决策，可能积极鼓励，也可能加以限制，甚至进行扼杀。所以，学生在这两个层面的参与又分别存在着低、中、高三种不同水平的差异（见表 2-1）。

---

① SWIF-MORGAN J. What Community Participation in Schooling Means: Insights from Southern Ethiopia[J]. Harvard Educational Review, 2006; 76(3): 339-370.

② GIROUX H A. Schooling and the Struggle for Public Life: Critical Pedagogy in the Modern Age [M]. Minneapolis: The University of Minnesota Press, 1988: 189.

表 2-1 学生参与课程及教学决策的层次和水平特征

层次	水平		
	低	中	高
班课	咨询学生 （如需求分析）	学生积极制定方案 （如研究计划）	学生参与多数班课活动的决策 （所有科目均要求协商合作）
学校	咨询学生 （如学校评估）	学生充当积极角色 （如学生自治会）	学生分享决策权 （如学生课程研制委员会）

3. 教师赋权和参与

兴起于 20 世纪 80 年代的美国学校重构运动，是一场整体性的教育变革，包含校本管理、择校、教师赋权增能和为理解而教四大主题。近年来在我国，教师赋权增能也日渐成为教育与课程改革、教师专业发展、教育管理等领域的研究主题之一。

1) 教师赋权增能

教师赋权增能包括"参与决策""提升影响力"和"提高自我效能感"等，其中享有决策权是政治目的性的成分，提升地位与影响力是社会条件性的成分，而增强自我效能感是心理动机性的成分。促进教师赋权增能，关键是使教师有条件、有能力来行使权力，基本策略主要有：

①变革国家和地方教育管理体制，创设赋权增能的社会环境；

②提高校长的管理素养，营造赋权增能的校内环境；

③加强教师集体的培养，建设赋权增能的教师专业共同体；

④促进教师教育一体化，提供赋权增能的智力保障。

2) 教师参与

随着教师赋权增能运动的推进，教师参与成为 21 世纪以来教育改革与研究的一种新的理论与实践取向。

国内外的教师参与，各有重点和特点。在英美教育分权传统中，教师参与历史悠久，形成了教师广泛参与条件下的教育行政体制和学校管理模式。所以，英美等国已经不再泛泛地讨论教师参与决策和管理的课题了，而是回应校本课程开发与教学专业化运动的呼唤，主要探讨教师参与"课程开发""专业发展"和"教学研究"三大主题[1]。

而在国内，随着课程三级管理体制的建立与健全，教师从过去的被动执行者角色中解放

---

[1] HUR J W, BRUSH T A. Teacher Participation in Online Communities: Why do Teachers Want to Participate in Self-generated Online Communities of K-12 Teachers? [J] Journal of Research on Technology in Education, 2009;41(3):279-304.

了出来。尤为显著的就是教师参与管理。管理的实质是决策,决策又遍及所有活动。所以,很快形成了"教师参与决策"的研究热点。这样,我国的教师参与便形成了与英美等国有些区别的教师参与"管理""课程开发""专业发展"和"教学研究"四大主题。

综观国内外教育改革,学生与教师的赋权和参与是相互联系并融汇到整个教育改革潮流之中的。所以,"师生合作""家长—教师参与""院校协作"以及"社区—家庭—学校伙伴关系",在师生赋权和参与的推动下,得以创生并不断发展。

(四)师生的课程经验

由斯宾塞提出的课程基本问题"什么知识与经验最有价值",至今一直贯穿在每天的每所学校和每节班课之中。与这个基本问题相关的所有教育教学实际而具体的问题,莫不包含在日常的学生与教师的课程经验之中。

1. 学生的课程经验

无论是学困生及其学习困难问题,还是学优生及其学习不足问题,都是学校与班课真实世界里的学生课程经验问题。因此,学生的课程经验成了研究聚焦点,形成了下列重要问题:

(1)学生的学校经验有怎样的不同?

(2)这种不同,发展性特征如何?亦即,进到小学幼儿园的年少学生与进到中学、大学的年长学生的学校经验在质量上有何区别?在学生不适应学校学习环境氛围的意义上,学生分化随着时间变得不仅越来越严重了,而且越来越明显了吗?

(3)这种不同,受制于学生的社会地位和个人立场情况是怎样的?亦即,受制于学生的社会阶层、种族与民族、性别、性取向和宗教信仰等的情况如何?这种不同,范围很广吗?如果广,广到何种程度?

(4)这种不同,在不同科目中的情况如何?在不同科目领域间(比如在数学、语文、科学、社会、绘画和表演艺术等之间),与学校常规实践疏离的模式非常相近吗?抑或在不同科目间,学习经验存在质的差异吗?

(5)这种不同,在作为整体的社会组织、学校和班课间层面上存在组织上的差异吗?

(6)上述不同维度的变易交互情况如何?这种协变的实际及其结果如何?

学生的课程经验会因为他们处于对各层次、各种类型课程的学习和适应的这种动态过程中而具有不确定的内容和方式,具有实践层面的问题存在,而这些问题本身也表明了学生所具有的课程经验情况,解决和回答这些问题是课程发展的契机所在。

2. 教师的课程经验

教师通过自身的课程经验,在日复一日成功地解决学校与班课里的琐碎而真实的课程问题的同时,改善了自己的教学、促进了学生的学习。

教师课程经验存在于教师生活的各种记载文本之中,存在于一个一个教师在学校与班课里的一节一节的上课之中,存在于教师对自己教师生涯的点点滴滴回顾、反思与叙说之中。所以,"文本""上课"与"口传"是教师课程经验的三种基本形式,英美学者将其统称为"叙事"。20世纪60年代以来,英美等国学者努力开拓了教师课程经验及其研究方向,形成了"叙事研究"运动。研究和实践表明通过教师叙事探究总结以有效改进班课实践,教师声音是富有力量来整合教师经验与课程的[①]。概括而言,教师课程经验主要涉及政策、教育学与班课情境三个方面。

课程已经超越了原有的定义,成为师生在学校内外所经验与学习的所有东西,这样,课程就不仅仅描述教师与学生经验共同点的复杂交会,而且包含"一种批判性实践",这样的实践要反思什么才是真正投入到了富有价值的经验中,反思如何才能在面对社会公平制约时实现这些经验,从而结合行动、研究与自传探究。面对凸显的师生课程经验,国内外逐步发展起了许多研究方式,主要有日本的授业研究,美国的课例研究,中国的校本教学研究、校本学习研究和课堂学习研究。

二、学生成长

学生成长指的是学生通过有计划、有目的的学校教育生活而不断发生的身心积极变化的过程。对课程与教学来说,学生成长既是基本价值又是基本依据。所以,学生成长是课程与教学领域的一个视角,成为大家关注的重点范畴。

(一)学生特征

传统上,我们都把教学过程看成是直线的和单向的。现在需要建立教学过程中的学生视角,突出学生在学习中的作用及其对教师和班课教学的影响。

1. 学生的入学特征

人们已经就学生的入学特征,开展了大量深入的研究与实践,主要涉及了家庭环境、已有知识、认知风格、志向与期望、学习动机以及情绪与情感等。一些学者分别对它们各自的概念、组分、结构及其对学生学习过程与结果的影响进行了考察,取得了丰硕的成果,可以供人们分享与参考。

洛克的"学生白板说"并非学生进入教育情境的真实情形。实际上,学生来到学校时已经是一个有着自己的准备和目标的学习者,总是留有家庭环境的烙印,怀揣着自己的志向与期望,储备了各种知识经验,具有不同的学习风格,各种学习动机,带着各自的情绪与情感,这些构成了他们的主要特征。

2. 班课活动过程

学生对教师、班课教学过程以及他们自己的学习,产生了重大的甚至是决定性的影响。

[①] AYER W, QUINN T, STOVALL D O, et al. Teachers' Experience of Curriculum [M]// CONNELLY, F M. The SAGE Handbook of Curriculum and Instruction. Los Angeles: SAGE, 2008:306-348.

所以,班课活动中的学生学习问题,被广泛地提出来并加以持续研究。这些问题主要有:

(1)学生在班课活动中扮演什么角色?

(2)学生对教学产生着怎样的影响?

(3)学生形成与发挥着什么样的班课观念?

(4)班课活动中学生的认知过程是怎样的?

(5)学习注意是怎样的,并对教学产生什么样的作用?

(6)学业学习时间状况如何,并对学习过程与结果产生什么样的影响?

(7)学习习惯与策略是什么,并对具体科目学习具有什么样的作用? 等等。

长期以来,学者们对这些问题进行了越来越深入的研究。研究主要涉及的领域有学生班课角色、学生对教学的影响、学生班课观、学生认知过程、学习注意、学业学习时间和学习习惯与策略等,并且获得了富有课程与教学认识和方法价值的大量发现。

3. 开发学生的教学活动特征

对学生的入学特征与教学活动状况的考察,为教育者提供了两大启示。

(1)教师必须深入到心理特征层面把握自己的学生,以便把他们教好;

(2)教学要想有效,必须基于新学生观,学生并不是被动接受知识灌输的容器,他们是学习过程的能动参与者。

学生总是带着已有的和独特的学习经验和人格特质来到学校与班课里,参与课程与教学活动。当好教师的第一件事情就是透彻了解、把握学生,为因材施教打下必需的基础。教师要想真正尊重学生,不仅要在教态、教学语言等这些外在形式上体现出来,更重要的是要真正地去了解学生,根据学生的实际需要去教学。如何才能有效了解、把握和开发每个学生的教学活动特征呢?这里提出"建立学生特征概念图""收集资料了解""活动调查分析"和"开发学生特征的有效策略"等思路。

1)建立学生特征概念图

教师根据学生的入学特征知识建立一个包括"外貌特点""家庭环境""已有知识""认知风格""志向与期望""学习动机""情绪与情感""认知特点"和"学习习惯"等特征项目在内的考察框架,并以表格形式展现,便于记忆和使用。随后,教师从学生入学前的"收集资料了解"到学生入学后的"活动调查分析"进行持续调查、了解和记录。

2)收集资料了解

通过收集资料来了解学生是教师在学生入学前常使用的有效方法,也是学生入学后教师应该继续使用的方法。收集资料的有效方法主要有以下几种。

(1)查看档案。自己班课的学生一旦确定下来,教师就尽快细心地查看每个学生的档案。

(2)家访。在查看档案的基础上,教师与家长联系,直接见面或用电话、网络视频的方式访问家长。

(3)前任教师访问。需要时,教师访问学生以前的教师。

(4)学生作品收集。在了解的过程中,教师收集学生已有作业、试卷和作品来分析。

3)活动调查分析

通过活动调查分析来了解学生是教师在学生入学后常使用的有效方法。活动观察分析的有效途径和方法主要有以下几种。

(1)现场观察。教师通过上课和组织活动、听课和出席有关学生的活动,现场观察学生表现。

(2)访问调查。教师直接见面或以电话或网络视频的方式调查家长和同学,了解和分析学生的各种表现。

(3)作业调查。采取各种有效方法,教师收集和分析学生的作业、试卷和作品。

4)开发学生特征的有效策略

在精心收集、调查和分析学生特征的基础上,教师适时选择或利用有效策略,充分开发和利用学生特征,来加强对学生的教育与教学,显著提高教育与教学效果,努力营造和收到奇效。学生特征的开发与利用,有效策略主要有以下几种:

(1)出其不意。比如,教师初次见面就直呼其名,学生出错时却表扬其优点,遭遇难题时则关心入微等,从而达到震撼其心灵的效果。

(2)精心设计。在教学方案及活动方案的设计中,针对学生的特征,教师透彻分析学生的心理需要和困惑,充分发挥积极特征,同时努力消除消极特征,直达学生内心需要。

(3)适时点拨。在活动中,教师适时点出并赞扬学生的优秀做法的例子、作业和作品,及时幽默地抨击和阻止学生的错误念头和行为,强化与维护学生的学习投入。

(4)组织同伴学习。根据学生特征,教师将强项学生与弱项学生进行友情配对,并有效培植他们之间浓厚而纯洁的同学感情,增进他们之间的互动与互促。

(5)善用留言与赠言。教师充分利用作业/试卷批改、手机、短信、电邮、视频和QQ,针对学生的优异或错误表现,针对其心理活动和潜能,适时给予简明扼要的留言或赠言,达到锦上添花或雪中送炭的心灵交流与指导效果。

学生特征,异彩纷呈,难以穷尽。这需要每位教师在自己的日常教学生活中,努力运用各种有效途径、方法和策略,去进行探索、调查、把握和开发。

(二)学习理论

随着教育普及,学习成了心理学、社会学、政治学、文化学和教育学交叉研究的问题,形成了丰富的学习理论,为课程与教学发展提供了坚实的基础。

1. 新兴挑战及其应答

在科学与民主双重发展的背景中,学习理论与实践在发展过程中遭遇了来自传统与现实的大量挑战,要求学校与教师主动给予建设性应答。

1)新兴挑战

当代学习理论与实践主要面临着来自科学、家庭、社会和多元文化的挑战。

科学方面,认知科学领域中孕育起来的具身学习理论。

家庭方面,核心家庭、独生子女、家长的无理期望、单亲家庭、同性恋家庭及双性恋家庭等导致的处境不利的学生。

社会方面,存在有"贫穷""无家可归""负面同伴压力""少女怀孕""少年暴力与反社会行为""少年涉毒忧患"和"网络一代""QQ族""网虫"和"能力分组""分轨制"以及"自杀""伤害"与"心理危机",还有我国各类教育机构的入学制、高考制,特别是高考中的加分制,以及就业激烈竞争等社会问题。

文化方面,全球化背景中多元文化的碰撞问题。

2)积极应答

面对如此严峻的诸多挑战,研究者与实践者各自采取了五彩缤纷的应答行动。概括起来,主要有:

(1)培养多元化学习能力;

(2)创新多元化教学;

(3)采取集体主义策略和合作伙伴关系;

(4)开发有效班课教学策略。

2. 学习理论流派

学习的价值无法估量,研究学习的学科除了心理学外,还有哲学、生命科学、社会学、人类学、管理学和教育学等。在学习理论的大花园里,各种主张交相辉映,众多流派异彩纷呈。总体来看,可以区分出科学的学习理论、心理学的学习理论和教育学的学习理论三大类型。为数众多的学习理论,按照时间顺序又可以分为经典学习理论和新兴学习理论。

1)经典学习理论

对学习的认识和探究,自古有之。很早以前,人们就在探讨学习的实质与结构,古人的学习智慧表现在丰富多彩的古今中外民谚、格言和座右铭中。西方哲人比较重视人的内在心智,所以将"学习"一词的基本含义规定为内在心智的"理解把握"。中国古代圣贤比较重视外向的人事关系,所以将学习的基本含义规定为"效法"和"练习"。到了18世纪至19世纪,科学心理学兴起,英美启动了学习的科学心理学研究。

经过长期积累,专门的心理学学习理论终于诞生了,并且出现了多种流派。其中,至今仍然影响重大的经典学习理论,有巴甫洛夫的"经典条件反射说",华生的"行为主义",桑代克的"联结主义"和韦特海默、苛勒和考夫卡的"格式塔心理学"等。

2)新兴学习理论

当20世纪上半叶,行为主义和格式塔心理学在西方大行其道时,皮亚杰的认知发展理论和维果茨基的文化历史理论在欧洲崛起,并传播到美洲大陆。这样,随着20世纪50年代兴起的行为主义批判浪潮,多元心理学文化的相互交融,孕育出了多种多样的学习心理学流派。其中,"认知心理学"一直是主流,影响巨大的有"操作性条件反射理论""学习条件理论""认知加工理论""元认知理论""认知发展理论""历史文化理论""社会认知理论"和"学业动机理论"等。另外,加德纳的"多元智力理论"和费厄斯坦的"认知塑造理论"等,亦对学习理论产生了无法估量的影响。

在这些心理学基本理论的指导下,学校教育情境的学习组织与开发,亦即课程与教学研究,对具体化的学习理论提出了强烈的需求。于是,在学习心理学研究及其在学校课程与教学的应用开发中,兴起为数众多的学习理论,它们在不同国家和地区的不同科目的课程与教学开发中,又进一步孕育出了数不胜数的学习方式。其中,具有代表性的新兴学习理论有"建构主义学习理论""掌握学习理论""观察学习理论""情境学习理论""变易学习理论"和"媒介学习经验理论"等,具有代表性的学习方式有"同伴互助学习""合作学习""活动学习""自主学习""研究性学习""探究性学习""课目与语言整合学习""合作活动学习"和"混合学习"等。

(三)学习结果

学生通过一系列的学习活动产生并获得一定的学习结果。当代学习结果比较强调的主题有:核心技能与一般能力、教育标准与学习标靶、高级学习目标、学习习惯、学业成就和学习成绩等。

1. 学习结果的概念

学习结果就是学生通过长期而持续的学习所发生的表征个体发展的、变化了的经验和行为。

学生学习结果主要体现在认知、情感和动作这三大领域的经验和行为变化中。学习结果与学习成就密切相关,学习成就包含学业成就及成绩、个性发展、社交发展及生涯发展等。学习结果的研究与开发,有助于提升评价的有效性,有助于教师准确掌握学生的学习成就状况,有针对性地适时采取有效的教学策略,同时有助于激励学习者努力学习,从而有效改善学生的学习,提升学生的学习成就,提高学生的学业成就和学习成绩,促进学生的个性、社交和生涯发展。

2. 核心技能与一般能力

现代课程与教学改革追求人的全面素养提升,但这不意味着学生的平均发展,而是要突出学生的核心技能与一般能力的发展。

在人类众多技能与能力中,存在一些最基本的、最重要的技能与能力,它们就是核心技能与一般能力。掌握了它们,就可以使个体很快熟悉新问题、适应新环境;相反,掌握它们不牢靠,就可能导致个体缺乏适应力,难以解决新问题、难以适应新环境。核心技能与一般能力具有普遍的适用性和广泛的可迁移性,其影响辐射到整个行业的通用技能和职业特定技能领域,对个体的终身发展与成就影响极其深远。因而,开发和培育个体的核心技能与一般能力,能为他们提供最广泛的从业能力和终身发展的基础。

所以,核心技能与一般能力是范围很窄、数量很少而适用性、可迁移性很强的,为个体工作、生活所必需的,并能对个体未来发展起关键性作用的技能和能力。在我国,劳动与保障系统开发出的核心技能主要包含交流表达、数字运算、革新创新、自我提高、与人合作、解决问题、信息处理和外语应用八类①。

3. 教育标准与学习标靶

国家办教育与学生从事学习都会确立某种基本标准,它们分别是教育标准和学习标靶。

教育标准是一个国家提出的关于国民接受学校教育后预期在某方面或某领域所应具备的素养及其应达到水平的基本要求,主要体现在学业成就方面。教育标准体现国家在教育要求上的意志,具有权威性,适用于所有国民,旨在提升整个民族或全体国民的素养。当然,国家教育标准是绝大部分人通过一定的努力就可以达到的基本要求。另外,教育标准主要体现为学业成就的基本要求。

学生在学习过程中必然对学习具有不同追求、需要和期望,从而形成各自的学习标靶。学习标靶是学生自定而独有的,但不能低于教育标准。所以,学习标靶就是学生在达成教育标准的基础上,不断产生的自我指向的学习活动和自我期望的学习结果。学习标靶着眼的是学生的学习行为而不是教师的教学行为,描述学生学习结果的同时注重学生的学习过程,同时强调学生学习结果的获得是一个持续不断的深化过程。

从学生的学术性学习来看,学习标靶应该至少与教师所拟订的教学目标是一致的。然而在此基础上,学生会在问题解决和任务完成的学习探究过程中,不断生成新的解决新问题、改造新环境的体验和冲动,会产生比班课教学目标更为丰富的需求和目标。

4. 高级学习目标

在学校学习中,记忆知识、训练技能和发展能力都很重要,但更重要的是在理解知识、发展技能与培养能力的过程中进入牢固掌握的高级学习层次。牢固掌握必然是一种平衡行动。这种平衡可能至少涉及三个层面:个人与情境的平衡、个人之间的平衡和所学与所思的平衡。基于当代三层平衡理论,人们在"牢固掌握"水平上,突出强调的高级学习目标有:①批判性思维;②创造性心智;③道德认知发展;④品德教育;⑤学生信心②。

5. 学习习惯

习惯本来就有学习之意。根据人们对习惯约定俗成的看法和心理学研究的认识成果,学习习惯实质上是学生在长期的学习过程中为改善学习而逐步形成的自动而稳定的学习活

---

① 王晓望.试析关键能力[J].中国培训,2004(7):24-25.
② ORNSTEIN A C, PAJAK E F, ORNSTEIN S B. Contemporary Issues in Curriculum[M]. Boston: Pearson, 2007:153-224.

动,包含着特殊的互联互惠的学习意向、学习机制和学习方式等。

学习习惯的意义包含积极和消极两个方面。良好的学习习惯意味着学生养成了强烈的学习意向,形成了良好的思维品质,掌握了有效的学习方式,可以提升学习效率,并能推进持续的主动学习。所以,学习习惯是学生学习结果最重要的部分。养成良好的学习习惯,学生将终身受益。

学习习惯的构成和养成:"大致而言存在着两个基本的方面:一是对学习活动的监控习惯,二是对领域或科目的学习习惯。"学习的监控习惯,又叫一般学习习惯,主要包括"计划性""坚持性"和"独立性"三种品质。具体科目领域的学习习惯,又叫具体的学习习惯,包括"向老师和他人学习""向书本学习""向自身学习"以及"认真完成作业"等品质。

6. 结果为本教育

长期以来,教育领域对学习结果的重视,就孕育出了结果为本教育和标准为本教育。

结果为本教育其实长期存在,到20世纪末期在英美等国兴起了一场运动。"结果为本教育"指的是要依据清晰定义了的结果来聚焦和组织学校教育的全部课程与教学,这样的结果是要求所有学生在毕业时必须达到的。"结果为本教育"提供了一个承诺,如果教育系统按照我们欲求的学习结果进行重新组织,就会有更多学生达到更高水平的学习成就。它不再简单地聚焦于信息浓缩,而是强调知识及其在现实生活中的应用。"结果为本教育"秉承的基本理念是不仅优秀生,其他学生也都能够达到高水平的学业成就。

对于学校来说,结果为本教育意味着应当首先明确拟订自己对所有学生毕业离校时必须达到的结果,然后集中和组织全校所有课程与教学努力加以实现。所以,作为改革过程,结果为本教育模式,要先追问和辨明哪些学习结果是必需的,然后回头据此决定课程、材料、活动和教学方法等,以达到所确定的学习成就。

很明显,结果为本教育首先是确定预期学习结果,也就是制订学校的组织目标。通俗易懂且清晰明确的教育目标是学校作为组织获得成功的起点。然而,长期以来学校缺乏清晰明确的教育目标,原因主要是缺乏大家认同的统一教育标准。为了解决这一问题,西方兴起了一场标准运动,冲击到学校与班课活动层面,从而诞生了标准为本教育。人们围绕制订什么样的学业标准,如何处理好学业标准与课程标准之间的关系,如何准确看待有些标准不怎么成功的问题,标准与评估是什么关系的问题,标准如何才能有利于解决实践中内容过多的问题,开展大规模的研究与实践,以图努力实现标准为本教育的承诺。

另外,学生成长在现代社会里备受关注,既因为它是一个重要领域,又因为它成了一个让人感觉沮丧和失败的焦点问题。失败的根源之一,人们只关心"作为课程与教学指挥棒"的测验与考试。当然人们也清楚,测验与考试确实有促进教育发展和人才培养的积极一面。通过测验与考试,教师对学生的学习结果及其可能获得的发展予以适当的评估,这仍然是课程与教学研究的一个重要领域。显然,过于放大测验与考试的选拔评价功能及社会功利价值是一种社会弊病,但简单地取消考试也是一种草率的想法和有害的做法。科学的态度应是正确认识测验与考试发挥作用的条件、使用的范围和考试自身的局限,创新有效方法与技术,逐渐弱化其选拔功能,淡化其社会功利价值,强化其诊断、反馈、激励与发展等多种功能,使之真正成为促进学生健康成长的有效策略。

三、教师发展

对于教育来说,学生成长是目的,教师发展是保障。教师发展是作为社会职业人的教师从接受师范教育的学生,到初任教师和有经验的教师,再到实践教育家的持续发展过程。

(一)教师发展的概念

"教学是一种专业"作为一个崭新的命题在20世纪50年代被提出,进而引发了持续至今的教学专业化运动。时至今日,关于教师发展,社会中形成了"专业""专业化""专业发展"和"有效专业发展"等基本概念。

1. 专业

1966年,国际劳工组织和联合国教科文组织在《关于教师地位的建议》的官方文件中倡导:"应该把教学工作看作一种职业:它是公共服务的一种形式,需要教师通过严格的和持续的学习获得和保持专业知识和专门技能;它还要求个人和集体对于教育以及他们所负责的学生的福利有一种责任感。"教师作为一种专门职业为大家注目,许多国家纷纷以立法形式确定了教育或教学的专业地位。1993年颁布的《中华人民共和国教师法》,第一次从立法上确立了我国教师的专业性及其重要作用。教师是履行教育教学职责的专业人员。2001年4月1日起,我国启动了全面实施教师资格认定制度,教师专业发展正式提上议事日程,标志着我国教师职业发展进入专业化阶段。

简言之,一种专业就是一种依赖可靠的系统知识、需要高深的专业教养并回报社会以专门服务的职业。教学专业目前凸显出来的有"知识基础""服务定向""专业自主"和"责任担当"四个主要方面。

(1)英文"专业"的动词为"profess",意为"进行公开声明"或"以知识答谢"。因此,必须有系统知识作为一种专业的基础,亦即专业的知识基础。

(2)每一种专业都有一个确定的服务取向,即为社会和个体提供一种基本的服务。服务理念对教学专业至关重要,一位教师的主要责任就是为学生服务。服务取向也就意味着一种自我奉献精神。

(3)教师上课绝大多数时候无人督导,处于自由状态。所以,教师大部分活动都是自主决策,既需要专业自主来保障,又需要专业自主来改进。

(4)责任担当指教师和学校对学生学习负责的良好实践。众所周知,教师对与自己决策和行动有关的许多方面负有责任,比如学生、家长、学生监护人、其他教师、学校管理者以及公众等。教学作为专业,要求教师必须承担并履行好自己的这些责任。

2. 专业化

专业化是一个普通职业逐渐符合专业标准,成为专门职业并获得相应的专业地位的过程①。而教学专业化,本质上是一种促使教学职业达到公认的教学专业标准并持续提升达标程度的过程,它有两个既密切联系又不怎么相关的方面,即地位提高与能力提升。地位提高是一个关涉经济、政治、文化与政策等学校外部因素的社会问题,解决这一问题主要是社会与政府的任务。能力提升则是一个关涉身心发展的学习问题,解决这一问题则主要是教育与培训的任务。然而,无论哪个方面,其价值目标无疑都表现为"公认专业标准"。这里的标准化必须也一定是关于教学专业人员的标准,亦即"关于教师"的标准。于是,教学专业化,核心和关键就被定位为教师专业化。

3. 教师专业发展

教师专业化主要聚焦于教师教育与培训中的专业能力提升,包括专业知识的增长、专业不可替代性的增强、长期训练的持续、专业自主性的实现以及职业伦理的养成等。人们普遍认为,教师专业化必须通过专业发展才能惠及学生。

教师专业发展,又称为教师发展或教师专业成长。概括来说,教师专业发展就是指教师习得并提升有效教学专业实践所必需的知识与技能的过程。教师专业发展,听起来似乎有点像"在职培训"的同义词,其实却包含更多含义,具体包含"过程性"与"实践性"两个理念。过程性意为专业发展包括教师从职前教育开始至入职教育与在职培训的整个职业生涯,在整个职业生涯中,教师随着环境变迁和新职责的使命,需持续地学习有效专业实践必需的知识与技能;而实践性则意为教师专业发展所需的知识与技能,必须在已有基础上更大程度地直接与教师面对的真实问题相关。这就是"实践中心"的教师专业化原理,它揭示了教师专业发展的实质就是持续不断地获得,并不断增加和提升教师解决自身面对的学校与班课的真实问题的知识与技能。

4. 教师有效专业发展

专门研究表明,已有的绝大多数教师专业发展活动,仅仅聚焦在一般性教学方法与技巧上,几乎没有结合学校与班课里具体的科目或活动的内容,很少惠及学生的科目或专题的学习活动,因而其有效性并没有得到彰显。针对这种问题和越来越强烈的学习需要,研究者与组织者便提出了有效专业发展。

有效专业发展指为教师提供足够的支持体系和机会以便其选择、计划、实行并且评价参与的专业发展活动。因而,教师专业发展就被进一步定义为教师为了改进自己的专业实践以强化学生的学习而完成的各种个体的或集体的活动。于是,有效专业发展就以提升学生的学习能力为核心价值目标,解决教师专业发展与学生学习提升之间的尖锐矛盾。

如此,问题就集中到各种形式的专业发展的有效性上,人们非常关心专业发展课程的差

---

① 刘捷.专业化:挑战21世纪的教师[M].北京:教育科学出版社,2002:50.

异。这样教师教育与培训课程的设计、实施与评估,就成为热点课题,这就在教学专业化领域孕育出了结果定向专业发展路向。

(二)教师专业发展的途径

对于教师专业发展的途径,人们进行了长期的探索。概括而言,当代教师专业发展的基本途径有"教师教育课程改革""教师学习""教师参与研究""校本教师培训"和"专业发展学校"等。

1. 教师教育课程改革

教师的专业发展必须经过专门的教师教育以促进教师养成承担其专业职能所必需的基本知识、技能与态度等素养。当代教师教育格外关心教师专业生活,努力创新教师知识基础,重建教师教育课程。

1)创新教师知识基础

长期以来在教师教育课程领域,知识基础都被界定为一种产品而不是一种过程,近年来人们开始重新界定教师知识基础,将反思性思维、主动探索问题和向行家里手学习提升到了显著的优先地位,从而逐步形成了建构主义知识基础观。格罗斯曼归纳出教师应具备的知识包括四个领域:通用教育学知识、科目主题知识、科目教育学知识和情境知识。它们为教师教学专业奠定了知识基础。

2)重建教师教育课程

人们逐步认识到教师发展是一个连续的生命过程,并掀起了持续的改革,促进了教师培养从"师范教育"与"在职培训"分离模式,向"教师教育一体化"范式转换。新的范式主要包括职前与在职教育一体化、学术性和师范性一体化、普通与特殊教育的一体化以及理论培养与实践训练一体化。

伴随着教师教育体系革新,根据教师的知识基础,人们开始致力于教师教育课程重建。教师教育课程有泛义、广义与狭义之分。泛义上,教师教育课程指教师在其专业生涯中获得的所有经验,包括教师在职前教育、入职教育、在职教育、教学实践以及自学中获得的所有教学专业经验。广义上,教师教育课程指教师在其专业生涯中接受学校专门教育和在职专门培训时获得的教学专业经验。而狭义上,教师教育课程则分为职前教育课程和在职教师培训课程。职前教师教育课程是指教师培养机构为培养各级各类学校合格师资而为学生提供的所有学习经验,表现为专门科目、活动与环境。而在职教师培训则是为在职教师组织实施的各种专门科目和活动。

一般而言,教师教育课程主要包括通识类课程、学科专业类课程和教育类课程。教师教育课程重建包括教师通识教育课程重建、教师学科专业课程重建、教师教育专业课程重建以及三者关系的重建。一方面,为了研制高质量的教师教育课程,必须首先研制课程开发可以依凭的教师教育标准。如教师专业的国家标准、教师教育机构资格认证、教师资质保障以及表现评估等是教师教育课程重建的制度安排维度。另一方面,各个教师教育机构都在依据教师政策和教师教育政策进行课程改革与创新探索,提出和尝试了多种多样的教师教育课程模式。

2. 教师学习

教师学习是指教师基于专业发展的需要所从事的更新个体专业知识经验的各种活动。自学是教师学习的古老而有效的基本形式。然而教师的专业成长是一个终身学习的过程,这种学习不仅是个体的学习过程,也是一个集体的学习过程。近年来,作为教师专业发展的一种新兴方式,专业学习共同体逐步发展起来。

通俗说来,专业学习共同体是某一学校或校际某一类教师组成一个专业性群体,全体成员在共同目标指引下以学习为主导和纽带,具备高度凝聚力和旺盛生命力。学习化专业共同体的构建策略包含"文化建构""多样化发展""共同愿景"和"知识共享平台"。教师文化建构就是进行不断反思,生成的自觉、自律和协作的教学专业文化智慧。多样化发展就提供了教师之间个人知识和隐性知识共享的机会和实践园地。教师专业学习共同体可以是正式与非正式的组织结构,例如备课组、教研组、课题组与专业协会等。共同愿景的建立,一要鼓励每个教师发展个人愿景,二要促进教师组织的共同愿景融入学校发展理念。

3. 教师参与研究

教师参与研究,长期以来形成了许多有效类型。在中小学幼儿园,教师参与研究已经制度化为"校本教学研究",基本类型是"行动研究",并创新了多种有效方式。

1) 校本教学研究

我国过去长期实行"独立于学校外"的教研制度,由从省到县的教研室系统及其下属的乡镇教研组,构成了一个庞大的教研体系。这个教研体系是我国教育领域中具有独创性的部分,为我国中小学教育教学常规的运行和教育教学质量的提高发挥了不可或缺的作用。随着基础教育课程改革的深入发展,教研体系的改革和发展以教育管理分权制为背景,与教师专业发展相结合,孕育出校本教学研究的新方向。

2003年教育部颁布了"建立以校为本的教学研究制度"正式文件,明确规定,学校应建立以校为本的教学研究制度,鼓励教师针对教学实践中的问题开展教学研究,重视不同学科教师的交流与研讨,建设有利于引导教师创造性实施课程的环境,使课程的实施过程成为教师专业成长的过程。学校应与教研部门、高等院校等建立联系,形成有力推动课程发展的专业咨询、指导和教师进修网络。

校本教学研究是一种特殊的教学研究制度和方式,以学校为基地,以教师为主体,以教师在教育教学实践中遇到的真实问题为对象,以提升学生学习能力、促进教师专业发展和提高学校教育质量为目的。所以,它强调"真实问题""实践研究"和"全员参与"。

2) 教师行动研究

教师行动研究是指教师在日常工作中,将自己组织开展的实际教育教学活动作为研究对象,采取有效方法加以观察、反思和改进的方式。行动研究的操作程序为规划、行动、观察与反思的连续循环。具体来说,就是实践者与他人一道分析已有教育教学实践,筛选出急需解决的典型性实际问题,进行精心的研究设计并制订操作性的实施计划。实践者有计划地、螺旋式地至少实施两轮以上的教育教学行动,同时采用有效方法与工具,对行动过程进行系统观察和资料收集,进而对研究的问题、计划、教师学生的实际表现进行系统反思、讨论和交流,并将反思的信息,及时用来改进下一轮的教育教学实践。

行动研究蕴涵着两个基本理念:一是在实践中学习;二是实践者成为研究者。教师的行动研究把教师置于自身实践的具体过程中进行再思考和再体验,为发展教师的教育教学专业能力提供了机会,有利于教师在实践中成长。

3)新兴方式

国内外对教师参与研究以促进专业发展进行了广泛探索,创新出了"授业研究""课例研究""课堂学习研究"与"校本学习研究"等多种有效方式。

日本早在20世纪50年代开展了一场持续至今的"授业研究"运动,聚焦于学校实际的学生学习情况,建设起教师一节课一节课的授业反思研究文化,从而使每个学生通过学力形成的过程去积极地谋求人格的形成。美国立志于"不让一个孩子掉队",从1999年开始,取长于日本专业发展的主导形式,课例研究在美国迅速展开。当下,教育者已经将他们的焦点从课案研制等课例研究的表面特征扩展到了它的根本原则,诸如增加教师向他人、向实践、向课程学习的机会。香港在回归祖国之际兴起了院校协作创新优质教育运动,萌生出了聚焦于"学习内容"的课堂学习研究。为真正提升学生学习能力,课堂学习研究基于变易学习理论,由来自高校的研究人员与中小学幼儿园教师结成专业学习共同体,采用质性取向的研究方法,在学校的真实情境中加以实施和开发。在中国,随着课程改革与研究的不断深化,逐步产生了校本学习研究。"校本学习研究"实质上就是校本教学研究,它是一种以学校为基地以学习为本位的新型课程与教学研究的理论与实践,包含建设文化学习理论、提升学生学习能力、促进教师专业发展、建构研究型学习共同体和创新文化学习环境等内涵。

4. 校本教师培训与专业发展学校

为了有效促进教师的学习与研究、促进教师专业发展,人们进行了创新性探索,形成了"校本教师培训"与"专业发展学校"两种路径。

校本教师培训简称校本培训,最早兴起于英国,现在已成为国内外教育改革中的一个重要主题和趋势。校本培训是指源于学校发展的需要,由学校发起和规划,旨在满足学校每个教师专业发展需要的教师培训活动。全面来看,校本培训是指由学校和教师共同发起与组织,以学校教育教学发展和改革所面临的各种实际问题为中心,充分利用校内外的各种资源,注重教师教、学、研的时空统一,有效实现教师专业发展的培训活动。校本培训包含"校本"与"培训"两个基本概念。"校本培训"中的"校本"概念,主要包括"基于学校""在学校中"和"为了学校"三层含义。进而,以学校为本的"培训",就被赋予了"持续""复杂"和"专业发展"三方面的含义。

专业发展学校由美国创建,目前成为教师专业发展的现实途径。一般说来,专业发展学校是由中小学校幼儿园与大学的教师教育院系一起建立一种合作伙伴关系而形成的创新性体制和功能,注重通过合作分担责任来开展新教师的培养、在职教职员的发展和教育实践的改进。它通过搭建大学与中小学、幼儿园的桥梁,建立理论与实践的联系,争取教育官员的支持和吸引家长与社区代表参与,应用问题探究方式,形成学习共同体,满足所有参与者的学习需要,促进教师的专业成长,优化教育教学过程,提升学生的学习结果并改善社区文化。国内外的研究和实践表明,专业发展学校的功能至少有促进职前教师培养、在职教师发展、教育教学行动研究、学生学习以及社区改良五个方面。专业发展学校旨在促进有效专业发展,主要含义有:

(1)合作伙伴关系;
(2)学习环境或学习共同体或学习型社区;
(3)探究性教与学方式;
(4)体制功能创新。

第三节 环境开发

环境是课程与教学系统的四大要素之一,是教育研究的重要领域。当前,人们特别关注协作参与、校园文化、隐性课程、教育媒体与学习环境等问题。

一、环境的概念

在教育领域,环境是指直接或间接影响个体的孕育和发展的全部因素或事物。

在教育环境范畴里,人们常用的三个基本概念是教育环境、教学环境以及学习环境。

(一)教育环境

人们在研究教育环境时,往往区分为宏观与微观两个层面。宏观教育环境是指"环绕"在教育活动周围的有关事物。因为教育是培养人的一种社会实践活动,教育的中心是"人",所以,宏观教育环境即是指直接或间接影响人的个体生存和发展的全部外在世界,包括自然环境和社会环境。其中,社会环境包含社区环境、家庭环境和学校环境。

微观教育环境是指为培育人而有意识地创设的环境,包括家庭教育环境、学校教育环境和狭义的社会教育环境。微观教育环境具有一定的目的性,所以不同于宏观教育环境中的自然教育环境,也不同于社会教育环境中的政治环境、文化环境等,它们都是无计划的、无组织的自然形态的教育或影响。微观教育环境是为培养人而有目的地创设的环境,如家庭里父母为培养和陶冶子女,购置有关图书和工具;学校有目的地开设课程,设立开展各种科技、文娱和体育活动的场所,美化校园环境;社会建设图书馆、文化馆、举办文娱比赛等。

总之，与教育相关，对培养人产生影响的环境，都属于教育环境，它在教育领域的环境层次中含义是最宽泛的，包含了教学环境和学习环境。但是，在课程与教学研究中，人们的探讨一般指向更为具体的教学环境。

（二）教学环境

一般来说，教学环境是学校教学活动赖以进行的各种客观条件的综合体。广义上，教学环境包括了社会政治经济制度、科学技术发展水平、社区文化、家庭条件以及亲朋邻里等，因为所有这些因素在某种程度上都制约和影响着教学活动的成效。而狭义上，教学环境限定于学校教学活动，指的是学校教学活动的时空条件、各种教学设备、校风班风和师生关系等。教学以教师和学生为主体，所以教学环境是指那些与教学有关、影响教学并通过教学影响学生和教师的所有因素[1]。

教学环境是教学活动的重要组成部分，对教师的教以及学生的学都产生了不可估量的作用。比如，教师的教学设计、课堂实施和现场情绪、学生的学习动机、学习方式和学习效率等都深受教学环境的影响。对教学环境进行深入研究，是优化教学活动进程与提高教学效率的必要途径。

当代以人为本的思想和追求，逐步促使教育教学环境向着"学习化"的方向发展。进入现代社会，人类一直在努力凸显学习价值，建设学习化社会，包括建设"学习化社区、学习化组织、学习化家庭、学习化教育、学习化学校以及学习化课程"。这一切为学习化的教育教学环境发展提供了客观要求和可能条件。人们可以深切感受到，当代教学环境发展的立足点和出发点是适应人的学习本性，满足人的学习需要和促进人的学习发展。所谓学习，主要指学生的学习，并包含了教师的学习在内。教学环境的学习化特性规定着现代教学环境的各种因素及其结构与人的学习特性具有亲和性。在这种意义上，教学环境实质上是影响人的学习生命存在及其活动的各种文化因素的总和，学校教学环境就包括了各种空间里、各种时间进程中的影响学生学习的各种文化因素[2]。

（三）学习环境

随着为学习者服务的教育教学理念的发展，关于学习环境的研究近年来突飞猛进。特别是20世纪90年代以来，由于信息技术的发展与应用，互联网的出现和心理学理论的突破，尤其是建构主义学习理论的兴起，社会上出现了一个广泛的学习环境研究的热潮。这标志着人们在经历了从宏观的教育环境研究到微观的教学环境研究的发展之后，正在从偏重于"教师的教学"的教学环境研究向突出"学生的学习"的学习环境研究深化。学习环境研究的勃兴是当代人类对自身学习本性的自觉认识与追求的表现，也是教育或课程文化历史发

---

[1] 张楚廷.教学论纲[M].北京:高等教育出版社,1999:162.
[2] 黄甫全.当代教学环境的实质与类型新探:文化哲学的分析[J].西北师范大学学报(社会科学版),2002(9):31-36.

展与演变的必然。

实际上,学习环境与教学环境二者具有同一性,二者的构成要素相同,只是关注重点不同。教学环境重"教",强调从教师的教学立场来看待环境;而学习环境重"学",侧重从学生的学习立场来重构环境。因此,"学习环境"是环境研究的新阶段,包含"学习为本"的价值观,突出和倡导"以学生的学习环境建构为核心",辅之以教师的教学环境优化,从而创新与构建新时代的"学习环境的理论和实践"。重视学习环境的研究和开发是教育、课程与教学领域中环境研究的新兴路向,旨在使环境的设计和开发满足人的学习需要,促进人的学习发展。

二、课程协作参与

学校外部环境主要通过其中有关的个人、团体与机构,以各种直接或间接的协作参与方式对学校课程与教学产生作用。

(一)协作参与机制

学校课程与教学正在走向社会化,逐渐成为各种专业的和非专业的个体与团体利益的交织点。这些个体和团体,分别从"教育决策""利益参与"和"施加影响"等不同层次,协作参与其中。

1. 基本概念

随着教育改革的深化,参与课程与教学的个人和团体越来越多,分别成为"决策者""利益主体"和"影响力量"等。

课程与教学决策者是指那些有职位和专业资格的个人或团体,他们能够做出具体的关于"教学什么""何时教学"和"怎样教学"的决定。诸如教育官员、课程及学科专家、学校校长、教师和学生,构成了课程与教学决策的共同体。

课程与教学的利益主体是指那些与课程及教学有利害关系的个人和团体,他们有计划地通过投资、建议或者说服等各种方式,参与学校课程与教学活动从而保证自己的利益得以实现。如学校董事、家长以及家长委员会、教材编写者和出版社、考试与测验机构、认证和授予证书部门等,构成了复杂的课程与教学的利益主体群。

此外,还有一些个人和团体并不直接参与学校的课程与教学,而是通过自己的兴趣爱好取向、特定口号和时髦观念的宣扬,以及舆论导向和特殊权力的干预等间接中介,对课程与教学产生作用,这些就是课程与教学的影响力量。如教育学会等专业学会,法律协会等专业团体,教辅材料编写者和出版社,报纸、电视和网络等现代传媒,各种影响力团体(如环境保护组织、妇女联合会、宗教组织、社区代表等),赞助商(如各种奖学金和研究基金等),教育系统外的各种专业考试机构等,已逐步成为作用越来越大的影响力量。

课程与教学的决策者、利益主体和影响力量之间,并没有明显的分界线。他们各自参与学校课程与教学活动的程度和水平是不同的,会因时因地而有所增加或减少。

2. 决策者和利益主体

在西方专业文献中,榜上有名的课程与教学的决策者和利益主体主要有"政治家""教育督导与教育行政""教育部和地方教育当局""评估委员会""教师联盟""家长和学校议会""学校校长""教师""学生""学术专家"和"雇主"等。

在我国,国家对整个教育系统的资源与权力进行组织和分配,并严格管控学校的课程与教学。近年来,随着"国家、地方和学校三级课程管理"体制的确立,许多个人和团体在不同层次和水平上获得了一定的决策权力,许多利益相关者逐步变成了利益主体。协作参与课程与教学的决策者和利益主体,主要来自"政府和教育行政部门""学校""家庭"以及"社会组织"四个方面。其中主要有政治家、地方政府及教育行政部门、督学及教育督导体系、校长、教师、学生、家长、考试中心、教研室、学术专家及教材编写者与出版社等。

3. 影响力量

课程与教学的影响力量,因地而异。在西方社会,参与课程与教学而产生较大影响的个人、团体和机构非常多,主要有"专业协会""课本编写者""国家或联邦教育机构""大众传播媒体""教育咨询者""游说团体""法庭"和"各种研究与测验组织"等。

在我国,许多个人和团体在不同层次和水平上获得了一定的机会,成为课程与教学的影响力量。概括而言,协作参与课程与教学的影响力量主要来自"权威部门""教学资源开发者""教师教育与培训机构"以及"大众媒体"四个方面。

在我国,教学资源开发是一个非常广阔的领域,参与者主要有"教学辅导资料编写者和出版社"以及"教育/课程与教学网站"等。

我国的教师教育与培训机构,包括师范院校、各级教育学院和教师进修学校等。各级教师教育机构,负责培养新教师和承担教师的继续教育任务,对教师在理论上和实践中所遇到的问题进行有针对性的培养和指导。在教师专业发展成为时代潮流的当代,教师教育机构通过培养和提高教师的课程素养和教学技能,对课程与教学产生越来越大的影响。

大众传媒在近几十年来通过报纸、广播、电视和网络等,逐渐产生了不可低估的影响,因为教育、课程与教学的话题具有很强的新闻价值。有些报纸、广播、电视和网站,都开辟有教育专栏或增刊。我国媒体参与课程与教学有两条基本途径:一是政策导向媒体,发布国家课程政策与课程要求,引导课程与教学的走向;二是通过专题讨论与议题的主导,关注民间的教育、课程与教学问题,反映民众的教育、课程与教学利益和需要。

课程与教学的决策者、利益主体和影响力量的逐步扩大,使得本就复杂的课程与教学领域更加复杂了。这就需要人们对各种决策者、利益主体和影响力量开展深入具体的研究,以便引导、组织、规范和发挥其正面作用,推进课程与教学的健康发展。

三、学校文化

学校文化是环境的重要组成部分。随着学校改进运动的勃兴,许多学者开始倡导教育研究聚焦"学校文化及其重要表现"。其中,学校文化概念、教师文化取向、校园文化与隐性课程,是人们研讨的几个重要主题。

(一)学校文化的概念

学校文化肇始于学生同伴间的交往。人们对学校文化概念的探讨与阐释,可分为描述与实质两个层面。从描述意义上说,学校文化是学校全体成员在教书育人长期实践中所积淀的物质和精神财富的总和,其核心是共同遵循的行为准则以及在其指导下的学校全体成员所表现的行为方式、心理取向和道德风貌①。这样,学校文化就其实质内容来说有环境文化、管理文化、课程文化、教师文化、学生文化、教学文化、组织文化和制度文化等。

文化与其说是名词,不如说是动词。文化指的是人们的活动及其行为模式,学校文化指的是教师与学生的交互活动及其行为方式。学校文化是不断为师生生命成长过程中的种种困境提供有效解释的系统,并帮助其超越困境、全面及时满足生命和谐发展需要的行为过程②。在学校里,这样的行为过程的基本活动形态无疑是学习。所以,学校文化的本质就是学习,就是不断获取知识以更好地发现和解决教育问题的行为过程。

(二)教师文化取向

进入21世纪以来,学者们在教师文化的诸多方面开展了新的研究,取得了不少的成果。教师文化在学校文化中具有举足轻重的地位。加拿大学者哈格里夫斯对教师文化从内容和形式两方面进行分析后指出,教师文化的内容是多种多样的,包括一定范围内的教师组织或更大范围内的教师群体所共享的态度、价值观、信念、习惯、假设以及做事的方式等,而教师文化的形式指群体成员间的关系和交往方式。他列举了已有教师文化的四种主要表现形式:个人主义文化、派别文化、协作文化和人为合作文化。

在全球化背景下,源自西方的专业个人主义和源自东方的集体主义在学校教师生活中交汇,生成了一个文化连续体。在终身教育浪潮中,学习型社会崛起。伴随着同伴互助学习、同伴互教、合作学习与协作学习等活动方式的发展,一种新兴的协作主义文化开始孕育起来了。这样,不同时代,不同教育机构,不同的教师,在不同的教学活动中,就可能有个人主义、集体主义或协作主义的文化取向。

(三)校园文化

校园文化也称学校文化,它通过物质的、制度的和精神的等各种文化形式对学校成员的

---

① 金培雄.浅析学校文化的内涵及其建设策略[J].江苏教育研究,2010(4)46-49.
② 宋家才,郑其恭.学校文化:涵义·结构·品性[J].教育导刊,2007(6)7-10.

思想、行为与道德等产生潜移默化的影响。积极设计、革新与创建有特色的校园文化,是教育领域中环境研究与开发的重要课题。

1. 校园文化的概念

"文化"有广义和狭义之分。文化在广义上指人类社会历史实践过程中所创造的物质财富和精神财富的总和,在狭义上指社会的意识形态,以及与之相适应的制度和组织机构①。但是,对文化的理解,不应该仅仅局限于"文化是人的创造物"。因为这种理解使得"文化与人本性的内在联系被'遮蔽'了,文化就成了外在于人的存在物,成了人生存和发展的外在条件"。当代文化哲学揭示了人与文化具有整合和同一的实质。文化的本质就是人的自我生命存在及其活动,文化世界的本体就是人的自为的生命存在②。因此,文化实质上就是人的生命存在及其优化活动。这样,在功能的意义上看,人就是文化,文化也就是人,人与文化是整合同一的。对文化本质的新认识能帮助我们深入理解校园文化。

校园文化有广义和狭义的区分。从广义上看,校园文化是学校教育中师生的生命存在及其优化活动的总和,它存在于校内所有正规教育和非正规教育中,既存在于课堂教学以外的各种校园活动中,也存在于正式课程的课堂教学中;既有外显形态,又有内隐形态。校园宏观环境中的主体的思想品德、价值观念、知识、信仰、艺术、文化活动,甚至人际交往、生活方式、行为规范、兴趣爱好等,无一不包容在"学校文化"这一范畴内。而从狭义上看,校园文化是指教学大纲或课程标准或培养方案规定和班课教学以外的校园生活的存在方式。因此,狭义的校园文化不仅指精神文化,也包括物质文化、制度文化等,但是以价值观念、道德情操、审美观等精神文化为核心,并体现在各种物质形态和活动形式中。

2. 校园文化的类型

校园文化主要包括校园物质文化、校园制度文化和校园精神文化三种类型。

1) 校园物质文化

校园物质文化是校园里看得见、摸得着的物化文化形态,属于外显层。它既是校园文化的外壳和物质基础,又是校园文化内核的载体,主要包括校园的地理环境、区域规划、建筑布局、人文景观和传播设施等。

校园地理环境,体现在校园地理位置的优劣、校园地址的选择、校园周边的环境上。校园内部要系统地进行规划和布局,校园里的教学区、生活区、活动区等区域划分要尽可能合理。校园建筑,既要有教学、科研和生活的实用功能,也要有学校思想、精神、信息和观念的传播,满足人们审美享受的教育功能。校园人文景观是在校园中赋予了人文寓意的环境和设施,体现学校的教育目的和意图,潜移默化地熏陶学生的精神世界。例如,校园雕塑,小型园林,长廊,甚至菊花、竹子等植物都可以成为校园人文景观。校园传播设施是文化传播的

---

① 《辞海》编辑委员会.辞海(缩印本)[M].上海:上海辞书出版社,1989:1731.
② 李鹏程.当代文化哲学沉思[M].北京:人民出版社,1995:71.

物质载体，负载多种有教育意义的信息，对师生在学校的思想观念、行为方式等都产生影响。校园传播设施，包括电视、广播、报纸、杂志和互联网等传播媒介，以及图书馆、报告厅、文化广场等活动场所。

2）校园制度文化

校园制度文化又称校园组织文化，是指学校制定的各种规章制度、管理条例、学校纪律、领导体制，以及学校成员对这些制度的认识态度和对制度的执行情况等。

校园制度文化所包含的各种形式的制度，既是国家的有关法律、法规政策以及各级教育部门颁布的一系列政策法规的具体化，也是学校特有的教育精神、价值观念等精神文化的制度化表现。因此，学校制度不仅要约束师生的行为，而且要被师生认可和执行，这样学校成员才能形成比较统一的思想观念和行为规范。因此，学校制度文化的建设，是校园文化发展的重要保障。在具体建设中，需要做到：制度本身要完备，制度执行要灵活，制度意识要加强，非正式规范要引导，制度与教育要协调。

3）校园精神文化

校园精神文化又叫校园行为文化或心理文化，主要指学校成员特别是师生认可的行为方式、价值观念、道德观念和心理氛围等。校园精神文化体现在校园的价值观念、人际关系、学校风气、学校传统以及学校成员的思想道德、思维方式、审美情趣等方面。它是校园文化的内核，是一所学校的灵魂，彰显着学校的价值观和个性，深层次地决定学校的特性。它渗透在各种物质文化和制度文化层面中，对师生具有很大的潜在教育影响力。

校园文化是一个自组织系统，三种类型的校园文化并非截然不同，而是互相渗透、互为依托的。只有当学校的价值观、教育思想和校风教风学风等学校内在的本质和个性，通过制度文化保障，通过各种物质形态、活动形式体现出来，才能形成有特色的校园文化。

（四）隐性课程

在正式课程之外，隐性课程是教育文化环境中最具影响力的组成部分，对学习者的学业成就、人格、社交以及生涯发展均具有特别重要的潜移默化的作用。

1. 隐性课程的概念

隐性课程亦称隐蔽课程、潜在课程、潜课程、内隐课程或非正式课程等。我们可以将学校教育中的潜在课程定义为学校通过教育环境（包括物质的、文化的和社会关系结构的）有意或无意地传递给学生的非公开性教育经验（包括学术的与非学术的）。隐性课程与正式课程一样旨在实现教育目的，因而，隐性课程的概念被定义为自觉而精心地组织学校的环境、生活、方案和政策以至达到学校教育的目的。

隐性课程的概念界定，一直有着诸多分歧。这既与不同的研究者采用不同的视角有关，也与其概念"课程"内涵的不确定性有关。人们对隐性课程定义的阐释，分歧主要在四个方面，即隐性课程在设计上是有计划的还是无计划的，在实施中是有意识的还是无意识的，在结果上是学术的还是非学术的,在范围上是在校内发生的还是在校外发生的。实际上,隐性课程是相对于正规课程而言的,涵盖了计划与非计划、学术与非学术、有意与无意、情意与学术、校内与校外等教育经验,其根本特征是没有公开列入课程方案。正如《国际课程百科全书》中所描述的:"在课程方案和学校计划中没有明确规定的教育实践和结果,但属于学校教育经常而有效的组成部分,可以成是隐含的、非计划的、不明确或被认识到的课程。"

2. 隐性课程与道德教育

美国著名的道德教育理论家科尔伯格通过研究揭示:"学校风气影响道德发展,而隐性课程则影响学校风气。"因为"隐性课程包含着许多暗藏的道德假设与价值观,它们可能与教育者们认同而纳入自身道德意识系统的东西完全不同"[①]。多年来对隐性课程的研究和实践也表明,隐性课程具有较强的德育功能,充分利用隐性课程进行德育工作合乎人的思想品德和个性发展的规律。

道德教育十分复杂,学生的思想品德形成和发展是知、情、意、行辩证统一的过程。思想政治课及其相关的德育实践活动属于显性课程,但仅靠显性课程组织学生进行道德知识的学习是不够的,更重要的是要使道德知识内化为学生的思想品德与个性品质,这种内化只有在活动和交往中,在具体的实践活动中,让学生亲历体验才能实现。而校风学风、集体舆论、师生关系与文化氛围等属于隐性课程的内容,则能使人在学习活动中接受道德熏陶,进而转化为道德情感、道德意志和道德行为。因此,德育隐性课程的范围非常广泛,对学生产生的影响也更加深刻持久。具体来说,隐性课程具有提高道德认识、陶冶道德情感和规范道德行为等功能。

3. 网络隐性课程

随着网络教育的兴起,网络隐性课程成为隐性课程研究的一个全新的主题。

1)网络隐性课程的特点

网络隐性课程,是一种蕴涵网络特色内容和表现手段的隐性课程,是学生在网络信息、网络技术、网络资源和网络交互活动等网络环境中获得的非公开性的教育经验。它与传统学校教育中的隐性课程相比,具有虚拟实在性、开发性、平等性和交互性等特点。

虚拟实在性指整个网络环境是虚拟的,但是其中的人物、事件与形象则是典型化的,更容易记忆、理解、动情与模仿等。开放性主要表现在学习时空、课程设置、教学组织、教学资源和交流形式不是固定的,而是灵活多变的。平等性指网络教育是通过间接的"人-机-人"的交往方式展开,学生与教师形成了真正平等的教学关系。网络教育与课程的最终选择权从教师转到了学生,教育的资源由教师单极拥有转向多极化发展,教师的权威因此弱化,学生与教师在知识面前处于平等地位。网络的平等决定了整个网络语言环境的平等。在网络

[①] KOHLBERG L, et al. Moral Reasoning of Students in Different Cultural, Social, and Educational Settings[J]. American Journal of Education, 1980,88(3):345-362.

学习共同体里,接受网络教育的学生都是在平等的教育机会面前进行自主、合作与协作的学习。课程学习和信息获取等也打破了等级性,实现了课程与信息获取权利的平等。交互性指网络教学打破了传统的单向式学习的传播方式,具有学习行为主动性、交互性和创造性的特征。

2) 网络隐性课程的类型

网络隐性课程与传统教育中的隐性课程比较相近,主要分为物质形态、制度形态与精神形态三种类型,但是充分体现了网络教育的特点。

物质形态的网络隐性课程指人们上网所使用的物资设备和技术手段等。它们使学生在上网过程中有意或无意地掌握了有关知识技能、获得了有关的教育经验,主要包括网络技术、网络资源和管理平台。它能为人类的信息交流提供坚实的和物化的人文环境。制度形态的网络隐性课程指维系师生个体网络教学生活及相关的文化共同体的网络关系法则。它又可以分为"社会规范的网络文化"和"行为方式的网络文化"两种。社会规范的网络文化是基于学生和教师个体的社会责任感和价值认同感,确定网络活动的道德准则和法律制度,从而构成了网络活动的基本依据和总体要求。行为方式的网络文化是网络中师生个体在网络活动中约定俗成的规律性方式,它伴随网络活动中外在的物化技术力量和资源的演化而不断更新。精神形态的网络隐性课程是师生个体和群体的精神的、内化的网络意识和素养的集中体现,它外化成为网络课程文化的精神支撑,是网络课程文化的核心之所在。

四、学习环境

开发并优化学习环境旨在满足人的学习需要和合乎人的学习本性,从而实现当代"学习为本"的教育价值目标。

(一)学习环境的概念

学习环境是一种特殊的生存环境,是影响学生学习的各种条件的总和,包括外部环境、心理环境、社会文化环境等。这些因素相互渗透,影响着学生的学习和个性化的发展。按照学生身心发展的特点而设置的专门育人的学习环境,亦即学校环境,能够对学生的情感、思维、行为、习惯、气质的形成产生潜移默化的影响①。

学习环境,广义上泛指课堂、学校、家庭乃至社区里一切作用于学习活动的学习资源与人际关系的组合。就空间场所来说,学习环境是由学校的建筑、课堂、图书馆、实验室和操场等与家庭和社区的学习设施所组成的学习场所。就内在组成因素来说,学习环境既包括丰富的学习资源,又包括人际互动的因素。学习资源包括学习材料(即信息)、帮助学习者学习的认知工具(获取、加工、保存信息的工具)、学习空间(如教室或虚拟的网上学校)等。人际

---

① 袁东波.学生自主学习指导策略[M].天津:天津教育出版社,2019:66.

关系包括学生之间的人际交往和师生之间的充分的人际交往,学生不仅能得到教师的帮助和支持,而且学生之间也可以相互协作和支持。

狭义上,学习环境专指班课环境,包括班级课堂上影响学习活动的各种设备、资源及因素。班课环境是保障学生个体安全舒适并进行认知的资源,教师理应有能力创设和改善学习环境以激发学生由低向高、循序渐进发展的心理动力。

(二)班课学习环境的空间利用

班课学习环境中空间利用情况直接影响学生的学习效果。空间利用是指在限定的课堂或开放的教学场所里,教师为达到某种教学目的而将设备与空间组合成特定的模式。

1. 班级课堂情境

在班级课堂里,怎样利用空间是非常重要的,需要重视。教师要尽力使所有设备及工具得到最好的利用,同时方便学生使用。它包括书橱、学生放置个人用品的柜子、各种放置实验用具和电教用品的设施等,都应该根据学生的年龄特征、学习需要,设计特定的教室结构。比如,小学低年级的学生由于学习注意力不集中,尚未养成良好的学习习惯,需要教师进行行为控制,一般就采用一排排课桌面对黑板的传统模式。但随着学生年龄的增长,他们需要在师生间和同学间进行更多交流。教师就应该根据实际情况,采用各种相对开放的空间模式,比如四人小组的形式、U形或H形的模式。

教师需要经常思考的是:在优化学习环境的原则下,如何安排这些课桌、橱柜、设备等才能增大不可见的空间,给学生提供更多的活动空间;在合理合法的前提下,如何开发学校的、家庭的与社区的各种资源,以充实班级课堂环境;在学生自主学习的原则下,如何引导学生自主设计与开发教学用品,以装饰、美化与丰富班级课堂学习环境;在互动学习的原则下,如何引导和组织学生进行合作活动学习,营造活跃的人际关系环境,等等。

2. 课室组织的两种类型

有效的课室组织有"场所型"和"功能型"两种。

在场所型组织的课室里,如何分配和安排学生的课桌椅子起主要的决定作用。可以假定,每个学生都需要自己的"领地"或学习空间,这是考察特定学习活动如何发生的基础。虽然教师会努力设计一些不同的课桌结构,以鼓励学生之间特定类型的互动,但是每种活动的焦点及课桌的方位,仍然会使教师成为中心人物。

另外,在功能型组织的课室里,空间分配的依据是,一定科目领域里的专门材料如何才能方便使用,或专门活动如何才能有效开展。这在小学低年级以及中学一些特定科目领域里是比较普遍使用的。如果一间课室中有几种不同的功能区域,那么就需要进一步考虑,每个区域应该如何安排来与其他区域相关。

过去的课室空间,较多是场所型组织。随着学生学习需要多元化的发展,功能型组织的课室空间,将受到越来越多的重视。学习角就是"功能型"的空间组织例子。简单说来,学习角就是课室里一组学生为完成指定的具体科目主题学习任务而在一起学习的地方。

3. 学生需要与课室空间

教师在考虑课室空间安排和使用模式时,最重要的依据是学生的学习需要。已有研究表明,有些学习需要基本上是学生共同的要求,包括:

(1)学生需要坐在课室中能轻易参与学习活动的地方;

(2)学生需要与伙伴坐在一起;

(3)学生需要与教师有一致的学习目标及价值取向。

此外,还要考虑学生的个别需要。比如,一些学生会下意识地靠近教师,确保能与教师进行语言及非语言的交流。而有些学生则不然,他们没有这种意识,而是尽量坐得离教师远一些。所以,教师要根据学生的需要,尽可能让学生坐在课室里合适的地方,这样才能使学生在活动中获得最大参与度。比较理想的方法就是教师和学生一起商议为某种目的行为准备和安排课桌椅。

因此,教师要了解学生的学习需要,并据此为他们提供尽量多样化的教学方式。教师必须清楚地认识到,有些教学形式不是适合所有学生的,切忌一成不变。

4. 空间利用的匠心独用

当代,人们可以根据"传统—现代整合""学生与环境互动""预成与生成"与"教学与研究交融"等原则,创造性地进行班课空间利用的设计与开发。家具与设备布置,学习角与生活角创意,偶像贴板与布告栏设计,现代化互动电子白板布置,节日与主题活动装饰,乃至诸如学生涂鸦、摄影、剪纸和书法等美术创作等都可以供教师引导和组织学生一起来设计与开发,借以装点班课环境。另外,如果资金条件允许,还可以设计和应用基于信息技术的"观察与录播技术系统",既可以用作教学资源,也可以用作研究工具。

5. 空间利用的自主评估

为确保并提升班课空间利用的有效性,可以采用以下问题来进行自主评估。

(1)教具与设备过多而累赘了吗?

(2)学生与教师行走方便吗?

(3)整个班课空间都已经得到了最好的利用吗?

(4)空间利用是怎样满足不同学习活动的安排与需要的?

(5)空间利用是怎样得到有效分享的?

(6)空间利用是怎样具有吸引力和激发力的?

(7)桌椅与作业区域分组,它们是怎样反映学生与任务特别是计算机辅助学习任务的需要的?

(8)学生对班课组织了解的程度如何?

(9)资源配置是如何实现其适当性与有效性的?

(10)资源与空间的利用程度如何?

(11)空间组织是怎样有效促进学生互动的?

(三)学习环境中影响学习效果的因素

1. 物理因素

物理环境因素会对学生学习过程的情感状态产生作用,进而影响学习效果。影响学生学习过程的情感状态的物理因素主要有颜色、噪声、温度、装饰、桌椅和班课规模。

教学环境中各种设施的颜色会影响学生的视觉感受和智力活动。一般来说,浅绿和浅蓝色会使人产生安静与和谐的感受,易于消除大脑疲劳;而红色与橙色则会容易过度刺激大脑兴奋,让学生产生不安宁的感觉。另外,课室也可以布置得色彩相对丰富一些,很多项目是可以加上颜色的,如墙上布置艺术画和书架粘贴风景照等,都可以增强视觉效果,但是要根据课室的整体氛围来设计,避免零散纷乱。

声音对学习的影响很大。噪声是一种让人产生不安或不适应的听觉刺激,会严重干扰学习活动的正常进行,影响学习效果。在有噪声的环境中学习的人会容易感到疲惫与注意力涣散,严重的还会发生多疑与易怒等情绪波动。因此,学校应该选择远离喧嚣的区域,尽可能安装隔音设备,减少噪声干扰。另外,在教学活动过程中,教师为学生提供音量适中、悦耳舒缓的背景音乐,也能使学生紧张的心理得到放松,让他们产生愉快的学习情绪。

适宜的温度是良好学习环境的一个重要要求,它影响学生的舒适度、心理警觉以及学习效率等。一般情况下,中等温度范围(约 20~25 ℃)对学生的学习最有利。而过高或过低的温度都不利于学生的身心感受,高温会使某些学生感到困扰和不舒适,在一些极端的情况下,学生可能会昏昏欲睡甚至感到恶心;而低温也会降低学生的学习情绪,甚至产生负面行为。因此,学校要根据实际情况,安装一些设备,使得温度保持在理想的水平。

学习环境的装饰也会影响学生的情绪、思维以及学习效率。校园整体上是一个大的学习环境,因此装饰不应该只局限于教室,还包括教室外的走廊和楼梯、图书馆、实验室与师生宿舍等学生学习活动的场所。而装饰的形式也应该多样化,如植物、名家名画与学生教工书画作品等具有感染力的事物,只要能够给予师生美的熏陶和积极向上的精神感染,我们都可以广泛采用。而在教室装饰上更要注意与学生日常学习密切结合,符合学生的学习心理,比如在教室适宜装饰简单的名言警句挂图、世界地图与小型盆栽等。装饰既不能太花哨以致分散学生的学习注意力,又要对学生起到耳濡目染和潜移默化的教育作用。

班课规模指一个班级上课时学生人数的多少。大家都知道,学生人数少,教师投放给每个学生的平均关注就会增加,师生互动也会增加,学生的学习积极性亦会提高。在已有研究中,尽管小班化是否能显著提高学生的学业成就还有很大争议,但是已经得出以下几点结论:

(1)在低年级,小班化对孩子产生了可持续的益处,孩子在小班里学习时间越长,所获得的益处就越大;

(2) 当班额小于 20 人时,低年级学生从小班化获得的益处会更大;

(3) 男孩与女孩分别从小班化获得的益处具有相等性;

(4) 小班化在小学高年级和中学可能的益处,尚需研究证据加以验证。

2. 心理因素

学习者对班课环境的感受,直接影响其学习效果。所以,人们为了探讨与建构更好的人境相适的班课模式,运用班课环境量表、班课状况调查问卷和班课教学状况调查问卷等调研方法,深入心理层面对学生的班课环境进行了大量研究。

心理因素是一个看不见、摸不着的无形的、复杂的环境系统,对于整个教学活动和学习活动有着重要的影响,其甚至会超过外部环境的影响。一般而言,心理环境包含群体目标、舆论、情感生活、行为规范、人际关系、班级纪律、传统等各类因素[1]。

学生置身学校教育环境中,不可避免地受到学校有目的的教育教学活动及其教育者、教育方式以及与学校教育活动相匹配的各种中介、条件及载体不同程度、不同方式的影响。周围现实的各种要素,在学生心理品格形成方面都起着独特的作用。学校环境中的各种事物是不以人的意志为转移而客观存在的,但只有在他们为学生所感受和体验时,才能对其心理与行为产生影响。这些对人的心理产生了实际影响的环境因素,被反映到心理世界中来,在人的头脑中形成环境映像,就是心理环境。学校作为以培养人的全面发展为目的的教育机构,其对学生心理环境产生影响的因素包括学生生活、学习、娱乐、交往的全部空间。

心理环境能使人在不知不觉中受到感染和熏陶。良好的心理环境,有助于培养学生努力进取,奋发向上的个性品质,也有利于形成协调的人际关系,反之,不良的心理环境只能使人感到处处受压抑,导致各种个性不良的品质的形成。因此,研究学生心理环境的价值在于它能保证学生教育发展目标的顺利实现。

为学生创设良好的心理环境,需要做到以下几个方面。

1) 创设优美、整洁的物质环境,激发兴趣

优美、整洁的物质环境能唤起学生对生活的热爱,充实学生的生活内容,陶冶学生的性情和情感,培养学生的良好习惯,激发学生的求知欲,让他们能在自由的探索中发现周围世界的奥秘。因而我们要想方设法,尽可能利用现有条件,为学生创设安全、舒适、卫生、实用的物质环境。宿舍、教室、食堂是学生生活的主要空间,因而,我们应使之整洁,具有一种舒适感。

2) 树立科学教育观

教师应树立能体现 21 世纪时代特色与人的发展需求相统一的教育观、育人观,即对学生有真挚的爱,与学生有良好的沟通,知道学生的需要和想法,并让学生知道自己的要求和标准,让学生在教师的正确指导下,高标准、严要求地成长。充满关爱与帮助的教育氛围是

---

[1] 袁东波. 学生自主学习指导策略[M]. 天津:天津教育出版社,2019:67.

保证学生全面发展的最佳教育模式。

每个学生都是一个独立的个体。教师热爱学生是热爱教育事业的直接表现,是教育的灵魂,是教师对学生进行教育的基础,这种爱是有原则的,公正的,有理智、有分寸的。教师应以真诚、热爱和关心的态度去对待每一个学生,做到一视同仁。教师要为学生营造良好的学习氛围,调动学生的学习积极性,变苦学为乐学,教学过程是教师教和学生学的双边活动,教师要调动学生参与学习。在教学过程中,教师要创造一个宽松自如的环境,培养民主和谐的气氛,使每个孩子都自觉、自愿参与到课堂学习中来。

3)建立良好的学生群体,培养学生健康的心理品质

群体是社会生活的基础,每个人都生活在一个群体当中,学生也不例外,所以建立良好的学生群体是教育心理环境的重要内容,它能促进学生个体心理的发展。学生作为特定的社会成员,从群体意义上讲,首先要归属于学校里的班级集体。为此,教师不仅要掌握学生身心发展的规律,还要研究群体问题,努力使群体对其中的每个成员的心理与行为产生积极的影响。

4)建立教育中的良好人际关系,为学生开拓一片交往空间

人际交往是学校教育工作和管理活动的基本形式,无论是教师之间,还是学生之间,所有的行为规范和集体准则,无一不是在人际交往协调过程中逐步形成的,教师和学生都有喜欢交往的倾向,通过交往活动,他们都能使各自的心理愿望和精神需要得到满足。通过富有感情色彩,充满友情的交往方式,消除教师与学生之间人际交往的冷漠与紧张,这无疑对教师和学生的心理健康都是有益的,可使教师与学生之间保持相互尊重、合作共事的良好人际环境。

学生良好的心理环境一旦形成,对其发展的快慢、发展的质量、发展的自觉性都具有正向影响作用。这就要求教育组织及其教育者把学生良好的心理环境创建作为教育教学目标实现的一项基础工作抓实、抓好,坚持不懈,把学校建成学生喜爱的家园,使学生身心和谐发展。

第三章 课程与教学目标

第一节 课程与教学目标概述

确立课程教学目标是教育关照人的发展和教育实际的首要任务,既要尊重人的发展规律,也要考虑教育教学的实际水平。

对"课程与教学目标"作何理解?是作为一个整体概念来理解,还是作为"课程目标"与"教学目标"来理解?它们与教育目的、教育目标、培养目标、单元教学目标有着什么样的关系?又在实际工作中具有什么作用?对这些问题的澄清是教师有效教学的前提。

一、课程与教学目标的含义

(一)课程目标

尽管大多数人对"课程目标"一词并不陌生,然而迄今为止,在许多教育研究文献和有关教育的政策文件中对这一概念的解读还存在不少歧义。出现这种情形与人们对"课程"的理解不同有关。如果将"课程"理解为某一个学习阶段的全部教育内容和活动的总和,则课程目标就是人们常说的课程培养目标或课程总目标。它所体现的是课程开发者与编制者所表达的教育意图,即课程开发者和编制者基于一定的具有普遍意义的原理,从学科的逻辑体系、教师的教与学生的学,以及课程内容与社会需求的关系出发,考察课程可能给受教育者带来什么样的变化。课程开发者与编制者在进行课程开发与编制时,期望以所呈现的经验内容使受教育者产生某种预期的变化。因而广义上的课程目标是指按照国家教育方针,根据学生身心发展的特征和状况,在一定时期内,通过完成规定的教育任务而使学生达到的培养目标。它是某一类学校或所有课程设置和实施所要达到的目标。

如果将"课程"理解为某一门学科的教育内容,则课程目标就是指从某一学科的角度所规定的人才培养的具体规格和质量要求,也可称之为"课程分科目标"。在一些课程计划、课程标准、教师教学参考用书里面,人们往往也并不称之为"课程目标",而把它称为"教学目的任务""教学要求"或"教学目标"。在传统的教学论中,"教学目标"既包括某一门课程的培养目标,也包括教师通过课堂教学而期望达到的预期结果,即教师的工作目标和学生的学习目标。

(二)教学目标

关于教学目标,教育理论界对它的内涵的规定存在分歧。一种观点认为,教学目标就是一种行为目标,它是学生通过学习后所应表现出来的可见行为的描述。另有一种观点认为,教学目标是进一步具体化了的教育目的和培养目标,它表现为通常意义上的"教学任务""教学要求"或"教学目的任务",同时可以进一步划分为某一学科、某一单元、某一课时的更为具体的教学目标。但不论哪一种观点,其共同的倾向是将课程目标与教师在课堂里的教与学的活动的预期结果相分离。由此来看,教学目标就是教师教与学生学的教育目标,是教师教学与学生学习的目标,是每个单元、每节课甚至每个教学环节、教学活动应达到的具体目标。从纵向来看,可以分为学段、学年、学期、单元、课时目标;从横向来看,不同的教学理论又有不同的分类标准,如布卢姆将教学目标分为:认知目标、情意目标、技能目标。

(三)课程目标与教学目标的关系

课程目标与教学目标的联系最为紧密,正因为如此,人们经常把二者混为一体。说二者联系紧密是因为它们在内容方面有许多相通的地方。相对于教育目的和培养目标,二者都是子目标,是培养目标的具体化。在目标的确立方面,二者都要以教育目的为总目标,以培养目标为具体指导,在各自的范围内提出适应社会、适应学科、适应学生的具体教育教学要求。

但在实际工作中,课程目标与教学目标又有一定区别。首先,就国家课程和地方课程而言,课程目标的制定主要由教育行政部门和课程工作者完成,具有较强的方向性和规定性。它不但要考虑学科的特点,还要考虑学生的特点和社会需求。活动课程与学校课程(校本课程)的情况与此有别。活动课程的开展与组织、学校课程的开发与实施是一个事物的两个方面,由此决定着课程与教学的统一性与不可分性。在这里,教师既是课程的开发者,也是课程的实施者(教学)。但尽管如此,它们也要反映和体现课程总目标。教学目标主要是由教师来制定,相对课程目标而言,具有较强的实用性和灵活性。在目标制定方面,学校除重视学科特点、社会需要之外,更重视学生的特点。两者的表达内容方面也有差异:课程目标的表述具有规范性和稳定性;而教学目标的表述具有多样性和变通性,可长可短,呈现方式也可多样化,如口授、图示都可以,突出利教利学。其次,从二者的适应范围上看,课程目标的首要作用是为课程编制提供依据和参考,为教师的教和学生的学提供参考。课程目标有利于澄清课程编制者的意图,使各门课程不仅注意到学科的逻辑体系,而且关注到教师的教与学生的学,关注到课程内容与社会需求的关系[①]。而教学目标是教学活动的起点和终点,为教师的教和学生的学提供依据,对教与学起到导向、激励和制约作用,也是教学评价的重要

[①] 施良方.课程理论[M].北京:教育科学出版社,1996:93.

依据。在合理的课程内容和结构确定后,教师就要潜心研究学生的特点,要确实把教学方法从适应教师的"教"向适应学生的"学"的方面转变。

从逻辑上看,课程目标是教学目标的上位概念。它引领某一科类或某一学科的全局,对该学科产生影响和制约作用。教学目标是为教师的"教"和学生的"学"提供依据,是最具实践性和操作性的教师目标。

二、课程与教学目标的层次结构

与课程和教学目标有关的概念有"教育目标""教育目的""培养目标"等。为了更准确地理解"课程"与"教学目标",下文有必要对这些概念及其层次结构做进一步澄清。

(一)教育目标

相对于教育目的、培养目标、课程目标与教学目标而言,教育目标并非是一个特定的教育学范畴。从一定的意义上说,教育目的、培养目标、课程目标、教学目标或者课程与教学目标,它们都是教育目标的一种,是不同层次的教育目标。这样,"教育目标"与其他几个概念就不是一种先后关系,而是一种包容关系。"教育目标"是种概念,其他概念是属概念。

(二)教育目的

教育目的是含有方向性的,它反映的是一个国家总体的终极的教育意图和方针。它所要说明的是教育应满足什么样的社会需求和应培养人的哪些身心素质,它一般在教育法或教育方针中得以规定,是一个国家教育工作的总目标和长期目标。我国的《教育法》第五条规定:"教育必须为社会主义现代化建设服务,必须与生产劳动相结合,培养德、智、体等方面全面发展的社会主义建设者和接班人。"这是我国现阶段的教育方针。其中,"培养德、智、体等方面全面发展的社会主义建设者和接班人"就是我国的教育目的。

(三)培养目标

培养目标是各级各类学校及各个学段应具体达到的教育目标。与教育目的相比,培养目标是某类学校或某个学校的具体教育目标,具有很强的区域性、阶段性、层次性和灵活性的特点。在目标内容上,培养目标与教育目的有相通的地方,而且在本质内容上必须服从于教育目的,但它还要根据各级各类学校或各学段的特点,提出具有地方特色、学校类别特色、学段教学特点的具体目标。从关系上说,教育目的居于最上一层,因而具有概括性与抽象性的特点,培养目标则是对教育目的的具体化。它上承教育目的,是根据教育目的而制定的,下接课程与教学目标。对于课程与教学目标来说,培养目标又具有高度的概括性与表达上的简洁性。

几个概念之间的层次关系可以通过下图3-1表示出来,见图3-2

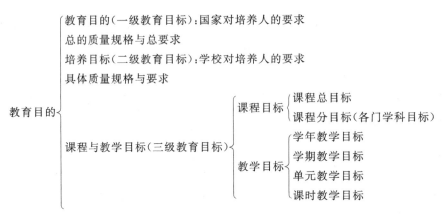

图 3-1 教育目标的三级层次示意图

三、课程与教学目标的地位与作用

从课程目标与教育目的、培养目标、教学目标的关系看,课程目标处在培养目标与教学目标的中间,上接培养目标,下连教学目标,贯通前后,具有举足轻重的地位。从课程改革的角度看,课程目标是指导整个课程编制的最为关键的准则。在泰勒提出的课程编制的四个步骤中,首要步骤便是确立课程目标。可见课程目标在整个课程开发、教材编写、课程实施、课程评价乃至课程改革中,都具有重要的指导作用和制约作用。下文主要从教学的角度来谈课程与教学目标的地位与作用。

第一,课程与教学目标在教学流程中的地位。课程与教学目标不仅是课程开发与教学活动的预期结果,而且是教学活动的调节者。合理的课程与教学目标能够给教学活动以积极的影响。这种作用和影响可以通过教学过程的流程和环节直观地显现出来,见图 3-2。

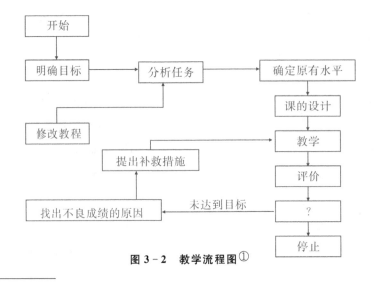

图 3-2 教学流程图[①]

[①] 吴立岗. 教学的原理、模式和活动[M]. 南宁:广西教育出版社,1998:384.

第二，课程与教学目标的作用。从教学流程图可以知道，课程与教学目标是整个教学工作的首要环节，是教学活动的出发点和最终归宿。教学目标的积极作用和影响，有以下几个方面。

(1)教学组织形式都具有指引和制约作用，从而最终保证教师对课堂教学过程的自觉控制。有了明确的目标，师生在教学活动中就会把注意力集中在与课程和教学目标有关的事情上，排除无关的刺激和干扰；在目标的指引下，选择实现目标的最佳的行为和手段。

(2)课程与教学目标具有评价教学活动的作用。教学评价的实质就在于将预期的行为结果和实际的行为结果进行比照，以判断实际行为结果的成效。在这里，预期的行为结果——课程与教学目标，将为这种判断提供一个可供参照的价值标准。由于课程与教学目标涉及描述学生具体的行为表现，因而能为教学评价提供科学的依据。在教学评价中，教师通常以既定课程与教学目标为标准，用可靠的数据显示教学效果是否达到或在多大程度上达到了既定的课程与教学目标。

(3)课程与教学目标有助于学生了解自己的学习结果，激发学生学习和发展的动力。学生只有了解了预期的学习结果，他们才能明确成就的性质，从而使学生学习活动的目的性更明确，而当学生通过自己的努力达到预期的学习结果时，学生就能够从目标达成的过程中获得学习成功的喜悦。这种情感上的满足又会进一步激发他们学习的积极性。这里要强调指出的是，课程与教学目标并不必然地会起到激励作用。只有当课程与教学目标与学生的内部需要相一致，并且符合学生的内部需要时，课程与教学目标才能激发学生的学习动机，引起学习兴趣，转化为学生积极参与教学活动的动力。

(4)课程与教学目标有助于教师反思自己的教学实践，成为一个理性的教育实践者。在用课程与教学目标作参照系对教学活动进行评价时，教师能够从中发现自己教学和学生学习中所存在的问题。当教学活动没有达到预期的结果时，"为什么过去的教学行为没有预期的效果？"这样的一个问题就会从教师的思维中产生。这种问题意识会促使教师通过反思与探索，以期获得一个满意的答案；同时这种问题意识还会使教师认识到，既存的教学行为及教学方式还存在着许多有待改进之处，在下一轮的教学实践中需要对此做出调整和修正；通过评价而获得的有关教学活动的信息还会促使教师努力找出学生学习效果不佳的原因，提出补救措施，促进全体学生全面和谐地发展。

第二节 课程与教学目标的内容

阐明课程与教学目标的内容，目的在于使教学实践者能够更好地理解课程与教学目标的内涵，从而更加理性地组织与实施教学活动。下面从两个方面来分析课程与教学目标的内容体系：一是立足于实践，从教育教学工作的角度来分析；二是从课程与教学理论的角度来分析。

一、课程与教学目标的实践体系

立足于教学实践的课程与教学目标,是指要求教育工作者在自己的教育教学工作中予以落实的目标,并要求教育工作者努力使自己的工作结果与目标的预期相一致。它直接体现在课程计划与课程标准之中,有时候也体现在有关的教育政策文件之中。不同的国家,其课程与教学目标的内容有很大的差异。由于社会的进步与发展,同一社会不同时代的课程目标也有很大的差异。

(一)我国课程与教学目标的内容体系

1. 新课程之前的课程与教学目标体系

课程与教学的首要目标是引导学生掌握科学文化基础知识和基本技能。这是因为教学的其他目标在通过引导学生掌握知识和技能的基础上才能实现。

教学应当重视向学生传授基础知识和基本技能。所谓"基础知识",是指构成各门学科的基本事实及其相应的基本概念、原理和公式等。它是组成一门学科知识的基本结构,反映了科学文化发展的现代水平。对于正在成长的学生来说,什么样的知识才称得上是基础知识呢?其具体指标是:第一,能促进学生身心全面发展;第二,能为学生成人后参加现代生产劳动、参加各种社会生活创造必要条件;第三,能为学生将来进一步学习各种专业知识和从事科学研究、进行创造性活动奠定初步的基础。所谓"技能",是指运用一定的知识,通过练习而获得的顺利完成某种任务的比较稳定的系统的动作方式。按其本身性质和特点,技能通常分为两大类,即动作技能和心智技能。动作技能主要指由骨骼、肌肉和相关联的神经系统参与的,由外部操作活动表现的技能。例如写字、演奏、运动、实际操作、体操、劳动等技能。心智技能主要是指借助内部语言在头脑中进行的智力活动的方式。例如阅读、计算、解题、写作等技能。技能经过反复练习,达到熟练化的程度就是技巧。它是动作自动化和简约化的结果。中学阶段所要训练的是一些基本的、为学生继续学习和工作所必需的技能和技巧。

在教学过程中,学生掌握知识和形成技能、技巧是密切联系、相互作用、相辅相成的。在通常的情况下,知识是掌握技能技巧的基础,脱离了知识的技能,只能是一种盲目的机械的模仿,不能灵活运用,更不可能有自己的创造;而技能技巧形成后,又能加深对知识的进一步理解和巩固,并为顺利学习掌握新的知识创造良好的条件。因此,在加强基础知识教学的同时,必须加强基本技能的训练,在基本技能的训练中,又必须注意联系所学的知识,使学生在掌握知识和技能的过程中由懂到会,由会到巧。

其次,发展学生的智力、体力和创造才能,不仅是顺利地、高质量地进行教学的必要条件,而且也是培养全面发展的新人的要求,因而是现代教学的一项十分重要的任务。智力是以抽象思维为核心,使人能够顺利地从事各种活动所必需的各种认识能力的有机结合。它的构成因素主要有观察力、注意力、记忆力、想象力和创造力,其中观察力是智力的基础,思维力是核心,而创造力是智力发展的最高阶段。它们均属于一般能力的范畴。人们的智力是先天遗传因素、后天环境与教育影响、个人努力三者相互作用的产物。但对青少年来说,教学对他们的智力发展起着主导作用。

所谓"创造才能",对于把学习知识当作自己的主要任务的学生来说,是指能够运用自己已有的知识和智能去探索、发现和掌握尚未知晓的知识的能力。创造才能不仅是智力发展的高级形式,而且是学生个人的求知欲、个体进取心和首创精神、意志力与自我实现决心的体现。只有注意发展性教学,善于启发诱导学生进行思维操作,进行推理、证明,去解决创造性问题,才能培养学生的智力和发展他们的创造才能。

发展学生的智力和创造才能是现代社会对教育活动提出的必然要求。因此,发展学生的智力,培养学生的创造才能是当前世界各国共同关注的课题,其缘由如下:第一,发展智力是学生顺利完成学习的必要条件。智力的发展影响着学生对知识和技能的掌握。第二,发展学生的智力,培养学生的创造才能是时代的需要,是迎接新技术革命的挑战、解决知识激增与有限的学校学习时间这一矛盾的需要。解决有限学习时间与知识总量剧增的矛盾,除了精选科学知识外,重要的一条就是发展学生的智力,增强学生的学习能力和自学能力。第三,人具有开发智力的巨大潜力。脑科学研究表明,人脑大约有140亿个神经细胞,这些细胞的有机联系使大脑可以容纳10比特信息单位的信息处理系统。而人脑这种惊人的认识世界和储存信息的能力,目前只被利用了5%～10%左右,人脑90%以上潜力还未被开发。

教学还要注意发展学生的体力。能力的发展、智力的形成、创造才能的获得,都是以强健的体格为物质基础的。因此,教学中要重视发展学生的体力,增强学生的体质,促进学生的正常发育。这不仅是体育课教学的目标,同样也是各科教学的目标之一。各科教学都应当注意教学卫生,培养学生正确的阅读和书写的姿势,养成卫生习惯,减轻学生课业负担,促进学生身心的良好发展。

再次,培养和发展学生良好的思想品德和健康的情感态度,对学生进行思想品德教育是教学的主要目标之一。在教学活动中,对学生进行政治方向、世界观和道德品质教育,发展学生积极的情感,培养坚强的毅力和意志,促使学生形成完善、健全的人格。

2. 全日制义务教育课程标准所确立的课程与教学目标的体系

首先,课程与教学总目标。我国课程总目标在《基础教育课程改革纲要》中有明确规定:"新课程的培养目标应体现时代的要求。要使学生具有爱国主义、集体主义精神,热爱社会主义,继承和发扬中华民族的优秀传统和革命传统;具有社会主义民主法治意识,遵守国家法律和社会公德;逐步形成正确的世界观、人生观、价值观;具有社会责任感,努力为人民服务;具有初步的创新精神、实践能力、科学和人文素养以及环境意识;具有适应终身学习的基础知识、基本技能和方法;具有健壮的体魄和良好的心理素质,养成健康的审美情趣和生活方式,成为有理想、有道德、有文化、有纪律的一代新人。"下面对课程与教学的总目标做简要分析。

第一,新课程体系强调培养学生良好的思想政治素质、道德品质、公民意识和社会责任感,具体内容如下:

热爱社会主义祖国,拥护中国共产党,树立科学的世界观、人生观和价值观;遵守国家法律,社会道德准则和行为规范,具有民主法治精神,做负责任的现代公民。

了解中国历史和国情,理解并热爱中华民族的优秀传统文化和革命传统文化,对中华民族命运具有责任感;同时尊重其他国家和民族的传统文化,具有参与国际社会活动的意识。

热爱劳动,关心集体,乐于助人,积极参与社会公益活动;具有关心和保护环境的意识,具有为国家发展和人类和平而服务的态度。

第二,新课程体系强调培养学生良好的心理素质和健全的人格,具体内容如下:

自尊、自信、自律;积极主动,乐观向上,具有克服困难、应对挫折的勇气和意志。

尊重他人,具有团结、合作、协调的精神,能与他人共同学习、工作和生活。

第三,新课程体系强调培养学生终身学习的愿望和能力、创新精神和实践能力,具体内容如下:

具有适应学习化社会所需要的读、写、算等基本技能和基础的文化、科学知识,能够良好地表达和交流;掌握基本的劳动技术。

具有动手操作能力,社会实践能力,收集、处理和使用信息的能力;具有发现、分析和解决实际问题的能力。

形成科学态度,学会科学方法;具有独立思考、自主探究的精神与求实创新的意识。

第四,新课程体系强调培养学生健康的体魄和文明卫生的习惯,具体内容如下:

具有良好的身体素质;爱好体育活动,掌握基本的运动技能,具有积极健康的生活方式,养成锻炼身体和文明卫生的良好习惯,具有基本的安全保健常识和自我保护能力。具有良好的心理素质;具有公平竞争意识、集体合作精神和坚忍不拔的毅力。

第五,新课程体系强调培养学生健康的审美观和审美能力,具体内容如下:

树立健康的审美情趣,养成对自然美、社会美、科学美和艺术美一定的感受力、想象力和鉴赏力。

乐于参与各种不同形式的健康的文化艺术活动,进行表现美、创造美的尝试和实践。

其次,各门课程目标大致又分为总目标与分目标。以《全日制义务教育:科学(3~6年级)课程标准(实验稿)》为例,总目标是通过科学课程的学习,知道与周围常见事物有关的浅显的科学知识,并能应用于日常生活,逐渐养成科学的行为习惯和生活习惯;了解科学探究的过程和方法,尝试应用于科学探究活动,逐步学会科学地看问题、想问题;保持和发展对周围世界的好奇心与求知欲,形成大胆想象、尊重证据、敢于创新的科学态度和爱科学、爱家乡、爱祖国的情感;亲近自然、欣赏自然、珍爱生命,积极参与资源和环境保护,关心科技的新发展。分目标包括科学探究、情感态度与价值观、科学知识等三个方面。各部分目标之间有着密切的相互关系。总目标旨在培养小学生的科学素养,科学探究、情感态度与价值观以及科学知识则是对学科课程目标的分解。"但这绝不意味着在教学过程中各目标的达成是单独进行的。好的教学活动,往往能达到多个教学目标。因此,在实践中,各分目标必须作为一个完整的体系来加以把握。"①

(二)英国课程与教学目标体系

英国国家的课程与教学目标的内容体系包括以下几个方面。

1. 促进精神、道德、社会和文化的发展

全部国家课程的科目都旨在为学生提供促进其精神、道德、社会和文化发展的机会。此外,学校所进行的宗教教育、健康教育,公民教育、学校的文化氛围、有效的人际关系及其他的课程活动也都是指向于促进学生上述四方面的发展。

学生精神的发展包括自我意识的成长、发展自己的潜能、认识自身的优缺点和具有实现目标的意志。随着渴望了解自身及在社会上地位被认可的需求的增加,学生会尝试着对一些基本生活问题自己寻求解答。他们会主动学习生活中所需要的知识、技能等。

学生道德的发展包括明辨善恶、理解道德冲突、关心他人和采取正确行动的意志,能够也愿意去思考行动之后果,学会如何善待自己和别人,能做出负责的道德决策并具备所需要的知识、技能等。

学生社会意识的发展包括理解自身作为家庭和社会中的一员所应享有的权利与所应承担的责任,具备处理人际关系的能力、为了共同的利益与他人协作的能力。他们表现出具有归属感和强烈的参与欲望,具有为促进社会的民主化进程做出贡献所需要的知识、技能等。

学生文化知识的发展包括理解传统文化,具有欣赏和表达美的能力,尊重自己的文化和别人的文化,表现出对别人行事方式的兴趣和对差异的好奇,学习理解、欣赏和改善文化所需要的知识、技能等。

2. 开展健康教育、公民教育

加强课程的衔接,达到健康教育和公民教育的连贯、一致的要求。通过这样的教育,学生能做出简单的选择来改善健康、注意安全;认识成就与错误,制定个人目标,意识到不同类型的关系,了解基本紧急援助步骤、青春期的变化,开发对抗压力的基本技能;善于管理个人钱财,能在实际的生活、学习中做出选择,知道药物、避孕的作用,艾滋病、性行为的相关法规,了解偏见、歧视和陈规对人的影响,婚姻的作用与重要性,父母的责任与作用;能自信、负

---

① 中华人民共和国教育部.全日制义务教育:科学(3~6年级)课程标准(实验稿)[M].北京:北京师范大学出版社,2001:7.

责地交际,和平处理争议,远离犯罪行为,实践对抗威胁自身安全的人和事。

3. 发展技能

国家课程的实施全面提高学生终身学习需要的各项基本技能。学生在各自的学习领域中学习、实践、发展、完善这些技能。有的技能具有学科特点,如艺术和设计学科中的绘画技能;有的技能是几门学科都需要的,如科学、历史、地理等学科中的探究技能;还有的技能则是各学科共同的,如交流技能、改进学习技能、创新技能。这些技能渗透于各种国家课程中,是有效学习的基础。

在所需学习的技能中,作为基本技能的是交流、数的处理、信息技术、与人合作、改进学习、解决问题等六项。此外,学校还要发展学生的思维技能。通过运用思维技能,学生重点把握"学什么"和"如何学",学会学习。基本技能是指学生就业、培训、生活所必需的能力。基本技能教学的目的在于让学生能妥善处理日常生活中的问题、事件,成为负责任、有担当的社会成员。

(1)交流技能包括听、说、读、写四个方面。听,即能听懂、理解,并能对别人所说的做出恰当的反应,还能有效地参与小组讨论;说,即能对不同的听众说,具有感染力、说服力,富有成效;读,即流利地诵读各种文学题材,小说的、非小说的,能对所读的作品进行批判性的反思;写,即能熟练地就各种目的、各种题材为不同对象写作,且能对自己和他人的作品进行批判性的分析。交流技能的培养主要是通过英语科目的教学实现。

(2)数的处理技能包括学生要具备广泛的心算技能、在多种情况下的应用技能,以及对与数及其计算有关的数学语言的理解和使用技能,以便能恰当地处理数据,解决日益复杂的问题,并能解释所应用的推理。学生要能将计算技能及对数的问题的理解技能应用于国家课程的其他学科和实际生活情境。数的处理技能的培养主要通过数学科目的教学实现。

(3)信息技术技能包括出于各种不同的目的,运用广泛的信息资源和信息交流技术分析、阐释、评价和展示信息等方面的能力,其中包括对何时及怎样使用信息和交流技术,才能在获取信息及解决问题的过程中受益最多并做出明智的决断,即借助于信息和交流技术的资源进行探究、决策、信息加工和创造性思维,还有运用信息和交流技术进行反馈、修正和评价。该技能的培养主要通过信息和交流技术课的教学,以及学生在课程学习中对信息和交流技术的运用实现。

(4)与人合作技能包括能促进小组和班级的讨论,能与他人合作迎接挑战。若学生具备与人合作的能力,他们就要有一定的社会技能并能对别人的需求做到充分的认识和理解。各门学科都应该为学生合作技能的发展提供充分的机会,使学生不论在正式场合还是非正式的场合都能有效地与人合作,学习别人的经验,思考不同的观点,从别人的思想、谈话、行动中获益。

(5)改进学习的技能,涉及学生对自己的工作、学习的反思和批判性评价,涉及对改进自己的学习做出相关方式的选择。他们需要明辨学习的目的,反思学习的过程,评价学习的结果,确定学习中的障碍或问题,策划改进学习的途径。各门学科都应该为学生评价自己的学习和探讨改进学习的方式提供合适的机会。

(6)解决问题的技能旨在使学生具备解决学习和生活问题的能力,即能区分问题、理解问题、设计解决问题,又能检验解决问题的进程、评价解决问题的策略。各门学科都应该为学生提供机会,使之在面临问题的挑战时能迅速做出反应,并能计划、检验、修正、评价获取特定结果时所需的进程。

二、课程与教学目标的理论体系

近30年来,各国的教学论专家和心理学家都根据自己的教学目的和科学分类的方法,对教学目标提出了各种不同的分类设想。这里主要介绍两个有代表性的教学目标分类理论。一个是以美国芝加哥大学教授布卢姆为代表的教学目标分类,另一个是苏联教学论专家巴班斯基的教学目标分类思想。

(一)以布卢姆为代表的教学目标分类理论

1956年,布卢姆的专著《教育目标分类学》出版。在该书中,布卢姆认为,各种意识水平都可以用行为形式表现出来,并将它们区分为三个领域:认知领域、情感领域和动作技能领域。他又将各个领域按层次分为若干子领域。

1. 认知领域目标分类

认知领域的目标分为6个子域,即知识、理解、运用、分析、综合和评价,见表3-1。

表3-1 认知领域的目标分类总表

目标子类	含义	目标细子类	行为标志动作
知识	认知目标中最低层次的能力,包括记忆名词、事实、规则和原理	特定知识的记忆、处理;特定知识方法的记忆;一般及抽象知识记忆	描述、认出、配对、界定、说明、列举、阐明等
理解	它指能了解所学过的知识或概念的意义	转译能力、解释能力、推论能力	转换、合计、说明、举例、预测、摘要、归纳和重写等
运用	它指将所学到的规则、方法、步骤、原理、原则和概念,运用到新的情境中的能力	运用所学技能的能力、运用原理的能力	预测、证明、解决、修改、表现、发现

续表

目标子类	含义	目标细子类	行为标志动作
分析	用学到的概念或知识,分析各个构成部分或找出各部分之间的关系	分析组成要素、分析关系、分析组织原理等能力	选出、分析、判断、辨别、指出、分解
综合	将概念或知识、原理、原则与事实等统合成新的整体	表达个人见解或建议、抽象关系的综合能力等	联合、设计、组织、综合、筹划、创造等
评价	依据某项标准做价值判断的能力	依内在证据进行逻辑评价、依外部标准进行逻辑评价	评价、判断、比较、支持、批判、评论等

2. 情感领域目标分类

情感领域目标主要包括态度、兴趣、理想、欣赏和适应方式等,分为5个子域:接受、反应、价值判断、价值的组织和价值的个性化,见表3-2。

表3-2 情感领域目标分类总表

目标子类	目标细子类	含义
接受	觉察、乐意接受、有选择的接受	它是情感目标中最低层次的学习结果,表现为对某种现象的感知
反应	按指令反应、积极地反应、愉悦地反应	它指主动地注意,即积极地参与反应,如对某学科表示有学习的兴趣
价值判断	接受价值、喜爱价值、对价值的确信	它指对接触到的事情、现象或行为感到有价值存在,因而表现出积极的态度和重视程度
价值的组织	建立价值观念、组织价值体系	当个人以不同的程度评价许多事物的价值时,个人就开始发展自己的价值系统
价值的个性化	一般品格的建立、品格的形成	它是指将价值系统内在化,成为个性的一部分,个人就依其信念行事

3. 动作技能领域目标分类

动作技能领域目标依层次的高低分为六类,见表3-3。

表 3-3 动作技能领域目标分类总表

知觉	它包括感官刺激、线索的选择、转换等借以了解物体、性质和关系
准备状态	它包括心理、身体和情绪三个方面,目的是为某一动作做准备
引导的反应	它是指在别人的指引下所表现出的明显动作,包括模仿和尝试错误
机械练习	它是指反复练习所学的动作,由熟练到养成习惯
复杂的反应	它指个人能够表现复杂的动作和行为
创作	它指创作出新的行为方式及动作

(二)巴班斯基的教学目标体系

巴班斯基认为教学过程应当执行三种职能:教养职能、教育职能和发展职能。基于这种观点,巴班斯基提出了他自己的教学目标分类的体系。巴班斯基提出的教学目标体系有三个相互关联的方面。

(1)教养的目标包括两大方面,即掌握科学知识(事实、概念、定理、规律性、理论以及世界的概貌)和形成技能技巧,后者又可分为专业的技能技巧和学习的技能技巧。

(2)教育的目标包括形成学生的世界观,形成他们的道德的、劳动的、审美的和伦理的观念、观点和信念,形成他们在社会中相应的行为方式和活动方式,形成他们的理想、态度和需要的认知系统以及促进其体育锻炼等,总而言之,就是培养社会主义新人所必须具备的各种品质。

(3)发展的目标。由于把个性特点看作"智力、意志、情感、动机这四个基本方面相互作用的结果",所以,发展的目标就是指在教学的过程中发展学生的智力,培养学生一般的学习技能技巧,包括拟定答案提纲、比较、概括、使用书籍、阅读和书写迅速、自我检查等。教师通过在课堂上创造惊奇、愉快、离奇等情绪体验情境,培养学生的学习兴趣。

第三节 课程与教学目标的确立与表述

在教学活动中,教师面临的首要任务是明确而合理地确立课程与教学目标。要做到确立课程与教学目标明确而合理,则需要思考两个问题:怎样确定课程与教学目标;怎样表述课程与教学目标。可以说,若教师能恰当地解决这两个问题就取得了教学成功的先决条件之一。

一、课程与教学目标的确立

(一)小学课程与教学目标确立的依据

当今社会变化快速,已进入全球化、信息化的时代。作为青年学生,能否适应未来社会,成为社会主义事业的建设者和接班人,有赖于素质教育的全面实施。这其中,核心是课程与教学,关键是建构适应社会发展需要、学生发展需要、符合素质教育要求的课程体系,为此,首先需要确立课程与教学目标,即通过素质教育课程体系的实施,确定把受教育者培养成为什么样的人。正确地规定课程与教学目标,是课程设计的一个大纲,也是课程实施(教学活动的开展以及课外活动的开展)的一个方向。

确立课程与教学目标将以何为依据?根据课程与教学目标与教育目的的逻辑关系,课程与教学目标是教育目的的具体表现,课程与教学目标所反映的是教育目的的价值取向。根据教育目的的取向主要有两种:一是社会本位的取向,即课程与教学目标的确立应当从社会发展的需要出发,理想人的标准就在于他能够适应社会的发展,促进社会的发展;二是个人本位的取向,即认为课程与教学的目标应当能够促进人的个性发展,发展其完美的人格。教育价值取向的不同既反映了不同国家、不同社会的文化传统与教育传统,也反映了社会的现状及其所处的历史阶段。在一定意义上,确立课程与教学目标是在特定历史条件下,学校根据社会发展需要以及人的发展的必然,选择一种最为科学合理的教育行动指南及人才培养规划。如何选择?则需要理性地审视两种教育价值取向的合理性与局限性,优化各种教育资源,通过教育内外部力量的协调,前瞻性地进行历史选择,形成现实的动力机制,在新的条件下,形成课程与教学目标。

我国课程与教学目标的确立,充分考虑学科体系、学生发展、社会需求这三大要素对学校课程所起的制约作用。学科体系、学生发展、社会需求这三大要素制约着课程与教学目标,而课程与教学目标又制约着教育结构、课程结构和课堂教学结构。学校课程结构如何,直接关系到能否培养出既全面发展,又层次不同、类别不同、规格不同的人才,以适应和促进经济社会发展。如果课程结构不合理,既定的教育目标则无法完美地实现,从而不能完成知识教学、能力发展和品德陶冶的任务,不能促进受教育者身心全面发展,导致从根本上偏离经济和社会发展的需要与可能。

从课程与教学目标的制定及其反馈因素来看(图3-3),当培养目标已定时,影响因素将是制定课程与教学目标的主要依据。新中国成立70多年,我国的课程与教学目标的确立以1986年开始制定义务教育课程方案作为一个阶段标志,大致经历了三个发展阶段,即社会→学科、社会→学生、学科→社会。在第一个阶段,即以社会为指向的阶段,课程与教学目标的制定主要是依据社会发展的需要,强调国家和社会的发展最重要,个人应当服从国家和社会的需要,课程与教学的目标就是把受教育者培养成为适应社会需要、促进社会发展的人。因此,学生学习的主动性、积极性不高,培养出来的人才规格单调。第二阶段,即以社会为指向、以学科为中心的阶段,课程与教学目标的制定不仅考虑社会发展的需要,更过分强调学科知识的系统性和全面性,造成中小学课程偏深、偏难,学生的课业负担过重,课程内容严重脱离学生的生活实际。第三个阶段,即课程与教学目标强调社会需要、学科知识,学生发展的有机结合。这是一种科学的抉择。因为在社会生活中,知识的学习,不仅是学生个性发展的需要,也是社会发展的需要。人是社会中的人,社会是由人组成的,人的素质的提高,正是有助于推动、促进社会发展,满足社会需要,但同时人又存在着个性的差异,个人需要可以成为社会需要的一部分。因此,素质教育的课程与教学目标必须实现人本位和社会本位的有机结合,除了要满足国家和社会的需要之外,也必须充分尊重和发展学生的个性,满足个人发展的需要,要从片面地以社会为主或以学科为中心转向兼顾学科知识、社会需要、学生发展三要素的有机结合,以育人为本,最终目标是促进人的全面发展。

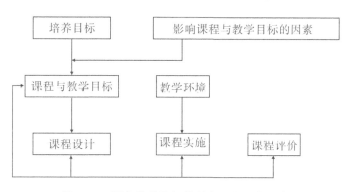

图 3-3 课程教学目标的制定及其反馈因素

(二)课程与教学目标确立的要求与原则

从理论上讲,课程与教学目标是一个整体,因而课程与教学目标的确立应当遵循一个统一的要求。但从实际的教学工作出发,课程目标的确立与教学目标的确立需分而论之。因为在实际的工作中,课程目标与教学目标还是有一定的区别的。这种区别主要表现为课程目标与教学目标的制定人不同。课程目标是课程编制者制定的,是课程编制者所要明确的目标,也是教育工作者及受教育者所要完成的目标。就这一点而言,课程目标与教学目标是同一个东西。但在实际工作者中,教学目标是教育工作者制定的,是教学工作者和受教育者所要明确和完成的目标。教学目标不仅是课程目标的具体化,而且也是在对学生、社会及学科等方面进行深入的研究之后做出的一种明智选择。也正因为这样,课程目标与教学目标确立的要求存在一定的差异。

1. 课程目标确立的要求与原则

从课程改革与发展的趋势来看,我国的课程目标的制定是把社会的需求放在首要位置,同时兼顾学生个性的发展和学科的知识结构。基础教育课程标准所确立的课程目标正体现出这种要求。新课程的培养目标应体现时代的要求,同时,培养学生具有初步的创新精神、实践能力、科学和人文素养以及环境意识,具有适应终身学习的基础知识、基本技能和方法。由于课程目标的确立要符合时代要求,所以,其确立需要遵循以下原则。

(1)全面性原则,即制定的课程目标应体现德、智、体、美、劳等全面发展。

(2)现实性原则,即小学课程目标不能只培养少数英才,更主要的是培养大多数通才,能够适应大多数学生的发展需要。

(3)针对性原则,即在制定课程目标时,既要借鉴外国成功的经验,考虑适应未来社会发展的需要,又要从本国国情出发,针对我国现行课程设置存在的严重弊端,提出适合我国国情的课程目标。

2. 教学目标设立的要求

(1)统一性要求。教学目标是一个完整的系统,它由教育目的决定,包括教学总目标、学科目标、课程单元目标和课时目标几个层次。通过逐层具体化,这个教学目标系统就构成一个有着完整联系、内在一致性的统一体系,见图3-4。

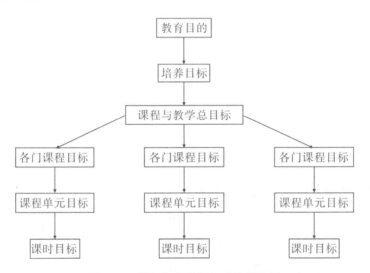

图3-4 课程与教学目标系统结构图

根据统一性的要求,教师在设立教学目标时,一般要做到一般目标和具体目标相结合、集体目标和个人目标相结合。一般目标和具体目标相结合,要以教育目的、一般教学目标、学校教学目标、学科目标为指导,牢牢把握教学目标的一般要求,根据自己所面临的实际情况,确定更为具体的课时教学目标。教学的一般各项目标和具体目标应当呈现出互相联系、互相支持、互为因果的关系。没有具体目标,一般目标便失去了依托;反之,没有一般目标,具体目标就会缺乏统一的指导。因此,在实际确立目标的活动中,教师应当避免两种倾向:一是只有一般目标而没有具体目标;二是只有具体实操的目标而没有一般目标的引导。

集体目标和个人目标相结合,即在确立课堂教学目标时,既要有对特定学生集体的共同的要求,要有全体学生都要达到的最基本的目标;同时又要根据学生原有的基础、志趣、能力倾向和发展方向,确定适合学生个人特点的目标。

除此之外,教师在确立课堂教学目标时,还需要考虑认知、情感、意识和动作诸领域的目标,在重点确立认知目标的同时,要考虑情感目标和动作技能目标,在分类的基础上,注意认知、情感和技能三者的内在联系，对教学做整体构思。

（2）适度性要求。无论是一般目标还是具体目标、集体目标还是个人目标，都要难度适中。同样的目标，能力强的学生嫌太易，能力差的学生嫌太难。这是由于学生之间的学习基础和学习能力存在明显的差异导致。这就需要教师做具体分析。具体分析过程：首先，教师通过认真钻研，在教材中区分出最低限度的材料、基本的材料和提高的材料；其次，制定出难易适度的、灵活而富有弹性的课堂教学目标。这种目标可分为三个层次，即基本目标层次，符合课标所提出的最低限度的要求，达到合格水平；中等目标层次，符合课标所提出的各种基本要求，达到中等以上水平；优秀目标层次，符合或超出课标所提出的最高要求。设立三个层次的教学目标，需要教师在研究学生上下功夫，从本校、本班级的实际出发，从每个学生的实际出发。

（3）可检性要求。课堂与教学目标要发挥其应有的作用，就必须是可检测的。教学目标的可检性要求教师所制定的课堂教学目标不能是含糊、笼统的，须是明确、具体的，以便于检测。这便涉及另一问题，教学目标的表述问题。

（4）发展性要求。发展性要求就是指在确定教学目标时，应本着所有的学生都能够得到生动活泼的主动的发展为准则，教学目标能够使学生的潜能得到最大限度的开发，整体素质得到全面的提高，个性得到充分的发展，为今后适应社会发展的需要和终身发展奠定坚实的基础。第一，注重基础性和发展性相结合，突出目标的发展性。目标的基础性强调为学生今后学习、生活和做人打下必备的基础，使学生具有基础知识、基本技能、基本方法、基本能力、基本态度和基本价值观念。发展性是指教学目标立足于学生的差异，着眼于学生潜能的开发、个性的培养，让学生有权利选择适合自身发展的方式，尊重学生独特的个性并为学生个性自由发展提供条件。第二，注重目标的适应性和超越性相结合，突出目标的超越性。适应性是指教学目标从社会发展的现实出发，与学生的心理特征和发展规律相结合，适应学生身心发展规律，有效地促进学生的发展。超越性是指教学目标着眼于现实性的同时，也要着眼于学生的未来发展，从未来知识经济发展的需要出发，从学生未来更有效地发展的需要出发，适度地超现实，使学生具有终身发展的内在动力与外在机制的条件支持。

二、课程与教学目标的表述

课程与教学目标的表述，有两种较有代表性的方式。

（一）作业化表述

作业化表述是我国教学论专家李秉德先生提出的。他在《教学论》一书中根据"学生作业能够反映学生内部心理行为"的观念，提出应通过学生的作业了解学生学会了什么、理解了什么、掌握了什么。因此，教师在设立教学目标时，总的要求是使表述"尽量作业化"，即说明学生在什么条件下会"做"什么，才算达到了某项教学目标。教师在课堂教学中向学生提出教学目标时,可从四个方面对学生作业做出明确规定:完成作业的条件、完成作业的速度、完成作业的质量、完成作业的类型①。举例来说,在课堂上教师仅提出"通过这一单元的教学使学生学会……"这一比较笼统的教学目标是不够的,教师必须根据上述完成作业的四个条件,详细地对一般目标做进一步的规定,比如说,通过这一单元的教学(××课时),全班学生都必须学会参照课文理解或其他参考资料在××分钟内独立解答至少10题不同类型的一元二次方程式,解答步骤和答案的正确率至少达到××‰。

在这种一般要求的前提下,教师还需要根据特定的教学内容对教学目标做出不同的表述。这里大致可分为认知类教学目标的表述、情感类教学目标的表述、动作技能类教学目标的表述。认知类教学目标包括两个方面,即获得知识和发展智力。一项认知目标的明确、具体和作业化,可以从四个方面加以限定:知识类型、知识掌握水平、智力操作方式、智力活动水平。技能类教学目标可从三个方面加以限定:技能要领、技能动作、熟练水平。每个方面都可以从作业的条件、速度和质量要求做出规定。情意类教学目标指的是在教学中培养学生积极良好的情绪、兴趣、态度、动机和意志的目标。在实际教学过程中,情意类教学目标,很难像认知类和技能类目标那样做到作业化、具体化。

(二) 行为目标表述

教学目标的表述原则上应包括行为主体(对象)、行为本身、行为情境、行为结果和行为标准五个基本要素②。

(1)行为主体,通常指完成教学预期行为的学生。在课堂上,学习主体非常明确,所以一般教师在陈述教学目标时,行为主体略去不写。

(2)行为本身,指达到目标的具体学习行为。通常以行为动词陈述,如"写出""说明""列出"等。在教学目标的陈述中,一些教师往往只使用表示内部心理过程的术语,如"理解""掌握""领会""懂得""欣赏"等。这些内部心理行为通常无法直接观察,在对教学目标的实际检测中,可能会因理解的差异致使教学目标失去应有作用。教师在此所面临的挑战是如何将表示内部心理行为的动词以学生外显行为的动词来代替。

(3)行为情境,指表现行为的有关情境或条件。如,"能利用字典查出本课所有生字""独立解答方程"。这里的"利用字典""独立"即是行为情境或条件。

(4)行为结果,指产生行为的结果。如"能说出3种两栖动物名称","两栖动物名称"即是行为的结果。

(5)行为标准,指用来评价学习结果的标准。如"能独立解答至少10题不同类型的一元二次方程式、能说出5种以上的植物名称","10题不同类型""5种以上"即是行为标准。

---

① 李秉德.教学论[M].北京:人民教育出版社,1991:73.
② 郭生玉.心理与教育测量[M].台北:大洋出版社,1985:265.

(三)课程与教学目标表述应注意的问题

(1)在目标的呈现方式上,行为目标、展开性目标和表现性目标并举。如上所述,行为目标即以事先规定的行为期望为目标。课程与教学目标的这种表现方式的外显性特点,使得它具体、明确,便于教师的操作和评价。但这种方式很难表现学生的个性发展和创造性。因为学生的个性发展与创造性往往是内隐的而不是外显的。展开性目标不以事先的目标为中心,着重考虑学生兴趣的变化、能力的形成和个性的发展等方面。它有利于培养学生解决实际问题的能力,有利于学生个性的充分发展,可以较好地发挥学生的积极性和主动性。表现性目标是指学生在从事某种活动后所得到的结果,它关注的是学生在活动中表现出来的某种程度的首创性反应形式,而不是事先规定的活动结果。这种目标可使学生摆脱固定目标的束缚,在活动中探索发展,从而逐步培养创造精神。

在教学活动中,教师需要根据教学要求与教学任务的不同,采取不同的目标表现方式。课程与教学目标既要表现学生对知识与技能的掌握、智力的培养,也要表现学生的个性发展、创造性的培养。因此,教师要对课程与教学的展开性目标和表现性目标进行探索和研究。

(2)在价值取向上,课程与教学目标表述应关注人的发展,以育人为本。在课程与教学目标的表述上,我国的中小学注重课程的知识传承,强调社会指向和知识中心,忽视课程与教学对学生身心发展和适应终身学习的价值;过分注重学科知识的系统性和完整性,忽视课程内容与社会发展和学生生活的联系;过分重视学生对知识的学习与记忆,忽视主动参与、交流、合作与探究等多种形式的学习,忽视学生学习习惯和人生态度的培养,忽视学生的创新意识与创新能力的培养。这种一方面过分重视某些东西而另一方面忽视某些东西的目标表述,其结果是学校教育偏离人的全面发展。其根源在于课程与教学以知识为中心的结果。事实表明,这种做法已经越来越不适应新时期的基础教育改革与发展的需要,越来越不适应知识经济时代社会发展的需要。在新时代,课程与教学应树立以人的发展为中心的思想,树立基础教育是为人的发展打基础的思想。因此,学校课程与教学目标应体现多重教育价值,全面关注人的发展,以育人为本,以人才培养为根本出发点,把促进学生各项基本素质全面而有特色的发展问题置于课程与教学目标设计的中心。

(3)注重行为目标与过程目标相结合,突出课程与教学目标的开放性。课程目标的表述通常包括内容和行为结果两个维度,被人们称为"行为目标"。但行为目标不能涵盖所有的教育内容。在教育过程中有许多教育价值是无法用行为目标来表述的,特别是人的情感因素、个性品质以及一些能力目标,往往隐含在教育的过程中,具有开放性的特点。这些隐含目标对人的发展起着非常重要的教育价值。因此,不能过分强调行为目标而忽略教育过程中表现出来的教育价值。所以,在课程与教学目标的表述上,在尽可能将目标行为化的基础上,特别关注课程目标的第三维度——教育过程,更加注重在教育活动进行的过程中和学生在活动过程中表现出来的教育价值,即更加重视过程性目标。

第四章 课程与教学的内容

第一节 课程与教学内容的选择

课程与教学内容是指各门学科中特定的事实、观点、原理与问题,以及处理它们的方式,涉及课程与教学内容的选择、组织,以及课程结构、课程与教学设计诸多问题。

课程与教学内容的选择和组织,是课程编制和教学设计过程中的一项基本工作,是课程与教学论的基本问题之一。许多教育学家和教学论专家都非常重视课程与教学内容的选择。1859年,英国教育学家斯宾塞提出了"什么知识最有价值"的著名问题,在他看来,能为人们完美生活做准备的知识最有价值,所以他把科学知识置于课程的中心位置。可以说,在课程与教学论发展史上,斯宾塞第一次明确提出了课程与教学内容的选择问题。而美国的教育家杜威认为,最有价值的知识莫过于与儿童生活经验相联系的经验,所以他强调的是经验的课程。1949年,美国的课程与教学论专家泰勒在其所著的《课程与教学的基本原理》一书中提出了"怎样选择有助于达到教育目标的学习经验"的问题,"选择和组织学习经验"便成为泰勒原理的基本构成。

一、课程与教学内容的学科取向

当课程目标的基本来源主要是"学科的发展"的时候,学科知识就成了课程与教学的主要内容。所以教育工作者不知不觉地采取这种取向。诸如历史上形形色色的要素主义教育学者、永恒主义教育学者以及20世纪五六十年代的结构主义课程论者,都竭力主张"课程内容即学科知识"。即使在今天,世界各国的教育教学实践者仍然把学科知识作为课程与教学的主要内容。这是因为学科知识具有很强的系统性、完整性,能使教师和学生明确教与学的内容,从而使课堂教学工作有据可依、井然有序。

然而,学科知识浩如烟海,仅现有的学科门类就有成千上万之多。据美国未来学家托夫勒预测,就知识的增长速度来讲,今天出生的小孩到大学毕业时,世界上的知识总量将增加4倍。当这个小孩50岁时,知识总量将是他出生时的50倍。另外,学校课程内容已经拥挤不堪,有些内容急需更新,更大的问题是许多学科的地位长期以来非常稳固,削减起来难度很大,而不削减更新现有的学科内容,则很难满足社会发展和人的发展需要。

由此可见,学校课程改革绝非易事,学科知识的选择仍是课程与教学论研究的重要问题之一。选择恰当的学科知识作为课程与教学内容,需要处理好以下几对关系。

(一)学科知识与课程内容的关系

对这个问题的处理,历史上曾存在着两种典型的极端情形:一种是把学科知识与课程内容等同起来,将学术领域的学科知识直接搬到中小学课堂中去;另一种以可接受性原则为借口,对学科知识进行任意剪裁、拼凑,然后让儿童去机械训练、死记硬背。前一种情况是把成人的经验与儿童的经验直接等同起来,抹杀了两者的差异。若简单地将对成人有意义的学科知识移植给儿童,其直接后果就会使这些知识成为一堆机械背诵的教条并严重挫伤儿童学习的积极性。后一种情况则是看不到成人的经验与儿童的经验之间的内在联系。须知儿童也有深刻的智力活动和强烈的情感体验,也有自己的审美需要,只不过这些理智、情感、审美活动是儿童化的,与成人存在一定的差异而已。

可见,在选择学科知识作为课程与教学的内容时,既要尊重各门学科知识的内在逻辑体系的要求,又要尊重儿童心理发展的内在要求,实现学科逻辑顺序与儿童心理逻辑顺序的统一。这既是恰当处理学科知识与课程内容的关系的基本原则,也是课程与教学论的永恒课题。

(二)科学、艺术与道德的关系

自1859年英国教育家斯宾塞在《什么知识最有价值?》一文中明确提出科学知识最有价值之后,科学成为近两个世纪以来课程内容选择的主导倾向,尤其是20世纪中叶以来,科学技术特别是信息技术的迅猛发展,科学似乎全面支配了社会生活的方方面面,科技理性成为社会的主导价值取向。这样,科学的价值在课程选择中不仅被日益强化,而且,科学领域的思维方式还逐渐向艺术、道德等价值领域渗透。艺术、道德领域的探究过程被视为探求艺术规律、道德规律的过程。因此,科学在课程体系中居于绝对支配地位,而艺术、道德、文学等课程便急剧萎缩,而且更为严重的是,像音乐、美术、道德、文学这些价值领域也被科学所异化,开始变成可以遵循的模式化的"规律性"的东西。这样,文学、音乐、美术、道德等领域就不再是陶冶人的性情、使人获得审美情趣和超越体验的存在,从而蜕变成一些服从功利需要的知识与技能。

在"唯科学主义"思潮产生与发展的同时,与之相对应的"人本主义"思潮从来就没有放弃过他们的追求。这种思潮并不否认科学的价值,却反对"科学本位""科学万能"。他们认为,在课程选择中,没有理由强调科学的优先性。科学、艺术、道德是人类文化的不同领域,彼此间既存在很大差异又有一定的内在联系,不能顾此失彼或厚此薄彼。所以,在课程选择中,我们既要承认并尊重科学、艺术、道德等领域间彼此的差异,也应自觉地将这些领域有机地整合起来。它们的整合主要涵盖以下三点:第一,科学不是价值中立的,而是价值负载的。不论从科学发现的过程来看,还是从所获得的某些科学结论来看,科学都是某些人基于特定目的、借助特定手段、运用某种方法、从某个角度对世界的某种解释,这个过程不可能是价值中立的。因此,在课程选择中,不仅要问:"什么知识最有价值?"还要问:"谁的知识最有价值?"所选择的课程知识才不会顾此失彼。第二,科学、艺术、道德具有等价性。科学、艺术、道德分属不同的领域,具有不同的价值。不论从个体发展、社会发展的需要,还是从文化本身的发展需求来看,对科学、艺术、道德等领域都不能厚此薄彼、彼此替代。第三,科学、艺术、道德相互渗透、相互作用,具有一定的内在统一性。教育的终极目标是指向人的解放与自由,人的解放与自由的境界就是真、善、美内在统一的境界,而作为培养和造就人的课程体系理应是科学、艺术、道德等领域的统一。事实上,科学中有美也有善,艺术中有善也有真,道德中有真也有美,只有真正将科学、艺术、道德整合起来,学校的课程体系才会完善,人类的文化才能走出危机,走向健康发展之路。

(三)科学与技术的关系

科学与技术的关系问题是直接影响理科课程开发的一个基本问题。人类自步入现代工业文明以来,科学与技术的关系已经经历了两大发展阶段。

第一阶段(从18世纪末到20世纪中期)对应于第一次、第二次技术革命。在这个阶段,科学与技术的关系表现为主导与依附的关系。具体来讲,科学与技术在本质上是二元对立的。科学是人类对世界的描摹,技术则是人类对世界的调控,它们是两种不同的逻辑和两类不同的操作模式。这样,科学家与技术专家这两种不同的角色往往是由两类不同的人担任,而且彼此间很难展开有效的沟通,由此导致科学活动越来越抽象化、理论化;技术活动越来越具体化、实用化。科学与技术的关系是机械的。科学是基础、是主导;技术则是科学的引申与应用,它被动地依附于科学发展。这种二元论思维方式不仅在历史上影响学校课程的选择,而且当今依然存在于学校的课程体系之中。

第二阶段(始于20世纪中期以后)对应于新技术革命(第三次技术革命)和信息时代。在这个阶段,科学与技术的关系表现为对等与融合的关系。

一方面,科学与技术是两种对等的文化,即科学与技术在社会政治、经济、文化发展以及个人发展方面各有其相对独立的存在价值,而且科学与技术都是具有原创性的,都应当根据各自所实现的目标来衡量各自的成就,而不能简单地从一个推导出另一个。在信息社会,技术的性质已经发生了质的变化,它不再被动地依附于科学,而成为文化价值体系的基本构成。正因为如此,联合国教科文组织于1983年明确指出,技术教育应该是通识教育的一个重要组成部分,并建议在世界范围内将技术纳入学校教育之中。

另一方面,科学与技术又是融合的。科学日益呈现出技术化的趋势,它不仅有明确的技术目的,而且其发展也越来越依赖于技术的进步,另一方面,技术日益呈现出科学化的趋势,它开始更加自觉地以科学为指导。而且在这一阶段,探求新原理的科学家和发明新工艺的技术专家这两种角色往往由同一人承担。其结果是,20世纪90年代以来,世界课程改革的一个重要动向就是十分重视技术课程(尤其是信息技术课程),并关注技术课程与科学课程的融合。当今世界各国在课程改革中强调技术课程的重要性,这既是基于社会发展的需求,更是基于人的发展的需要。总之,信息时代的科学与技术不再是对立的、机械联合的,而是融合的、有机统一的。

二、课程与教学内容的社会生活经验取向

自20世纪以来,一些课程论专家看到了科学技术的进步给社会生活带来的巨大影响并试图做出相应的反应。如英国的教育家怀特海曾明确提出:"教育只有一种教材,那就是生活的一切方面。"[①]美国的课程论专家查特斯和塔巴通过研究成人的活动,识别各种社会需求,并把它们转化成课程目标,再进一步把这些目标转化成学生的学习活动。因此,他们都主张将当代社会生活经验作为课程的主要内容。

应该说,这种选择当代社会生活经验作为课程内容的主张是合情合理的。问题是社会生活经验是纷繁复杂、良莠并存的,怎样选择和选择哪些社会生活经验作为学校课程的基本内容呢?在课程论发展史上,关于学校课程与社会生活的关系问题就存在着三种不同的观点,即"被动适应论""主动适应论"和"超越论"。

(一)被动适应论

被动适应论认为教育只是社会生活的准备,学校课程是使学习者适应当代社会生活的工具。这种观点的典型代表是美国著名的课程论专家博比特和查特斯。他们认为,学校课程应当以适应当代社会的需要为根本宗旨,教育在本质上是为有效的成人生活做准备。为了确认当代社会的需要,他们主张研究有效率的成人活动,用一种行为主义的研究方法将有效率的成人的典型活动转化为课程目标,进而再将课程目标转化为儿童的学习活动。可见,儿童的学习活动就是以当代社会生活经验为基本内容的。

被动适应论者把当前成人的生活经验作为数十年后才担负成人角色的儿童的课程与教学内容,显然忽略了教育功能的迟效性特点。同时,被动适应论者把教育的社会功能曲解为对社会生活经验的复制,忽视了教育的主动性。此外,被动适应论者还把儿童生活与成人生活等同起来,抹杀了成人与儿童的差异,剥夺了儿童的生活权利,没有意识到儿童生活是社会生活的有机构成。事实上,没有儿童参与的社会生活是残缺不全的社会生活。虽然儿童在不断地向成人学习,但成人在许多方面也在向儿童学习,只不过这种学习是不自觉发生的。

(二)主动适应论

主动适应论认为个人与社会是互动的、有机统一的,教育与社会也是互动的、有机统一

[①] 华东师范大学,杭州大学教育系.现代西方资产阶级教育思想流派论著选[M].北京:人民教育出版社,1981:116.

的,学校课程不仅适应社会生活,还不断改造社会生活。这种观点的典型代表是美国教育哲学家杜威和康茨。

杜威认为教育是一个社会的过程,教育即生活本身,而不是成人生活的被动准备。作为经验论者,杜威曾给教育下了这样的定义:"教育就是经验的改造或改组。"①在他看来,一切学习都来自经验,教育必须始终从个人的实际生活的经验出发。因此,最好的教育就是从生活中学习、从经验中学习。学校中一切课程的内容,应该是儿童现在生活的经验。那么,怎样实现学校课程对社会生活的主动适应?按照杜威的观点,那就是各种不同形式的"主动作业"。杜威倡导的"主动作业",就是把社会生活中的典型职业(如园艺、纺织、木工、金工、烹调、缝纫等)加以提炼、概括,使之成为学生在学校中从事的活动。学生在从事"主动作业"的过程中,在与教师和其他学生互动合作的过程中,会不断生成社会情感、社会态度和社会价值观。

以康茨为代表的社会改造主义教育哲学是在杜威的经验自然主义教育哲学的基础上发展起来的。该教育哲学流派认为,教育的根本使命是通过以社会生活经验为核心并指向社会生活经验的改造。该流派还主张,把重视个人经验的课程改造为重视集体经验、社会经验的课程,把重视个人智能发展的课程改造为重视集体意识统一的课程,把指向当前社会经验的课程改造为指向未来社会经验的课程。

(三)超越论

自20世纪70年代以来,受存在主义、后现代主义等哲学思潮的影响,教育理论界、课程理论界开始重新审视教育与社会、学术课程与当代社会生活之间的关系。什么是教育?教育是教育者与受教育者这两类主体通过交往而形成的学习共同体。教育是社会的一种主体,学校课程不是对社会生活经验的被动选择,也不是被动地传递着某些流行的社会生活经验的载体,学校课程就是社会生活经验。教师在生活,儿童也在生活,教师与儿童的交往是整个社会生活经验的有机构成。学校课程有权力也有义务在时代精神的建构中贡献自己的力量。当教育及课程的主体地位真正确立起来之后,学校课程与其他社会生活经验就是一种对话、交往、超越的关系。学校课程主动选择社会生活经验,并不断批判与超越社会生活经验,不断建构新的社会生活经验,这就是"超越论"的基本观点。

在学校课程与社会生活经验之关系的认识上由"被动适应论"到"主动适应论",并最终发展成"超越论"的历程,也是学校课程的主体性不断受到尊重,学校课程的主体地位不断得到提升的过程。

三、课程与教学内容的学习经验取向

"学习经验"原来是教育学和心理学中一个常用的术语。当课程目标的基本来源主要是

---

① 赵祥麟,王承绪.杜威教育论著选[M].上海:华东师范大学出版社,1981:271.

学习者的需要的时候,学习者的经验就成为课程的主要内容。历史上,凡倡导经验课程的课程理论流派大都把学习者的经验置于课程内容的核心或重要地位。如18世纪法国卢梭倡导的自然主义经验课程理论;20世纪20年代美国杜威倡导的经验自然主义经验课程理论;20世纪70年代以来以美国的罗杰斯为代表的当代人本主义经验课程理论等。著名课程论专家泰勒也认为,学习经验既不等同于一门课程所涉及的内容,也不等同于教师所从事的活动,而是指学生与外部环境的相互作用。因此,学习是通过学生的主动行为而发生的,学生的学习取决于他自己做了些什么,而不是教师呈现些什么内容或要求做些什么。这也是为什么坐在同一课堂上的两个学生,可能会有两种完全不同的学习经验。由此,泰勒指出:"教育的基本手段是提供学习经验,而不是向学生展示各种事物。"①

经验课程论者持有的基本观念,将为课程内容的构建提供不同的视角。

(一)学习者是学习主体

学习者经验的选择过程就是尊重并提升学习者的个性差异的过程。每一个学习者,不论其知识多少、能力强弱,都有其独立的人格,都有主宰自己命运的权利,也都是一个独立的主体,都应当受到尊重。因此,选择学习者的经验必须以尊重学习者的个性差异为前提。当课程选择真正尊重了学习者的个性差异的时候,每一个学习者就会使自己独特的潜能和价值获得充分的表现,由此形成的课程应该是个性丰富的课程、人性化的课程。可见,学习者经验的选择过程本质上就是每一个学习者的自我选择过程。教育者的使命是为学习者的自我选择创设情境、创造条件、提供机会,在学习者需要的时候给予必要的指导与帮助。对此,人本主义学者罗杰斯明确指出,课程既不是要教学生学会知识技能,也不是要教学生学会怎样学习,而是要为学生提供一种促使他们自己去学习的情境②。可见,罗杰斯已把课程看作满足学生成长和个性整合需要的自由解放的过程。在这里,课程的重点已从教材转向学生个体。

(二)学习者创造社会生活经验

学习者不只是接受社会生活经验,为社会生活经验所熏染,而且还创造社会生活经验。社会生活经验不是一个抽象的存在,而是一些可以看得见、摸得着的具体东西,它是不同文化群体、不同社会群体,不同年龄阶段的人在长期的社会实践和持续的交往中形成的。因此,社会生活经验自然熔铸了儿童的精神与智慧。1762年,卢梭在他的教育名著《爱弥儿》中曾指出:"在人生的秩序中,童年有它的地位;应当把成人看作成人,把孩子看作孩子。"③在此,卢梭从教育者的角度提出了"儿童权利宣言",确立了儿童在人类社会生活中的独特地位与价值。1916年,杜威在其教育哲学名著《民主主义与教育》中指出:"常态的儿童与常态

---

①泰勒.课程与教学的基本原理[M].北京:人民教育出版社,1994:49-50.
②施良方.课程理论[M].北京:教育科学出版社,1996:37.
③卢梭.爱弥儿[M].北京:商务印书馆,1978:74.

的成人都在不断生长。他们之间的区别不是生长和不生长的区别,而是各有适合于不同情况的不同的生长方式。"①不论是卢梭还是杜威,他们都确立起儿童在社会生活中独特的、成人无法取代的价值,都认为把成人的社会生活经验强加于儿童是教育的悲剧。总之,儿童不是等待明天踏入成人社会后才生活,他们今天就实实在在地生活着。学习者在社会生活中具有主体地位,是社会生活经验的创造者之一。儿童当然要学习成人的成熟经验,但成人的经验只有经过儿童的选择、认同和再创造的过程,才能真正促进儿童的社会化进程,否则,只会阻碍儿童的发展。

(三)学习者是知识和文化的创造者

我们必须清醒地意识到不只是科学家、艺术家、诗人在创造知识与文化,每一个学习者也是知识与文化的创造者。学习者在班级和学校交往中,在日常生活中创造着自己的个人知识和同伴文化。不仅如此,这些个人知识和同伴文化在学习者人格发展过程中所起的作用丝毫也不亚于所接受的学科知识与文化。学科知识与文化要对学习者的人格发展产生积极作用就必须首先经过学习者的选择,必须为学习者所认同,必须以学习者的个人知识、个人经验为核心,并在此基础上得到合理整合。由此可见,学习者不只是知识与文化的接受者,同时也是知识与文化的创造者。因此,学校所设置的课程,与其让学生花很多时间去死记硬背,还不如让他们花些时间去积累更多的个人经验,在经验中体悟有意义的知识。

(四)学习者是课程的开发者

当学习者的主体地位确立之后,他就不再是别人为他准备好的课程的被动接受者,而是他自己的课程的主动开发者。20世纪70年代,美国著名的课程论专家施瓦布曾指出,课程绝不是教材这一个因素,而是教师、学生、教材、环境四个因素动态交互作用的有机体,学生是课程的有机构成部分,他有权诘问他应当朝哪个方向发展,他应当学些什么②。从此之后,学习者的自我履历、个人知识和经验等为传统课程研究所忽视或摒弃了的东西,经过重新审视后,被置于课程研究的核心。这样,接受别人提供的现成课程不再是学习者唯一的选择,他们可以根据自己的需要和目标,与教师和其他学习者一起开发自己的课程。

有了上面的分析,人们就会形成新的认识,即学习者是课程的主体和开发者,学习者的个人知识和经验,学习者在同伴交往和其他社会交往中所形成的社会经验是课程内容的基本构成。学习经验取向强调,决定学习的质和量的是学生而不是教材,学生是一个主动的参与者。所以,教师的职责是要建构适合于学生能力与兴趣的各种情境,以便为每个学生提供有意义的经验。

然而,把课程内容视为学生的学习经验,不仅增加了课程编制者研究的难度,而且会突

---

① 杜威. 民主主义与教育[M]. 王承绪,译. 北京:人民教育出版社,1990:54.
② 张华. "实践的课程范式"及其应用研究[J]. 外国教育资料,1998(5):6-31.

破外部施加给学生的东西,因为学生是否真正理解课程内容,取决于学生的心理建构。从某种意义上说,学生已有的认知结构的情感特征对课程内容起着支配作用,它们是受学生控制的,而不是由学科专家支配的。知识只能是"学"会的,而不是"教"会的。

在课程论发展史上,不论主张"课程内容即学科知识"的学者,还是主张"课程内容即社会生活经验"的学者,很少有人完全否认学习者经验的重要性。在他们眼中,学习者的经验只有被塑造为学科知识或适合了当代社会生活的需求才是理想的,至于学习者本人的一些直接经验或情感冲动,则是需要改造或替代的东西。同样,倡导"课程内容即学习经验"的学者,也很少有完全否认学科知识和当代社会生活经验价值的,只不过他们认为,所有学科知识和社会生活经验只有经过学习者自己的主动选择并转化为学习者人格发展的需求时,才有意义。可见,这三种课程内容取向,都有其各自的合理因素,也都有其不足。因此,把它们简单地对立起来,或顾此失彼,或用形而上学的方式静止地看待它们,都是不足取的。

第二节 课程与教学内容的组织

为使学生的各种学习内容有效地联系在一起,使学习内容产生前后呼应和累积效应,教师还需要对选择出来的课程与教学内容进行有效组织,使其起到相互强化的作用。本节主要讲述课程与教学内容组织的内涵、课程与教学内容组织的基本准则等相关问题。

一、课程与教学内容组织的含义

在课程论发展史上,查特斯与博比特最早论述课程的组织问题。查特斯在1923年出版的《课程编制》一书中曾指出:"要根据儿童心理特征安排内容,以使用一种适当的教学顺序获得它们。"[1]这就涉及课程组织问题。1924年,博比特在出版的《怎样编制课程》一书中指出:"要对为达到教育目标而提供的各种活动、经验和机会加以设计——制订详细计划。"[2]这也是在谈论如何组织课程内容。1926年,著名教育哲学家拉格在其出版的《课程编制:过去与现在》一书中总结了课程编制的经验教训,提出了课程编制过程的三项任务:确定基本目标、选择活动和其他教学材料、发现最有效的教材组织方式[3]。在这里,他已明确提出了课程组织问题。后来,泰勒在其著作《课程与教学的基本原理》中把查特斯、博比特、拉格等人的观点进一步系统化、理论化,提出了"怎样有效组织学习经验"的问题,确立了课程组织的基本标准与原则,从而使课程组织成为课程论研究的基本问题之一。

不同的课程论专家从不同的角度区分了课程组织的要素。例如,施瓦布确认了课程组

---

[1] CHARTS W. Curriculum Construction[M]. New York:Macmillan,1923:102.
[2] 张华.课程与教学论[M].上海:上海教育出版社,2000:231.
[3] BAGLEY W C, RUGG H, WHIPPLE G H. Curriculum - Making:Past and Present[M]. New York:Arno Press,1969:475.

织的四大要素:学习者、教师、教材和环境①。这是在把课程视为一种有机整体的基础上区分课程组织的要素,是一种宏观的分解。麦克尼尔提出的共同的组织要素主要包括以下几个方面:第一,主题和概念。概念是许多学术课程计划最基本的构成。如物理学中的"力"、化学中的"元素"、生物学中的"细胞"、文学中的"风格"等。第二,原理。原理是科学家通过观察实验而得出的结论。如"直角三角形斜边的平方等于两条直角边的平方和""在所有人类行为中,个人既是参与者又是观察者"等。第三,技能。如基础教育中的听说读写算的技能、实验技能、资料搜集与处理技能、各种专业技能(如烹调、缝纫、钳工、电工)等。第四,价值观。哲学价值观是支配人的行为的基本信念。如"不管种族、民族、职业、收入或阶级有怎样的差异,每一个人的价值和尊严都应受到尊重""尊重自我""人类应与自然和谐相处"等。哲学价值观是支配课程的核心要素②。可见,麦克尼尔是从微观的角度来分析课程组织的要素。

一般认为,课程内容组织它是在一定的教育价值观的指导下,将所选出的各种课程要素妥善地组织成课程结构,使各种课程要素在动态运行的课程结构系统中产生合力,以有效地实现课程目标。

课程与教学内容组织是一种繁杂而又意义重大的事情,它关系到青少年学生未来的全面发展状况。因此,课程与教学内容的组织必须考察这些内容在实现教育目标过程中的全面潜能,还应当考虑对教师的教和学生的学的动态适应性。

二、课程与教学内容组织的标准

关于如何组织课程内容的问题,泰勒曾提出三条基本准则,即"连续性""顺序性"和"整合性"。所谓"连续性"是指将选出的各种课程要素在不同学习阶段予以重复。例如,在数学课程中,使先学习的公式、定理在后继学习中重复出现,以不断得到巩固。连续性强调的是课程要素的重复。所谓"顺序性",是指将选出的课程要素根据学科的逻辑体系和学习者的身心发展阶段,由浅入深、由简到繁地组织起来。顺序性则强调课程要素的拓展和加深,后续内容要以前面的内容为基础。所谓"整合性"是指各种课程内容之间横向联系,以便有助于学生获得一种统一的观点,并把自己的行为与所学的课程内容统一起来③。

可以说,泰勒提出的这三条基本准则至今仍具有一定的指导意义,但在课程编制的实际工作中还会遇到许多具体难以解决的问题,这就需要对课程与教学内容组织的问题做更深入的思考,必须找到组织它们的最基本而实用的标准。课程与教学内容组织的最基本标准

---

①SCHEAB J. The Practical 3:Transition into Curriculum[J]. The School Review,1973(1):81.

②MCNEIL J D. Curriculum:A Comprehensive Introduction[M]. New York:Harper Collins Collego publishers,1996:183.

③泰勒.课程与教学的基本原理[M].施良方,译.北京:人民教育出版社,1994:24.

如下。

(一)纵向组织与横向组织

所谓"纵向组织"是指将各种课程要素按纵向的发展序列组织起来,这种纵向的发展序列就是课程内容的先后顺序排列,所以,纵向组织又叫"序列组织"。在教育史上,最有影响的就是纵向组织原则。我国《礼记·学记》中曾指出:"不陵节而施""先其易者,后其节目"。这就是强调按照先后顺序来组织课程和教学内容。夸美纽斯也告诫教师,要按由简至难的顺序安排内容。

一些教育心理学家从心理学的角度提出了新的序列组织的原则。例如,加涅认为人类学习的复杂程度是不一样的,是由简单到复杂依次推进的。他认为学习任何一种新的知识技能,都是以已经习得的,从属于它们的知识技能为基础的。他把人类学习归为八类:信号学习、刺激-反应学习、动作连锁学习、言语联想学习、辨别学习、概念学习、规则学习、问题学习。其中前四类学习是基础性的。因此,课程内容的组织要考虑到先让学生进行辨别,然后学习概念,在此基础上掌握规则或原理,最后把原理或规则用于问题解决①。布卢姆等人的目标分类学,也是强调学习内容由简单到复杂按顺序排列的典型。在他看来,任何复杂的课程内容都可以分解为细小的单位,明确每一单位的基本目标,然后按照逻辑顺序加以排列,运用强化的手段,使学生一步一步地掌握整个教学内容。

一些发展心理学家则从个体成长过程的角度,对课程内容组织的序列提出了要求。在他们看来,学生生理的、社会的、理智的以及情感的发展,都是按一定顺序由内部加以调节的。因此,课程内容组织必须顾及学生发展的阶段。例如,柯尔伯格提出了一种在道德判断领域里学习内容的组织方式。他认为,道德认识的发展依次经过一系列阶段。如果学生在成熟达到最低界限后,学习某些事情就会容易些。

所谓"横向组织"是指将各种课程要素按横向关系组织起来。这是要求打破学科界限和传统的知识体系,以便让学生有机会更好地探索社会和个人最关心的问题。学生的经验和生活原本是一个整体,但由于社会分工、学术传统等方面的原因,当对学生进行培养时,却把学生完整的经验人为地分成了语文、数学、物理、化学、历史、地理、音乐、体育等领域,把学生完整的生活分成家庭生活、学校生活和社会生活等几大块。另外,"横向组织"的提出,还与20世纪60年代以来,自然科学和社会科学的融合、社会科学内部各学科日趋综合的趋势相顺应。在这些教育家看来,如果要使学生所学的内容对他们成长具有重要意义,就必须摆脱传统学科的形式和结构,使课程内容与学生校外经验有效地联系起来。实际上,横向组织的倡导者强调的是知识的广度而不是深度,关心的是知识的应用而不是知识的形式。

(二)逻辑顺序组织与心理顺序组织

课程与教学内容是按逻辑顺序组织还是按心理顺序组织,是课程史上争论较为激烈的

---

① 施良方.学习论[M].北京:人民教育出版社,1994:327.

问题之一。所谓"逻辑顺序组织"就是指根据学科本身的系统和内在的联系来组织课程与教学内容。所谓"心理顺序组织"就是指按照学生心理发展的特点来组织课程与教学内容。

在课程史上,"传统教育"主张根据学科的逻辑顺序来组织课程与教学内容,也就是说,把课程与教学内容的重点放在逻辑分段的顺序上,强调学科固有的逻辑顺序排列,至于这种逻辑对学生有何意义则不属考虑范围。"新教育"则强调要根据学生身心发展的特征以及他们的兴趣、需要、经验背景等组织课程与教学内容。学生是课程与教学的中心,是目的。对于学生的成长和发展来说,一切学科的逻辑都处于从属地位。

现在几乎没有人会仍然固执一端,越来越多的人倾向于学科的逻辑顺序与学生的心理顺序的统一。如美国著名的课程论专家塔巴曾指出,一般人对顺序性的处理往往只关注内容而忽略过程,这是片面的。课程组织不仅要关注内容的顺序(逻辑顺序),还应关注处理内容的心理过程的顺序(心理顺序)[1]。因为,一方面,课程与教学内容应该考虑到学科本身的体系,学科体系是客观事物的发展和其内在联系的反映。通过学习学科体系,学生可以了解自然界和人类社会的发展过程。况且每门学科各部分内容之间都有其内在的逻辑关系,某一部分内容总是既以另一部分内容为基础,同时又作为其他部分内容的基础。事实上,一门学科本身就是一个概念体系。另一方面,课程与教学内容是为学生安排的,如果不符合学生的认知特点,学生就难以接受,那么,再科学的内容对学生来说也是无意义的。这里需要指出的是,心理顺序是指学生的心理而不是成人的心理。因为成人的心理已习惯于接受按逻辑顺序组成的事实,以致不易看不到一门学科已对众多事实经过了许多分析和重新组合。

从理论上讲,将学科的逻辑顺序和学生的心理顺序统一起来,应该是比较容易做到的,也是很完美的,但是在课程与教学实践中,还会遇到许多具体的问题。首先,不同的人对某门学科的逻辑顺序会有不同的看法。例如数学,一般人都认为应该先学算术,然后再学代数、几何等。算术应该先学加减,后学乘除。但也有人持不同观点,例如布鲁纳就认为,任何学科都可以用某种形式教学给任何年龄阶段的任何人。问题的关键是要找到这门学科的基本结构。其次,对学生心理发展规律的认识还存在局限性。虽说许多心理学家和教育学家对此做出了不懈的努力,但在课程与教学实践中还会有许多具体问题有待继续深入研究。

(三)直线式组织与螺旋式组织

在课程史上,课程与教学内容的组织有直线式和螺旋式两种形式。所谓"直线式"就是把一门课程的内容组织成一条在逻辑上前后连贯的"直线",使后学的内容是前面已学内容的逻辑继续,前后基本不重复。所谓"螺旋式"又称"圆周式",它是使一门课程内容中的一些基本原理,在各个阶段重复出现,并逐渐扩大范围、加深程度。这两种组织形式在课程史上

---

[1] 张华.课程与教学论[M].上海:上海教育出版社,2000:233.

都曾产生过重要影响,在现代课程与教学论中仍以不同的方式出现。例如,苏联教学论专家赞科夫主张,教师所讲的内容,只要学生听懂了、理解了,就可以一直往下讲,不要原地踏步。因为过多地重复同一内容,会使学生产生厌倦,而不断呈现新的内容,学生总觉得在学习新的东西,能使学生保持良好的学习兴趣。所以,他对复习和巩固是持保留态度的。他认为,学生现在巩固了,如果以后几年不用,还是要忘记的。而美国学者布鲁纳则明确主张采用螺旋式课程。他认为,课程内容的核心是学科的基本结构,对儿童的教学,应该从小就开始教各门学科最基本的原理,以后随着学年的递增而螺旋式地反复,不断提高。换言之,课程与教学内容是要向学生呈现学科的基本概念和基本原理,以后不断在更高层次上重复它们,直至学生全面掌握该门学科为止。

直线式组织和螺旋式组织各有利弊。直线式组织可以避免不必要的重复;螺旋式组织虽然有重复,但更容易照顾到学生认识的特点,有利于学生加深对学科的理解。事实上,直线式课程和螺旋式课程对学生思维方式有着不同的要求,前者要求逻辑思维;后者要求直觉思维。逻辑思维强调的是按直线一步一步地思考问题,注重构成整体的部分和细节,它只是接受确切的和清楚的内容;直觉思维是要在理解细节之前先掌握实质,它考虑到整个形式,它能做出创造性的跳跃。两者各有其特点。正因为如此,更多的人主张将两者结合起来,根据学科的不同特点,学生的接受能力和学制分段情况,灵活地对课程与教学内容进行组织。

第三节 课程类型及结构

课程类型是指课程的组织方式或指设计课程的种类。由于课程论者的课程观不同、学校的具体情况各不相同,因而所设计的课程类型也有所不同。目前,课程类型名目繁多,有的名同质异,有的名异实同。课程分类的方式也大不一样。课程结构是指课程各部分的组织和配合,即探讨课程各组成部分如何有机地联系在一起的问题,也就是把学生在校学习的时间分成各部分,在不同的学习时间安排不同的课程类型,由此形成一个课程类型的组织体系。

影响课程结构的因素是多方面的,概括起来,主要有三个方面。第一,课程流派。不同课程理论流派体现不同的课程价值观,同时也要求有不同的课程类型及相应的组织结构。第二,课程的功能。结构与功能在某种意义上是相互决定的;结构决定功能;特定的功能也要求相应的结构。像自我意识教育、探究教育、专业教育等,都要求不同的课程结构。第三,课程开发所处的层次。课程开发所处的层次不同(如地方、学校、课堂),所需要的课程结构也不同。

在课程理论与实践中,典型的课程类型主要包括学科课程与活动课程、分科课程与综合课程、必修课程与选修课程、显性课程与隐性课程。探究每一对课程类型的特点及其内在联系,是确立理想的课程结构的基本前提。

一、学科课程与活动课程

(一)学科课程

所谓"学科课程"是根据各级各类学校培养目标和科学发展水平,从各门科学中选择出适合一定年龄阶段学生发展水平的知识,并依据知识的逻辑体系,组成各种不同的教学科目。这种课程是预先安排的,也是使用范围最广的课程类型。

从学校产生与发展的历史来看,学科课程在所有课程的类型中,历史是最长的。早在我国春秋时期,孔子便"删诗书,定礼乐",确立了教育的基本内容为"诗、书、礼、乐、易、春秋"(史称"六经")和"礼、乐、射、御、书、数"(史称"六艺")。这可以被看作是学科课程最早的雏形;在古希腊,古罗马的学校中,主要的教学科目包括"文法、修辞、辩证法、算术、几何、天文、音乐"(史称"七艺")。文艺复兴后,随着科学的发展,学科课程便日益精细化、体系化。到夸美纽斯提出"泛智论"之时,该课程几乎成了"百科全书式"的课程。夸美纽斯的理想是把一切事物教给一切人类,把一个人在人生旅途中所应具备的一切知识的种子播植到他身上①。以这种思想为指导,夸美纽斯将科学的每个门类,如语言、哲学、历史、政治、天文、地理、几何、音乐、宗教、伦理等,都无一遗漏地反映在教学科目之中。

其后,赫尔巴特和斯宾塞分别给学科课程以心理学和社会学的说明。赫尔巴特的课程是以培养"善的意志"为根本目的。而要培养"善的意志",他认为就应当培养人的"六种兴趣",课程的设置则应根据人的"六种兴趣"。第一种是"经验的兴趣",即了解事物"是什么"的兴趣。适应这种兴趣的科目有自然、物理、化学、地理等,这些科目旨在使学生获得自然的知识。第二种是"思辨的兴趣",即进一步思考事物"为什么"的兴趣。适应这种兴趣的科目有数学、逻辑学、文法等,这些科目旨在锻炼学生的思维能力。第三种是"审美的兴趣",即对各种事物、大自然、艺术品、善行的体验和美的评价的兴趣。适应这种兴趣的科目有图画、音乐、文学等,这些科目旨在培养学生的艺术鉴赏力和审美情感。第四种是"同情的兴趣",即在与他人的交往中产生的兴趣。适应这种兴趣的科目有国语、外国语等,这些科目旨在培养友爱、谅解精神。第五种是"社会的兴趣",即在交往中建立广泛联系的兴趣。适应这种兴趣的科目有历史、政治、法律等,这些科目旨在培养群体的合作精神。第六种是"宗教的兴趣",即认识人与神的关系的兴趣。适应这种兴趣的科目是神学。赫尔巴特就是以培养学生多方面的兴趣为基础来安排鉴别学科的,他认为教育的主要任务之一,就在于引起多方面的兴趣,通过学习不同学科,形成各种各样的观点。

斯宾塞认为教育的目的是为完美生活做准备,而适应"完美生活"之需要的最有价值的

---

① 夸美纽斯.大教学论[M].傅任敢,译.北京:人民教育出版社,1984:224.

知识是科学,所以课程就是由实用科学知识构成的。他将人的生活分为五大领域,相应地,其课程体系也就由五部分构成。第一部分是生理学、解剖学。这是阐述生命和健康规律,维护个人健康,保持饱满精力的知识。这种课程对应于"指向自我保全的活动领域"。第二部分是读、写、算以及逻辑学、几何学、物理学、天文学、生物学等。这是与生产活动直接关系的知识。这类课程对应于"获得生活必需品的活动领域"。第三部分是心理学、教育学。这是正确履行父母的职责,更好地教养自己的子女所需要的科学知识。这类课程对应于"抚养和教育子女的活动领域"。第四部分是历史、社会学。这是合理调节自己的行为所必需的知识。这类课程对应于"维持适当的社会和政治关系的活动领域"。第五部分是绘画、雕塑、音乐、诗歌等。这是了解和欣赏自然、文化、艺术的知识。这类课程对应于"满足爱好和感情的活动领域"。由此看来,斯宾塞的课程论是"唯科学主义"的,而且还是"功利主义"的[①]。虽然他的课程论证失之偏颇,但为学科课程的确定提供了新的视角,并给出了新的说明。

学科课程理论在20世纪上半期又获得了新的发展。以美国的"要素主义"和"永恒主义"教育哲学流派为杰出代表,他们将学科课程在理论上进一步精致化。要素主义者巴格莱认为人是文化动物,知识是人类文明史的结晶。社会进化与生物进化的根本区别在于前者是通过知识经验的传递和接受进行的,因而倡导知识中心的课程开发。这种课程开发应遵循"知识最大价值"原则选择课程内容,然后按照知识内在逻辑规律组织课程[②]。在1938年发表的《要素主义宣言》中,要素主义者指出,英语、数学、科学、历史、现代外语是人类知识的"共同核心",是同继承人类文化遗产的现代要求相适应的,也是适合智力训练的,因而值得倡导。永恒主义者认为,人的本质和理性是永恒的、统一的,不会随着时代的变迁而改变。教育应以永恒的价值为基础,追求"永恒的真理"。课程应以包含人类理性的永恒价值的理念和原理为内容。而人类理性的永恒价值集中体现在伟大的智慧遗产——"古典名著"之中,因而这些"古典名著"应成为课程的基本内容,他们强调初等教育中儿童的教养和读、写、算的重要性;在前期中等教育中,以文法、修辞学、辩证法、数学等传统学科为基本课程;在后期中等教育中,应阅读、分析、理解人类伟大文化遗产——"古典名著"。他们认为,在科技文明的现代,自然科学的思想并不能揭示社会发展的方向和目标,因而严厉抨击"唯科学主义"的课程观。

总之,学科课程具有两个最显著的特征:第一,以学科知识或文化的发展作为课程目标的基本来源,课程开发以学科知识及其发展为基点,强调学科知识的优先性。第二,课程组织遵循学科知识的逻辑体系进行。

学科课程的优缺点也是显而易见的。主要优点有三:第一,有助于系统传承人类文化遗产;第二,有助于学习者获得系统的文化知识;第三,有助于组织教学与评价,便于提高教学

[①] 张华.课程与教学论[M].上海:上海教育出版社,2000:240-241.
[②] 张华.课程与教学论[M].上海:上海教育出版社,2000:241.

效率。

学科课程的缺陷有四：第一，由于学科课程是以知识的逻辑体系为核心组织起来的，容易导致轻视学生的需要、经验和生活。代表成人世界、体现成人意志的逻辑知识与儿童的世界、儿童的需要和经验并不一样，过多地强调逻辑知识导致漠视儿童现实的需要和经验，导致死记硬背。第二，每门学科课程都有其悠久的学术传统，都有其相对独立和稳定的逻辑系统，这容易导致忽略火热的当代社会生活的现实需要。第三，学科课程变革起来难度较大。学科课程体现不同社会群体的利益，一旦某些学科被纳入课程体系之后，就很难更改。第四，学科课程也容易导致单调的教学组织和划一的讲解式的教学方法。

由此可见，学科课程既是学校的产物，也是科技发展的产物，它之所以在学校教育中始终受人青睐，是因为它既源于学校特定的要求，也源于人们长久以来形成的知识观，同时，也源于它的便利与简单。

（二）活动课程

所谓"活动课程"是以儿童的兴趣、需要和能力为基础打破学科逻辑组织的界限，通过儿童自己组织的一系列活动而实施的课程。它也常常被称为"儿童中心课程"或"经验课程"。儿童的兴趣、动机、经验是活动课程的基本内容。由于儿童总是生活在特定的社会和文化之中，所以，为了提升儿童的经验和价值，活动课程也把儿童感兴趣的当代社会生活问题以及学科知识转化为儿童的经验，作为课程内容。这样，活动课程的基本着眼点就是儿童的兴趣、动机和经验。

一般而言，活动课程起源于19世纪末20世纪初欧美的"新教育运动"和"进步教育运动"，其发展历史较学科课程晚近千年。迄今为止，活动课程已发现三种典型的理论形态：浪漫自然主义经验课程论、经验自然主义经验课程论、当代人本主义经验课程论。

1. 浪漫自然主义经验课程论

它是十八十九世纪流行于欧洲的一种经验课程思潮，其主要代表人物是法国教育思想家卢梭，瑞士教育家裴斯泰洛齐、德国教育家福禄贝尔。尽管卢梭、裴斯泰洛齐、福禄贝尔等人的思想存在一定的差异，但他们都主张人性本善，呼唤人的尊严与自由，认为每一个儿童都存在自我活动、自我发展的天赋能力，教育应当适应儿童的自然天性，这就是所谓"教育适应自然"的原则。下面仅以卢梭为例，简要分析浪漫自然主义经验课程的基本特征。卢梭倡导自然教育，强调教育必须要适应儿童自然发展过程，主张将儿童放归大自然，精心组织一系列活动，使儿童在活动中学习。他说，"不要对你的学生进行任何种类的口头教训，应该使他们从经验中取得教训""我们只主张我们的学生从实践中去学习""教育应该是行动多于口训"①。可见，卢梭反对向儿童传授现成的书本知识，他认为适合儿童的知识是儿童在现实

---

① 卢梭.爱弥儿：上卷[M].北京：商务印书馆，1991：107.

事物中寻求的自然事物的知识和社会的知识。由此,可以得出卢梭所倡导的浪漫自然主义的经验课程具有以下特征。第一,经验课程之"经验"是建立在感官知觉基础上的对事物的认识和反映。真理是建立在直接经验的基础之上的,是与客观事物相符合的认识或经验。第二,经验课程的终极目的是使人善良的天性充分展开,使人达到或恢复到"原始的自然状态",使人健康、快乐、自由地生活,使人成为"自然人"。第三,经验课程内容的基本来源是儿童、自然、知识、社会。自然是儿童之基础,儿童是社会之基础,知识则建立在个人的感知觉、直接经验的基础之上。第四,与经验课程相应的教学是"发现教学"。发现教学的基本构成因素是兴趣与方法,基本表现形式是以感知觉为基础的活动教学与实物教学,最终指向"自然人"的人格理想。

2. 经验自然主义经验课程论

美国教育哲学家约翰·杜威于19世纪末20世纪初系统地确立了"经验自然主义"哲学(实用主义哲学),在这种哲学的基础上,经过教育实践的进一步发展与完善,形成了理论完备且极富独创性的经验自然主义经验课程论。杜威的经验课程论的最主要的成就是用其独特的"经验"理念确立了经验课程的"连续性"和"交互作用"的原则。在杜威看来,经验课程就是儿童在与其周围环境主动地交互作用的过程中经验的持续增加。为此,他主张开展有利于儿童生活的各种类型的活动,在这种活动中,儿童是活动的主体,他们是决定活动形式和活动内容的决定因素。他说:"学校课程中相关的真正中心,不是科学,不是文学,不是历史,不是地理,而是儿童本身的社会活动。"①他还为儿童从事这些活动设计了一种学习方式——"从做中学",通过学生主动的活动与探究获取经验。

杜威的经验自然主义经验课程论到了后来的进步教育那里,便成为彻底抛弃分科课程的依据。其中以克伯屈创立的"设计教学法"最为典型。克伯屈曾这样界定"设计":"设计是自愿的活动——以自愿决定目的,指导动作,并提供动机的活动。"②在克伯屈看来,"设计"即是指学生自己计划,运用自己已有知识与经验,通过实际操作,在实际情境中解决实际问题。可见,"设计教学法"既是一种教学方法论,也是一种经验课程论。它的基本理念是:如果儿童致力于解决他们真正感兴趣的问题,他们就能够学会思维。杜威的经验自然主义经验课程论具有明显特征,大致如下:

(1)经验课程之"经验"是人与环境的交互作用,是主动行动结果与反思结合。因而,这种"经验"也就是儿童的直接经验与学科教材之间的历史的统一。

(2)经验课程的终极目的是"持续生长"。这既指个人经验的不断增加,也指社会整体的不断发展,而个人的成长与社会的发展又是一个不可分割的"连续体"。

(3)经验的基本来源是儿童、学科知识、社会。

---

① 赵祥麟,王承绪. 杜威教育论著选[M]. 上海:华东师范大学出版社,1981:6.
② 瞿葆奎. 教育学文集·教学(上)[M]. 北京:人民教育出版社,1988:336.

(4)经验课程与"问题解决教学"是内在统一的,这种内在统一最终取决于经验的性质。

(5)经验课程的理论基础是经验自然主义哲学或实用主义哲学。

3. 当代人本主义经验课程论

自20世纪70年代开始,人本主义经验课程论骤兴。这种经验课程论是对现代课程中"科技理性"的膨胀及由此导致的课程的"非人性化"的反驳。就目前来看,人本主义经验课程论主要存在两种不同的风格。

第一种风格的人本主义经验课程论深受人本主义心理学的影响,将经验课程建立在美国人本主义心理学家马斯洛和罗杰斯等人的心理学理论基础之上,其根本目标是促进学习者实现其潜能与价值,最终达到"自我实现"的境界。因此,这种课程又称为"自我实现课程"。持这种经验课程论的专家大力倡导"合成教育"与"合成课程"。"合成教育"的实质就是把情意领域(情感、态度、价值观)和认知领域(知识和能力)加以整合,其核心思想是希望把认知教育与学生自己的生活联系起来。

"合成课程"的五个构成要素包括:①参与,要求一致性、权利分享、协商,以及共同参与者的联合责任。②整合,需要思维、感情和行动的交互作用与相互渗透。③关联,需要教材在情感和理智两个方面与参与者的需要和生活紧密联系。④自我,是学习的合法对象。⑤目标,"合成课程"的社会目标就是在人类社会中发展完整的人①。"合成课程"的最基本特征就是整合性,即情感与理智的整合、个人与社会的整合、教材与学生生活的整合。

第二种人本主义经验课程论主要受20世纪西方人本主义哲学(如现象学、存在哲学、精神分析理论等)的影响而产生。其主要代表有美国的派纳、格鲁梅特、麦克唐纳等。他们所确立的人本主义经验课程也具有明显的特征。

(1)经验课程之"经验"是"存在"体验或"反思"精神。"存在"体验是指向个体的自由选择、潜意识经验、挫折感等属于自我知识、自我履历范围的内容。"反思"精神把知识视为一种"社会建构和意义赋予的过程",知识是价值负载的,因此,可以对任何知识进行反思批判和意义重建。

(2)经验课程的终极目的是使每一具体存在的个体之个性完全获得自由与独立,使人获得解放,使社会日臻公正。

(3)经验课程内容的来源是自我、自然、知识、社会。在这里,知识是价值负载的,它既负载着个体的价值,又负载着社会阶级、集团、种族的价值。

(4)经验课程与教学完全一体化,二者完全融合起来。

(5)经验课程的理论基础是现象学、存在哲学、精神分析理论等当代人本主义哲学。

总之,不存在什么普通的经验课程,任何经验课程都是时代的产物,都体现了特定时代

---

① 张华.课程与教学论[M].上海:上海教育出版社,2000:251.

的基本精神。经验课程(活动课程)主要有四大特征。

第一,经验课程(活动课程)以学习者的直接经验为课程开发的基点,课程目标的来源就是学习者的经验及其成长需要。学习者在与所处的情境交互作用中、在解决所面临的各种问题的过程中建构经验、发展人格。学科知识的学习只有以学习者的直接经验为基础并满足学习者的需要和兴趣,才能成为活动课程的一部分。

第二,在经验课程(活动课程)中,学习者是能动的创造性的存在。在活动课程中,学习者参与学习活动的构想、设计、实行、评价。学习者选择他认为重要的活动,而且能够理智地、自由地批判这种学习活动。

第三,在经验课程(活动课程)中,学习者都一直存在。活动课程的学习过程是学习者全人格参与的过程,这是智力过程与情绪过程的统一,是思维与行动的统一。因此,在活动课程中,学习者的需要、动机的发展与其智力的发展是同等重要、相辅相成的;学习者思维能力的发展与其操作能力的发展是同等重要、相辅相成的。

第四,经验课程(活动课程)重视学习者的个体差异。活动课程尊重学习者在能力倾向、情绪等方面的差异,重视学习者的各种特殊障碍和特殊的社会境遇。课程必须在尊重学习者个性差异的基础上开发并实施。

经验课程(活动课程)的优缺点也是显而易见的。其优点有三。第一,经验课程(活动课程)强调学习者活生生的直接经验的价值,把学习者的经验及其成长需要作为课程目标的基本来源,充分满足学习者的需要、动机、兴趣。因而,在经验课程中,学习者成为真正的主体,课程的意义从此被发现了。第二,活动课程主张把人类文化遗产以儿童的经验为核心整合起来,主张把学科知识转化为儿童当前活生生的经验,强调教材的心理组织。这样,儿童在与文化、与学科知识交互作用的过程中,人格不断获得发展。第三,活动课程主张将当代社会现实以儿童的经验为核心整合起来,既把儿童视为生活于社会现实之中的儿童,又不使儿童拘泥于当前的社会现实而被动适应当前的社会现实,而是着眼于儿童的未来,主张基于儿童的人格发展对当前的社会现实进行改造。应当说,这种观点摆正了儿童的人格发展与当前社会生活的关系。

经验课程(活动课程)的缺陷大致有三。第一,经验课程容易导致忽视系统的学科知识的学习。该课程的实践过程往往导致实施者纵容儿童,沉醉于儿童的各种偶发的冲动,从而忽略了学科知识的教育价值,走向"儿童中心主义"。第二,经验课程容易导致"活动主义",忽略儿童思维能力和其他智力品质的发展。该课程的实践者往往把经验课程误解为让儿童随意地从事一些肤浅的、缺少智力价值的操作活动,从而忽略了儿童深层的心理品质的发展。第三,经验课程的组织要求教师具有相当高的教育艺术,这一点对于长期以来已经习惯了班级授课制和讲授法的广大教师而言适应较为困难。

二、分科课程与综合课程

(一)综合课程的含义及其类型

所谓"综合课程"是指有意识地运用两种或两种以上学科的知识观和方法论去考察和探究一个中心主题或问题。可见,综合课程意味着包含源于两种或两种以上学科的课程要素,并将这些课程要素以某种方式与一个主题、问题或源于真实世界的情境联系起来。到目前为止,综合课程发现了三种基本类型,即"学科本位综合课程""社会本位综合课程"和"儿童本位综合课程"。

1. 学科本位综合课程

学科本位综合课程是以学科或文化知识作为课程整合的基点,课程整合的核心主要源于学科。它试图打破或超越各分科课程自身固有的逻辑,形成一种把不同学科内容有机整合为一体的新逻辑。根据学科课程整合程度的不同,可以把学科本位综合课程划分为"相关课程""融合课程"和"广域课程"三种形态。

所谓"相关课程"是指两种或两种以上学科既在一些主题或观点上相联系,又保持各学科原来的相对独立。例如物理、化学、数学在某些主题上的联系;历史、地理、公民在某些主题上的联系等。相关课程可以克服分科课程彼此封闭、各自为政的缺陷,通过寻求不同学科之间的内在联系,使学生学习的知识彼此整合起来,有助于优化学生的认知结构。当教师了解不同学科之间的关联以后,也可以彼此配合,避免对知识的不恰当重复。

所谓"融合课程",是将有关学科融合为一门新的学科,融合之后,学科之间原来的界限将不复存在。例如,历史、地理、公民融合为综合社会科;物理、化学、生物融合为综合理科等等。融合课程并非原先几门传统学科的拼盘或混合,而是打破或超越了被融合的各学科的固有逻辑,形成了一个新的有机体——融合课程的逻辑。实际上,融合课程的设计是存在许多障碍的,因为每一门学科通常被认为是相互独立而系统存在的,对于怎样将不同学科内容整合起来以形成新的理论,教师往往很难达成一致意见。可以说,融合课程在学科综合的程度和难度上远远超出相关课程。

所谓"广域课程"指能够涵盖整个知识领域的课程整体。广域课程在其出发点上与融合课程存在着某种相似,都是围绕一个所选择的组织核心而将分支学科组织为一个新的课程整体,而且被整合的每一门学科将失去其独立性。两者的区别也是明显的:广域课程在范围上要比融合课程大。融合课程的范围主要限于与学科有关的领域,而广域课程则不仅包括与学科有关的领域,而且人类所有的知识与认知领域都可以被整合。广域课程的根本目的是使学生能够高度整合分科课程,以便能与生活联系起来。

2. 社会本位综合课程

这种课程是以源于社会生活的问题为课程整合的核心,其目的是使学习者适应或改进当代社会生活。这类课程的内容主要源于社会或整个人类的条件和状况,学生研究社会的种种特征与问题,如学校的功能、社会生活的主要活动等。

20世纪70年代以来,国际流行的比较典型的社会本位综合课程有"科学—技术—社会课程""环境教育课程""国际理解教育课程"。

"科学—技术—社会课程"(简称STS课程)是指向科学、技术与社会交互作用的课程体系,即课程的开发与实施建立在科学、技术与社会交互作用的价值观基础之上。此类课程是20世纪80年代以来国际科学教育的一个重要发展方向。它产生的直接社会背景是陷入价值中立性误区的科学技术的盲目发展所带来的自然环境的破坏和社会生活的异化。这种课程的倡导者认为,科学技术不是价值中立的,而是价值负载的;自然环境、社会环境、人造环境是交互作用的。相应地,科学、技术、社会彼此之间也是交互作用的;学生必须将其个人经验与科学、技术、社会彼此之间交互作用的动态系统有机结合起来,才能获得适合时代需要的发展。STS课程走出了传统科学教育和理科课程价值中立性的误区,科学教育和理科课程必然会给社会发展带来影响。因此,科学技术教育须具有社会适切性,并与当前社会生活中的问题关联起来,追求社会理想。

"环境教育课程"的概念出现于20世纪60年代,20世纪70年代后才开始广泛流行。它产生的直接背景是社会发展和科学技术发展的失控所导致的生态系统的破坏和人类生存环境的急剧恶化。环境教育课程是一种综合课程,它以唤起受教育者的环境意识、增加对人类与环境相互关系的理解、提升解决环境问题的技能、树立正确的环境价值观为目标。目前,环境教育课程有两种典型的组织模式,即"多学科模式"和"科际模式"。"多学科模式"是将环境教育的目标和内容渗透于各学科之中,各学科将环境教育的目标和内容作为彼此间关联的核心。"科际模式"是打破或超越各学科的界限,以环境教育的理念、目标、内容将各有关内容重新整合为一个有机整体,形成一门新的环境教育课程。这种模式真正实现了学科的整合。从世界范围看,环境教育课程依然呈方兴未艾之势。

"国际理解教育"是随着国际化时代不同国家、民族、文化彼此之间交往范围的扩大和交往程度的加深而出现的。从本质上看,它是多元教育价值观的反映。这种教育价值观统一了民族性与国际性,它以尊重并提升不同国家、民族、文化间的差异为特征,在尊重差异的前提下相互理解,展开交往与合作。日本学者久井滋郎归纳国际理解教育目标要素有以下几点:其一,培育和平的人;其二,养成人权意识;其三,对本国的认识与国民觉悟的涵养;其四,推进对他国、他民族、他文化的理解;其五,基于对国际相互依存关系与人类面临的共同问题之认识的世界大同观的形成;其六,培养国际和谐、国际合作的实践态度。这些目标要素可以总体概括为国际性与民族性的统一。

目前,世界上许多国家都推出了与"国际理解教育"理论相适应的课程——"国际理解教育课程"。这是一种以多元文化理解和全球意识为本位的综合课程。从课程组织的模式来看,同样包括两种主要类型:一是"多学科模式",即把全球意识和多元主义教育价值观渗透到不同学科之中,使之成为各学科关联的核心;二是"科际模式",即以全球意识和多元主义教育价值观为核心,把相关内容重新整合起来,打破不同学科原先的界限,组织一个新的有机整体——"国际理解教育课程"[1]。

3. 儿童本位综合课程

儿童本位综合课程又称"经验本位综合课程",是以儿童当下的直接经验、儿童的需要和动机、儿童的兴趣和心理发展为课程整合的核心,其目的是促进儿童的经验生长和人格发展。儿童本位综合课程即经验课程。卢梭的浪漫自然主义经验课程、杜威的经验自然主义经验课程、克伯屈的"设计教学法",现代人本主义经验课程都是儿童本位综合课程的典范。

(二)分科课程与综合课程的关系

分科课程与综合课程是两类不同的课程。分科课程是一种单学科的课程组织模式,它强调不同学科门类之间的相对独立性,强调一门学科的逻辑体系的完整性。综合课程是一种多学科的课程组织模式,它强调学科之间的关联性、统一性和内在联系。单从学科本身的发展来看,学科的发展呈现分化和综合并驾齐驱的趋势,这两种课程组织形式各有其存在价值。一方面,学科分化的趋势表现得非常突出,例如,海洋学繁衍出130多门分支学科;经济学在近30年来就派生出100多门分支学科。同时,学科的综合又非常明显,迄今为止,已出现了三代交叉科学:第一代交叉科学称"边缘科学",主要体现在自然科学领域内,是指两门成熟的科学相互渗透以后,产生一门新兴科学,如物理学与化学相结合,形成物理化学;物理学与工程相结合,形成工程物理学;量子力学与生物学相结合,形成量子生物学,等等。第二代交叉科学称为"综合性科学",它是以特定的自然界的客体为对象,运用多学科的理论、知识和方法进行研究,如对光导纤维研究来说,就需要化学、物理学、热力学、材料力学、物理化学等十多门学科的综合知识。第三代交叉科学是自然科学和社会科学合流的产物,比如信息论、控制论、系统论、科学等[2]。既然学科发展既高度分化又高度综合,分科课程与综合课程就都有其存在的必要。

分科课程与综合课程这两类课程组织形式之间相互区别,又相互依存。首先,分科课程与综合课程的区分是相对的。分科课程总包含着知识之间某种程度的综合。一门学科既然能形成一个完整的逻辑体系,它总是建立在一定的知识综合的基础之上的。而开发出一门综合课程并作为课程计划的一部分之后,综合课程又总是呈现出某种分科形式。其次,分科课程与综合课程又是相互依赖、相互作用的。不同分科课程之间的区别是明显的,但总存在着一定的内在联系。在目前的课程实践中,各学科之间相互封闭、相互孤立的现状并不是分科课程本应有之的,是许多不合理的人为因素所致。

---

[1] 张华.课程与教学论[M].上海:上海教育出版社,2000:265.
[2] 陆亚松,李一平.课程与教材(上)[M].北京:人民教育出版社,1988:409-410.

(三)综合课程的限制与开发

1. 综合课程的限制

在目前的学校教育实践中,综合课程的理想范例并不多见,这就说明,实施综合课程尚存在诸多限制或问题。

(1)知识的琐碎化问题。在分科课程中,一个教师只需要处理某一学科领域中的问题,而在综合课程中,一个教师必须根据活动或任务的需要,选择许多学科领域中的知识并加以整合。这对许多教师而言,有一定的实践难度。经常出现的情况是支离破碎,把许多知识信息机械地甚至牵强地拼凑起来,从而导致知识的无体系化。

(2)课程开发与实施的技能问题。在一个已经充满了彼此独立的分科课程的课程体系中,综合课程的教学及其作用与价值值得进一步探讨;学生是否有时间和精力来同时学习各种分门别类的知识技能,并将这些知识技能通过综合课程的学习整合起来;教师是否具备开发与实施综合课程的专业技能,等等。

(3)教师的知识问题。成功的综合课程需要教师精通许多学科知识,如果教师缺乏相关学科领域的知识技能,就不可能将这些知识技能成功地整合起来。就目前的师范教育体制来看,大致情况是,中等教育的教师是按照专才的模式培养的,而初等教育的教师则是按照通才的模式培养的。前者的知识领域比较狭窄,后者的知识领域尽管比较宽泛,但很肤浅。这两种情况都不适合综合课程的要求。

(4)学校结构问题。不论是职前教育还是职后培训,师范教育的课程都必须经过重构,以使未来的教师对分科课程和综合课程都具有充分的理论理解和实践体验,这是实施综合课程的必要条件。而要做到这一点,就必须对学校结构进行改造,尤其是大学的系科结构、课程结构。要使教师从事综合课程的教学,教师的培训组织就需要扫清多种障碍,不同学术领域更需要开展交往与合作。

(5)评估问题。要想使综合课程在教育实践中成为主流,对学生(包括教师)表现的评估方式也必须是学科际的、跨学科的;而当前世界各地的教育实践对学生学业成绩的评估方式主要是按分科的标准进行,这势必阻碍综合课程的推行。

2. 综合课程的开发

虽然综合课程的实施存在种种限制或问题,但综合课程的推行却是必然的。这是因为综合课程体现了文化或学科知识间相互作用、彼此关联的发展需求,同时,学生心理发展的整体性也要求学校课程具有综合性,因此,怎样有效地开发综合课程,这是每一位课程论研究者都必须关注的重要议题。

(1)确定作为综合课程组织核心的主题、问题和概念的选择标准。选择什么样的主题、问题和概念作为综合课程的组织核心,这反映了特定的教育价值观和课程目标观。明确特定的教育价值观和课程目标观,并据此确立选择课程组织核心的基本标准,后在此基础上选择强有力的主题、问题和概念,这是开发综合课程的首要环节。

(2)教师与教育行政人员要对综合课程进行恰当规划与合作。教师与教育行政人员进行交往的时间,对综合课程进行"行动研究"的时间,都应是综合课程的有机构成部分。

(3)开发综合性评估形式。评估是开发与实施综合课程的基本保障,与综合课程相适应的评估应当是跨学科的、综合性的,以适应综合课程多学科的构成基础与逻辑。

(4)建立单一学科知识与跨学科知识相结合的教师培训计划。师范教育计划必须既能让学习者对每一门学科的重要主题和概念有深入的把握,又能让学习者对不同学科的概念之间的内在联系产生深刻的理解。唯有如此,才能为不同学科之间的整合提供有效的机制保障,也才能为未来能够胜任综合课程的教师提供坚实的基础。

三、必修课程与选修课程

(一)必修课程与选修课程的含义

所谓"必修课程"是指同一学年的所有学生必须修习的公共课程,是为了保证所有学生的基本学力而开发的课程。所谓"选修课程"是指依据不同学生的特点与发展方向,容许个人选择的课程,是为适应学生的个性差异而开发的课程。对中等教育和高等教育阶段而言,必修课程与选修课程都是必要的。

通过分析可知,各国选修制度的发展呈现出大致趋同的表现。就其内涵发展看,在初中阶段有尽量扩大学生自选学科机会的趋势。在高中阶段,有扩大综合性的新学科,形成特色课程的势头,主要表现为:第一,设计多样的自选学科,形成与学生多样发展方向相适应的课程;第二,在普通科中注重职业教育的课程,在职业科中引进"综合选修制";第三,新设适应国际化、信息化的新学科;第四,设置学分制高中课程。

选修制度不仅是个性化教育、个性化课程的有机构成,更是支撑个性发展的必要条件。这是因为人总是有个别差异的,而人的"选择"活动总是从眼前若干可能性中,凭着明确的意志做出取舍的一种综合性、价值性判断。再者,个性发展也是教育的根本目的。没有"选择"的教育、不讲"个性"的教育,充其量不过是一种"训练",而不是真正的教育。因此,学会选择,必然是个性化教育、个性化课程的基本宗旨。当学生根据自己的动机、兴趣和个性特征选修适合自己发展需求的课程的时候,这些课程的学习就能够促进其个性发展,而且这些课程的选择本身也体现极富个性发展的价值。所以,构筑个性化教育、个性课程体系,必须将选修制度视为有机构成①。

(二)必修课程与选修课程的关系

首先,从课程价值观看,必修课程与选修课程之间的关系可以归结到"公平发展"与"个

---

① 钟启泉.选修制度与个性发展:兼评上海市中学选修课程标准[J].比较教育研究,1994(3):19-23.

性发展"这一关系层次。"公平发展"的理念是指一切人享有平等的受教育机会,因而应对一切人施以实质上公平的教育。这是必修课程的直接价值支撑。"个性发展"的理念是指施以适合于每个人的能力、能力倾向和个性特点的教育,这是选修课程的价值基石。事实上,"公平发展"只在适应每一个人的个性差异的时候,才不至于导致整齐划一,不至于使"公平发展"变成无效发展。"个性发展"也只有建立在"教育公平"的基础之上,才不至于根据受教育者的自然能力的差异,提供教育内容上有本质差别的、分轨式的教育,使教育体制变成纯粹的"甄选体制",使非人性化的教育制度合法化。这充分表明,必修课程与选修课程在根本的教育价值观上具有内在的一致性、统一性。

其次,必修课程与选修课程具有等价性。这就是说,必修课程与选修课程彼此之间不存在主次关系,选修课程不是必修课程的附庸或陪衬,它是具有相对独立性的一个课程领域。必修课程与选修课程两者相辅相成,共同构成有机整体。

最后,必修课程与选修课程相互渗透,相互作用,两者有机统一,成为个性化课程体系的有机构成。必修课程并不排斥选择,从长远看,它是为了更好地发展学生的选择能力。在必修课程的学习过程中,同样必须尊重学生的个性差异,鼓励学生发挥个性特长,鼓励学生合理选择学习内容与方法。选修课程也不牺牲共同标准和要求,不是随意的、散漫的、浅尝辄止的学习,而是经由共同标准评估保证的有效学习。因此,必修课程与选修课程既具有相对独立性,又具有内在统一性,两者都是个性化的课程体系的有机构成。

四、显性课程与隐性课程

(一)隐性课程的含义与特点

1. 隐性课程的含义

一般认为,"隐性课程"是与"显性课程"相对应的范畴。如果说显性课程是学校教育中有计划、有组织地实施的"正式课程"或"官方课程"的话,那么,隐性课程则是学生在学习环境中所学习到的非预期或非计划性的知识、价值观念、规范和态度。隐性课程是非正式的、非官方的课程,具有潜在性。

20世纪60年代以来,"隐性课程"的概念被正式提出,并迅速为课程研究者们所接受。就目前来看,西方研究"隐性课程"已形成多种视角、多种观点。近年来的研究甚至还拓展了隐性课程的范围。人们对隐性课程的研究已由注重潜移默化变为强调有意图的安排。这种概念的放大对于研究隐性课程具有重大意义。

我国有意识地研究隐性课程是自20世纪80年代中期开始的,今天隐性课程不仅成了课程理论探讨的一个重要课题,而且在教育实践中也引起了广泛的关注。但人们对隐性课程的认识还远未达成一致观点,这些典型的、具有争论性的问题如下:①学生在隐性课程的活动中是有意识的还是无意识的?②隐性课程属于计划的还是属于非计划的课程?③校外机构中是否存在隐性课程？④隐性课程是一种教育活动还是一种学生自发的学习活动？这些问题不仅涉及对隐性课程的基本理解，而且直接关系到隐性课程研究的进展和发展方向。因此，有必要对这几个问题进行简要的分析。

第一，学生在隐性课程的活动中既可能是有意识的，也可能是无意识的。例如，虽然学生获得了隐性课程包含的经验，但师生双方都没有意识到这种课程的存在；教师没有认识到这部分课程，而学生认识到了；教师虽然没有认识到隐性课程，似在无意之间将它呈现出来了，学生也在无意中获得了隐含于其中的经验；虽然教师有意识地隐藏了这部分课程，而学生却觉察到了。可见，情形不同，学生的心理反应也不同。但在这些情形中，学生既可能是在无意识的心理活动中习得知识经验的，也可能是在有明确意识的心理活动中习得知识经验的。

第二，隐性课程既可能是计划的课程，也可能是非计划的课程。在教育和教学实践中，有些非预期的效果时常会影响教学的进展甚至教育者的行为。因此，教育者应清楚地认识到这些非预期效果的存在，并自觉不自觉地对产生这些效果的影响予以剖析，使之向有利于实现教育目的的方向转化。一旦隐性课程围绕一定的目的被纳入整个课程序列之中，成为课程计划中的一个有机组成部分，不仅教师甚至学生也会意识到其存在，形成对该部分隐性课程的效果的认识，对其有更深刻的见解，而且还会注意改变和削弱其消极的影响。

第三，校外教育机构中存在的类似现象不能称之为隐性课程。隐性课程终究是课程的一个组成部分，它有着课程的属性，是课程的一种形态。因此，隐性课程当属学校情境中的事物，校外机构中的类似现象不属课程之列。如果把校外机构连同电影、电视、网络、报纸杂志等都看成是隐性课程，那么课程理论就几乎无所不包。这样一来，隐性课程就会涉及社会生活的各个方面，含义宽泛，范围广阔，不仅不能很好地解释隐性课程这种现象，而且会把隐性课程与家庭、社会上的一些影响混为一谈。

第四，隐性课程既可能是一种教育活动，也可能是一种学生自发的学习活动。学生在通过隐性课程获得经验的过程中，含有有意识与无意识两种心理活动，是有意识与无意识的统一。在这中间会产生几种情形：一是隐性课程经过学校预先有意图的设计，学生有意识地参与其中进行学习；二是隐性课程经过了预先的规划，学生无意识地习得了其中隐含的经验；三是隐性课程没有经过规划、设计，学生却意识到了它的存在，从中有意识地获得了经验；四是隐性课程没有经过规划、设计，学生虽没有意识到其存在，但却无意识地学得了一些经验。可见，隐性课程表现为一种教育活动，有时也会表现为一种自发的学习活动。

基于上述分析，隐性课程可界定为学校情境中以间接的、内隐的方式呈现的课程；把显性课程界定为学校情境中以直接的、明显的方式呈现的课程①。

---

① 施良方.课程理论：课程的基础原理与问题[M].北京：教育科学出版，2000：272-273.

2. 隐性课程的特点

通过与学校中的显性课程对比,隐性课程的特点可归纳为:

(1)隐性课程的影响具有弥散性和普遍性。隐性课程的影响可以说无处不在,只要存在教育活动,就必然存在隐性课程的影响,因为每个学习者都是主体,每个主体的心灵的特性又是不同的,即使在同一教育情境中,不同的主体会解读出不同的意义,而这些意义是超出教育者预测之外的。

(2)隐性课程的影响具有持久性。许多隐性课程都是通过心理的无意识层面对人产生影响的,像对情感、态度、价值、观念的影响,甚至对性别角色的形成等都是潜移默化且较为持久的。

(3)隐性课程的影响既可能是积极的,也可能是消极的。不论是知识的学习,还是情感的陶冶、观念的形成,隐性课程对学习者的影响都是双重的。教育者的教育艺术集中体现在如何发挥隐性课程的积极影响和减少隐性课程的消极影响上。

(4)隐性课程的内容既可能是学术性的,也可能是非学术性的。有些隐性课程是学术性的,如潜移默化地学会某种知识技能、了解某种学术观点、掌握某种学科探究方式等。也有些隐性课程是非学术性的,如隐含于班级和学校结构的文化传统、行为规范与准则、人际交往方式等,都来自隐性课程的影响。

(二)隐性课程与显性课程的关系

隐性课程与显性课程是两种不同的课程类型,两者在性质、特点、功能等方面是各不相同的。最明显的区分是课程的呈现方式,隐性课程的呈现方式是间接的、内隐的方式,显性课程的呈现方式是直接的、外显的方式。

隐性课程与显性课程之间不是对应关系,而是交叉关系。所以,它们之间存在一定的内在联系。一方面,显性课程的实施总是伴随着隐性课程。因为课程的实施者是教师与学生,他们是以自主性、能动性、创造性为特征的两类主体,这就决定了课程的实施过程绝非机械地执行既定课程方案的过程,课程实施过程具有不可预期性,必然存在着非计划性、非预期性的教育影响,必然存在着隐性课程。另一方面,隐性课程也在不断转化为显性课程。当人们认识到显性课程中存在的积极的或消极的隐性课程影响的时候,在后继的课程开发与实践中,就会有意识地对隐性课程加以控制。这样,原来的隐性课程也就转化为有计划的、预期的显性课程,而这些显性课程在实施过程中也会产生新的隐性课程影响。所以,显性课程与隐性课程的动态转化过程是永恒的,无止境的①。

(三)隐性课程的开发

隐性课程的内容十分丰富,其影响也相当广泛,而且隐性课程的接受机制往往是无意识

---

① 张华.课程与教学论[M].上海:上海教育出版社,2000:303-304。

心理,这也使得隐性课程的开发极其复杂,在人才培养中的意义也十分重大。

1. 把握隐性课程的特点和范围,有针对性地进行设计与开发

隐性课程的影响具有持久性、普遍性,其影响的性质既可能是积极的,也可能是消极的。所以,教育者一定要心中有数,要自觉地在未来的课程规划中考虑到隐性课程所产生的可能结果,并对产生这些结果的影响予以剖析,使之向有利于实现教育目的的方向转化。隐性课程的主要范围,课程开发者与实施者首先要明确。

(1)学校的物质、社会和文化环境。学校中的建筑物的设计、场景的布置,都可能产生一些意想不到的影响。至于学校中的科层关系、师生关系、同学关系所形成的社会体系,或是像学校的"校风""校训",班级的"班风""学风",更会产生潜移默化的影响。

(2)社会制度中的价值观念、意识形态。学校知识的选择、分类、分配、传递与社会价值观念、利益分配的相互关系是隐性课程的重要领域。

(3)情意方面的学习。学生的学习态度、理想、信念和价值观的形成,也成为隐性课程探讨的重要课题。

(4)特殊的认知学习、直觉学习。对有些特殊材料,内隐学习会取得更好的效果。当然,直觉学习、创造性思维、灵感的产生等都是构成隐性课程的重要方面。总之,不同类型的隐性课程有不同的特性和不同的接受规律,因此,隐性课程的开发应具有针对性。

2. 在尊重、理解、热爱学生的基础上创设自由、民主、开放的教育情境

学生是学习的主体,学生的学习过程是基于师生相互理解的交往过程、彼此尊重的人格发展过程、互相学习的智力活动过程。课程开发与实施过程并非是对学生的控制过程。当课程开发与实施过程受到"科技理性"的制约,用一种程序化的模式控制学生的时候,这个过程负载的隐性课程的消极影响就会不断增大。当课程开发与实施过程基于"情意理性",为学生创设自由、民主、开放的教育情境的时候,每一个学生都能最大限度地发挥其主动性、创造性和积极性,每个学生的潜能都被充分挖掘,而且还会获得许多意想不到的教育效果。

3. 有选择地利用哲学、社会学、心理学等领域的研究成果,提升对课程的理解

理解课程是课程开发的前提和基础。只有深刻理解了课程,才能合理地开发它。这就需要借助哲学、社会学、心理学等领域的研究成果,以拓展和提升课程开发者和实施者的思维方式和价值观念。因此,课程开发者和实施者只有创造性地对这些领域融会贯通,才能更深刻地理解、更合理地开发隐性课程。

4. 更新观念,增强反思意识,注重角色转换

隐性课程的弥散性导致教学过程和教学方法的不确定性,这就要求课程开发者与实施者不再是一个执行者,而是一个决策者。课程不再只是特定知识的载体,而是教育者和受教育者共同探讨新知识的过程。同时,对课程开发者来说,如果缺乏对所开发的课程的反思意识,则所开发的课程的影响很可能会把学生带向与所追求的课程目标背道而驰的方向。每

一个教师都应该清醒地意识到,自己任何一次不经意的情绪宣泄,自己每天对工作和生活的态度与倾向,都有可能给学生带来不可预测的影响。此外,为了发挥显性课程中积极的隐性课程影响,减少消极的隐性课程影响,课程开发者与实施者还应及时转换角色,不能脱离教学的真实情境,不能不关涉教师的教与学生的学的协调统一,特别需要有一种协商与合作的精神,善于与教师同伴、学生家长、教育管理者、社区代表、各类专家进行充分的交流与合作,只有这样,才能发挥隐性课程应有的积极作用。

第四节 课程设计的层次

课程设计就是对于课程的各个方面做出规划和安排。课程设计是课程论在应用层面上最重要的范畴之一,它涉及课程目的、课程内容、课程评价、课程结构等各个领域,而且在每一个领域都提出一些具体的观点、主张以及实现这些观点和主张的步骤、方法,并且经常形成特定的课程设计模式。当然,课程设计所表现出来的风格、特点,在很大程度上是由研究者或设计者自身在这些问题上的认识水平和倾向性决定的。

根据课程设计所承担的任务和产生的结果,大致可以分出宏观、中观、微观三个层次。不同层次的设计,完成不同的任务,产生不同的结果。同时,这三个层次只是从逻辑上按顺序排列,在实际情形中,每个层次的设计都有相对的独立性,也经常是分别进行的。

一、课程设计的宏观层:课程计划

这一层次的课程设计主要解决的是课程的一些基本理念问题,它包括课程的价值、课程的根本目的、课程的主要任务、课程的基本结构等。无论是针对一门具体的课程,还是针对一个大的课程结构,这些问题都是必须给予明确回答的。宏观的课程设计通常表现为课程计划,即关于课程宗旨、课程性质、课程目标、课程内容的主要范围或选择的主要指导原则等。如我国 1992 年颁发的《九年义务教育全日制小学、初级中学课程计划(试行)》中关于培养目标、课程设置、考试考查、实际要求的说明;1996 年颁发的《全日制普通高级中学课程计划(试验)》中的有关部分,都属于这样的设计[①]。

课程设计是国家教育行政主管部门根据教育目的和各级各类学校具体培养目标而制订的关于学校课程的总体规划。它规定着学校课程总的方向和结构,是学校教育教学工作的总蓝图,同时也是指导教师进行教育和教学活动的主要依据。因此,每一所学校都应该认真贯彻执行国家颁发的统一的课程计划,每一位教师也应该认真研究和熟悉课程计划,不仅要了解自己所任教学科在课程计划中的地位,作用和安排顺序,而且还要了解该学科与其他学科的联系和衔接。

---

① 丛立新.课程论问题[M].北京:教育科学出版社,2001:256.

宏观层的课程设计不仅仅是在一门课程范围当中，还表现在确定课程的宏观结构上。也就是说，当课程设计是针对某个教育阶段的较大的课程结构时，还必须解决在较大的课程结构内，各类课程应当有什么样的比例关系、具体的课程门类、开设顺序、时间分配等。新中国成立后历次制订的中小学教学计划以及目前正在实施的义务教育的课程计划、普通高中课程计划，都属于这一层次的课程设计。宏观课程设计的主体是国家，因为教育是由政治经济决定的，作为教育核心内容的课程，自然也受到国家的制约。

二、课程设计的中观层：课程标准与教科书

宏观课程设计完成之后，进一步需要做的便是将其具体化为各门课程的大纲或标准，并且以教科书或其他形式的教材为物质载体表现出来。这一层次的设计工作是以宏观的课程设计为前提和基础，是在具体的课程门类基础上进行的。日常的课程标准或教学大纲、教科书或课本等都属于这一层次的设计。

课程标准是由国家教育行政主管部门制定的各科教学的指导性文件，它以纲要的形式规定某一课程的目标、任务、教学内容与范围以及教育进度和教学法方面的要求等。课程标准不仅是课程专家编写教材的主要依据，而且是广大教师开展教学工作的主要依据。

教科书是根据课程标准和教学法的要求明晰而系统地表达学科具体内容的教学用书。教科书既是学生进行学习活动掌握系统知识的主要材料，也是教师进行教学活动的主要蓝本，它为教师的备课、上课、作业布置、学业检验等提供了基本材料。所以，教师应当熟练地掌握教科书的内容并科学地使用教科书。

在中观课程的设计中，不同的国家在侧重点和风格上存在着很大的差异。就课程标准来看，国内的课程标准对知识体系的说明规定是最为详尽的，基本上囊括了课程所要学习的全部知识，这样的内容自然成了课程标准的主体内容。目前其他西方发达国家，课程标准或教学大纲则明显不同。课程标准中关于课程内容的说明是最少的，而关于如何设置问题情境、如何贴近学生生活、如何组织教学、如何分析学生在学习中可能遇到的困难等，这些才是课程标准中的主体，其地位与课程内容相比则更加突出。

三、课程设计的微观层：教学设计方案

这种课程设计与上述两种层次的设计在设计主体和时间上都是分离的。无论中观课程设计是突出知识体系本身的说明规定，还是侧重学生学习时所遇到的各种问题的分析建议，在进入课程实施领域，就由教师根据各种相关因素的具体情况对课程进行再设计。这种设计一般不涉及课程的门类，也不涉及各门课程的根本要求和范围，主要是在既定的框架和标准之间进行修正和调整，是依据课程的既定目标追求课程的最佳效果。也就是说，微观课程设计是在认可并接受现存的课程目标的前提下进行的一种教学设计，它关注的是"怎样教"

的问题。影响微观设计的因素很多,主要有教师自身的条件、学生已有的水平和状态、可以利用的各种资源和设备等。可见,教学设计是解决一系列复杂的课程与教学问题,寻找最佳解决方案的过程,它是由掌握教学设计基本技能的专业教师进行操作的。微观层的课程设计的主体不是国家,而是教师自己。虽然在我国长期实行课程大一统的管理认定模式,课程的宏观及中观设计基本为国家主导,教师主要是既定课程的执行者,教师好像施工的"工匠",但是微观的课程设计在教学第一线依然客观存在,原因是课程与教学中的诸多因素在宏观及中观设计中是无法解决的。在某种意义上,正是由于这些科学而合理的微观课程设计的出现,才让我们看到这样一批优秀的教师。教师的教学艺术也是在这一层次上得以体现。目前,我国课程设计中,教师进行微观课程设计时所受到的牵制比较多,所能发挥的实际作用和影响也很有限。相信随着课程改革的深化,新的课程环境的形成,教师在课程设计上的自由度会越来越大,所发挥的实际作用和影响也会越来越明显。

第五章 课程的实施与教学

第一节 课程实施与教学的关系

一、课程实施的含义及意义

课程是学校教育的基础,是培养人的蓝图。回顾课程发展史,不难发现:许多重大的,甚至影响深远的课程改革计划或中途夭折或因未达到预期目标而惨遭失败。究其原因,常常不是或不完全是因课程改革计划本身的问题造成的,而是对课程计划的实施缺乏必要的关注和热情造成的,因为没有对它实行必要的监控与完善。20世纪50年代末至60年代末波及全球的美国"学科结构运动"的失败,便是例证。从那以后,"课程实施"对实现"课程计划"、达到"课程目标"的意义,便引起了人们的浓厚兴趣和普遍关注。

什么是"课程实施"?它是把某项课程改革计划付诸实施的具体过程,是课程改革计划由预期理想变为现实结果的变化过程。这个过程的起始阶段,最重要的是理解国家颁布的课程改革计划的指导思想、总体思路及制订计划的基本原则和主要内容,研究落实计划的具体措施(在西方实行地方分权制的国家,如美国,这个阶段重要的是做出是否采用某项课程改革计划的决定,然后才是学习和研究执行计划的有关事项)。课程改革计划作为这一过程的主体阶段,人们关注的是落实课程改革计划在实际工作中体现的课程改革的程度及存在哪些影响改革的因素,并能适时有效地反馈、调整、协调改革因素及其相互关系,以促进课程计划的各项要求逐步制度化和常规化,最终实现课程改革由理想变为现实;课程评价是这一过程的最后阶段,它涉及课程实践的所有方面,确定影响课程改革的诸多因素及在课程改革实践过程中其实施程度对实现课程改革计划所产生的预期或非预期的实际效果。因此,一个完整的课程改革过程,应包括课程计划、课程实施和课程评价三个阶段。在这个课程改革过程中,制订和执行课程计划固然十分重要,但对广大教育工作者来说,最重要的是课程实施,因为没有踏实细致的课程实施,即使最理想的课程计划也只能是纸上谈兵,最科学的课程评价也只能是无的放矢。

人们对课程实施非常重视,原因是只有当课程计划付诸实施后引起课程实践的变化时,人们才能更深刻地理解课程改革过程的实质,才能提高课程改革的成效,从而促进教学质量的提高和教育目标的实现。纵观国内外关于课程改革的实践,人们认识到要想比较成功地推行课程改革,就必须自始至终深入研究课程改革计划(或方案)的实施过程,在课程实施过程中对课程计划(或方案)及时调整、修订,使之不断臻于完善。

二、影响课程实施的因素

研究影响课程实施的因素,提高课程实施的质量,是课程实施研究中的重要课题。

(一)外部环境因素

国家教育行政机构是影响课程改革的重要力量。当学校的课程改革与学校所在地的实际需要趋向一致的时候,就很可能得到当地政府的支持,课程实施的力度和深度也可能越大。诚然,课程改革获得国家政府机构的支持,并不意味着学校要一味被动适应当地的现状,而应充分发挥学校教育的主动性,从社会经济、政治、科技、文化发展的总趋势出发,对当地的现状做出建设性的反应——批判与超越。只有这样,课程改革才能不仅满足当地现状需要,而且能满足未来的发展需要。此时,政府才能充分意识到学校课程改革的社会价值,才能在各方面给予课程实施更多、更有力的支持与帮助。

课程改革能够获得社会与家长的理解与支持,也是课程实施的一个重要因素。学校与社会、家庭等在教育方向和教育行为上趋向一致,是当代世界教育发展的一大特征。因此,课程改革不是孤立于社会之外,而是自觉寻求社会与家庭的积极认同与协助。学校的课程改革的社会价值与教育价值越被社会与家庭理解与认同,就越会获得家长支持和社会机构协助,课程实施的成功机会也会越大。

(二)教育系统自身因素

1. 学校是影响课程实施的最重要因素

学校是课程实施的主体,是影响课程实施的最重要的因素。其中,校长对课程改革计划(或方案)理解越深,态度越积极,则课程实施的影响程度越大。校长作为"反应者",应与学校教师、学生一起对国家或上级教育行政部门发动的课程改革做出反应,组织学习和领会课程改革计划(或方案),并将课程实施纳入学校日常的工作中去。校长作为"管理者",对国家或上级教育行政部门发动的课程改革应认真、忠实地实施;校长作为"发动者",应按自己的教育价值观、教育理想、教育信念,与教师和学生一起对国家或上级教育行政部门发动的课程改革创造性地实施,并为此制定清晰、果断而有远见的教育措施,这将大大提高课程实施的程度。如果校长能够由"反应者"发展至"发动者",那么课程实施的效率会更高,课程改革的成功率也将更大。

教师作为课程改革的主体,是课程实施的主要承担者。课程改革的实践告诉人们,教师对课程改革的态度是课程实施的关键,没有对课程改革的深刻理解和热情关切,教师将不会付出最大的热情和努力去实施课程的改革。这种"热情和努力"是建立在成功实施课程改革计划的自信心和相应的态度之上的,它源于教师对课程改革这一活动的"专业关切"。没有这种建立在一定知识、技能和能力基础上的"专业关切",就难以调动教师课程实施的积极性和主动性。成功的课程实施,教师还应具备从事一项新的课程计划所需要的知识和技能,否则教师对课程改革的自信和热情是不可能持久的,也难以实现课程计划的"理想"。教师作为"群体",成员之间彼此的合作与支持,将对课程实施产生重大影响。教师与教师之间的合作与支持越理想,课程实施的程度越大,成功率也会越高。

2. 课程改革的特性是影响课程实施的基本因素

课程改革是社会改革和教育改革的必然要求。原因有以下四个方面。①随着社会现代化和教育现代化步伐的加快,课程改革的必要性和紧迫性是不言而喻的,但这种"必要性和紧迫性"只是被教育行政机构和学校接受是不够的,关键是教师对它的充分理解和接受,并能把它转化为自己的内在需要。这种"需要"越大,课程实施的效果就越好。②课程实施的效果还与课程改革计划的应用者(大多数是实施者)对课程计划的"目标"与意义理解的清晰度相关,理解程度越高,课程实施的程度就越大。因此,为了提高课程实施的程度,就需要提高课程改革计划自身的清晰度。③课程实施的效果还与课程改革本身的难度相关,若课程改革计划的复杂性、难度越大,课程实施的程度与难度也就越大;但若课程改革计划过于简单,那么也很难调动起实施者(大都是应用者)的积极性与主动性,课程实施的程度也难以提高。通常,只有那些较为复杂、具有一定内在难度的课程改革计划,才能取得上级教育行政部门的干部、社会成员和家长的支持与协助,也才能真正地调动学校及教师积极主动地参与课程的实施。④课程改革计划所期望达到的目标及提供的课程改革资料是否符合课程实施者实用的和可利用的需要。通常情况下,课程改革计划的质量和实用性越高,课程实施的程度就越大,取得的效果也会越好。相反,课程改革计划所提供的课程资料质量低劣、可利用性差,或得不到相应的有关资料,那它将成为课程实施的严重阻力因素。

三、课程与教学在实践中统一

1. "课程实施"与"教学"的区别

"课程实施"与"教学"是两个不同的概念,二者间的区别主要有以下两个方面。①概念所涉及的范围课程实施比教学要广泛得多。课程实施可能是执行一项或多项课程改革计划的过程,它涉及教育行政管理体制的变化、课程知识及结构的更新、教学过程的改变、校长和教师角色更新、学生角色的变化等,几乎涉及整个教育系统的变化以及对教育系统提供支持的社会系统的相应变化;而教学主要是教师与学生在课堂中的互动行为,涉及面远比课程实施的小。②"课程实施"与"教学"分属于不同的研究领域,课程实施主要探究课程改革计划的实施程度及影响课程实施的诸类因素及其相互之间的联系与作用等;而教学研究则主要探讨教学的"教授"和学生的"学习"行为及其二者的互动机制。显然,二者研究的重心和侧重点有所不同。

2."课程实施"与"教学"的联系

课程实施与教学之间具有内在的统一性与联系性。①课程实施内在地整合了教学,而教学是课程实施的核心环节和基本途径。离开了教学,课程实施无从谈起。只有教师以课程计划、课程目标作为依据,有针对性地选择与组织相关的教学内容、教学组织形式、教学方法和技术,形成具有效率的教学方案时,课程才可能得以实施。也只有当教学活动的基本要素(教师、学生、教学内容、教学手段)间产生协同作用时,课程才能顺利实施,有效推进。②课程实施研究有助于理解教学的本质,从而为教学过程设计开拓了新的视野;教学研究也有助于理解课程实施的内在机制,从而使课程实施方案更科学可行。

由于教育价值观与课程价值观的不同,人们对"课程实施"与"教学"关系的认识有所不同,同时,这种认识也反映在课程实施与教学实践中实际做法的不同上。有人认为,课程是国家意志的反映,是专家按国家意志在校外开发的具有社会指向性的教育内容,课程实施则是忠实地在学校教学中充分有序地组织和教授相应的教育内容。这一过程反映了课程与教学的关系是目的与手段、内容与过程的关系,衡量教学质量的标准就是看它是否高效而精确地实现了既定课程。也有人认为,课程不仅是专家按国家意志开发的产物,它也包括了教师在教学实践中开发的课程以及学校内外的各种情境因素。课程实施过程中,教师可从实际情境出发对国家和地方的既定课程进行必要的加工和设计,以符合"学生学"与"教师教"的实际需要。以此来看,课程与教学的关系是互为目的、互为手段的关系。课程既为教学提供方向,也为教学的可接受性的实现提供了可能。教学既是实施既定国家和地方课程的手段,也是新的校本课程创造开发的源泉。"课程实施"与"教学"的关系得到了进一步的升华,立体地交融在一起,内含课程专家、教育行政管理人员与教师之间相互作用、相互适应、相互改变的关系。随着人们对课程内涵认识的扩展,还有人认为,课程是教师学生体验到的具体的实际经验,是由教师学生在特定情境中共同创造的关于真、善、美的体验,课程实施就是要促进人的个性成长与发展,实现人的人格的重新构建。由此衍生的课程与教学的关系,二者是有机结合在一起的。各种观点有相通点,即教学是课程实施的基本途径,教学工作是学校的中心工作,提高教学质量是学校教育的永恒主题,学生自学、校园文化活动和校外社会实践也是学校教育中的重要方式。

教学是课程实施的核心环节和基本途径,教师对教学规律与原则、方法与组织形式及其模式进行深入学习是必不可少的。

第二节 教学规律与原则

一、教学的一般规律

任何一门学科,都有自己的研究对象与范围,在研究对象与范围内的本质联系就是规律。规律是客观的,是不以人的意志为转移的。正如《礼记·学记》中所说:"君子既知教之所由兴,又知教之所由废,然后可以为师也。"也就是说,教师只有掌握教学规律,并自觉地遵循这些规律,才能成为一名称职的教师。由于教学过程极其复杂,再加上受主客观条件的限制,人们对教学规律的认识并不统一,仍需要不断探索。在教学过程基本规律的研究中,我们有一些极具代表性的研究,有必要进行了解。

(一)间接经验和直接经验相结合的规律

所谓间接经验是指前人在长期社会生活实践过程中积累起来的认识成果,在教学中主要指书本知识。所谓直接经验是指学生经过体验或通过亲身感受获得的感性认识。

在教学过程中,教师引导学生掌握知识的过程就是要把人类的认识成果转化为学生个体认识的过程。这一过程是有规律可循的,即遵循人类认识的基本规律。比如,在教学中要尽可能发挥个体的主观能动作用,但教学过程又有其自身的特点,即把人类积累起来的基本认识能够最有效地转化到学生的认识中去,在有限的学习时间内使学生的个体认识能迅速提高到社会所需要的水平上来。教学过程的一般规律是由具体到抽象、由感性到理性、由特殊到一般、由已知到未知发展变化的。教学过程的主体是学生,当然也包含了学生认识活动的特殊性和规律,主要有以下几个方面。

1. 学生学习的主要对象是间接经验

学生学习的间接经验是概括化了的知识体系,是根据社会的需要从人类知识宝库中挑选和提炼出来的材料。这种以书本知识为主的教学内容,可以使学生不受时空限制,从而大大提高了认识的起点,缩短了对客观世界的认识过程,使学生能在相对短的时间内掌握大量系统的文化科学基础知识,使他们的认识水平迅速提高到社会所需要的水平上来。

2. 学生的学习活动在一定的教学条件和环境中进行

教学活动是一种有目的、有计划、有组织的认识活动。在教学活动过程中,教师是由经过专门训练的专业人员来担任,教材是由教师、专家精心组织编写的,必要的教学设备、手段和方法也是认真准备的。这种教学环境的创设,可以让学生在较短的时间内获得最大量的人类认识成果。与科学家探究科学知识的认识过程相比,学生的认识最大限度地排除了科学探究时可能出现的一切偶然性和盲目性,所采用的是最经济有效的方法。

3. 学生的认识过程具有多样认识序列的安排

学生的认识过程有其特殊性,在教学过程中教师对学生认识序列的安排不应照搬人类一般的认识过程,最好根据学生的年龄特征和教学内容的不同而选择各种合理有效的序列,可以从生动、感性的直观开始,也可以从抽象、严谨的理论开始,还可以从有组织、有目的的实践活动开始。

有效的教学过程是充分利用学生的直接经验,做到间接经验和直接经验的有机结合。当然,在处理间接经验和直接经验的关系时,须防止以下两种倾向。一是在传统教育观的影响下,教师过分强调人类认识过程和学生认识过程的统一,无视教学过程中学生认识活动的特殊性;只重视书本知识的,而不注意学生的感性认识和自我体验,忽视学生参加社会实践活动,忽视学生通过独立操作积累经验、探求知识的能力,造成学生在认知上一知半解,而没有更深入的探索。二是在实用主义教育观的影响下,教师违背教学过程简约性的特点,重视学生个人经验的积累,过分强调学生通过直接经验获得的经验知识,而忽视系统的科学知识,使学生掌握的知识支离破碎。

直接经验与间接经验在教学过程中可以达到有机结合统一。

1)优化教学过程,探求科学方式,提高教学效率

在科学技术迅猛发展的今天,人类知识的积累、更新速度飞快,这种知识增长的无限性与学生学习时间的有限性之间固有矛盾日益激化,要解决这一矛盾,教师就需要积极寻求最优化的教学模式,才能更有效地实现教学目的。此外,对现行"繁、难、深、旧"的课程进行彻底革新,既要加强课程内容与学生生活及现代社会和科技发展的联系,又要关注学生学习的兴趣与经验,精选终身学习必备的核心知识和技能。

2)使学生全面理解学科知识的基本结构

所谓学科知识的基本结构就是指每门学科内在的相互联系并普遍起作用的概念、原理和法则的体系。美国心理学家布鲁纳在其所著《教育过程》一书中提出"使学生理解学科的基本结构"的观点,它为教师在教学过程中遵循间接经验与直接经验相结合的规律指明了方法,是教学中间接经验与直接经验相结合的最低要求。教师使学生理解自己所教学科知识的基本结构,才能实现在极短的教学时间内让学生掌握极丰富的学科基础知识和基本技能,达到学科知识的融会贯通,实现学习中的迁移,促进学生多方面发展。在教学过程中,了解和把握学科知识的基本结构是教师组织教学的基础和不可逾越的重要步骤。

3)注重学生的兴趣和现实体验,发挥活动在教学过程中的作用

传统的教学,教师的作用被局限在教学计划、教学大纲和教材构筑的基本框架中,学科教学内容是教师教学任务的集中体现。至于学生的兴趣、体验、发展需要等并不处在教学的显著地位。教学活动拘泥于学科知识,远离学生的生活世界,不利于学生创新精神和实际操作能力的养成,学生与教师之间所进行的是学科知识的简单传输,至于学生的主体性思维、实践能力、问题见解统统被学科知识的识记所占用和挤压。学科知识与学生认识体验之间的矛盾,其实质是间接经验和直接经验的关系问题。要达到间接经验和直接经验的有机结合,须将学生的现实体验视为学习的起点和基础,学生依照自我生活经验理解课程所提供的客观文本,并对其进行筛选、批判和重建。在教学过程中,关注学生的现实生活、生存方式等,并对其进行科学解释,揭示其规律。这一复杂过程实现了间接经验和直接经验的有机结合,学生的发展不限于掌握学科知识,还包括自我潜能的实际发展。

(二)掌握知识与品德形成相统一的规律

任何教学都具有教育性,这是教学过程的又一条重要规律。教学具有教育性,是指在教

学过程中,科学知识的传授和教师自身的言行对学生良好思想品德的形成具有潜移默化的影响作用,纯知识的教学是不存在的。正如德国教育家赫尔巴特所说:"教学如果没有进行道德教育,只是一种没有目的的手段;道德教育如果没有教学,就是一种失去了手段的目的。"[①]教学的教育性是客观存在的,这就要求教师在教学过程中,既要引导学生掌握知识,也要培养学生形成良好的合乎社会规范的行为品德,实现立德树人的教育宗旨。

教学过程中,需要思考教学的教育性规律的实现途径。

1. **学生思想品德的形成与提高以掌握一定的科学文化知识为基础**

人们的思想观念、道德观念的形成首先离不开人的认识,都以一定的知识和经验为前提。学生正确的人生观、崇高的世界观和价值观,更需要有一定的、系统的科学文化知识。在教学过程中,教师要认识到这一点,首先使学生掌握最基本的学科知识,并通过科学知识的传授,引导学生走进自然和社会,认识其发展规律,增长学生的知识才干,帮助学生明辨是非、识别美丑、评价善恶;其次,让学生在认识中提升主体感受,发现人、社会、自然之间的关系,培养学生对社会和自然的情感,为学生树立正确的人生观、世界观奠定良好的基础。

知识与思想品德之间并不成正比关系。在现实生活中,常有一些学生掌握了丰富的科学知识,但并没有形成较高的思想觉悟和道德水平,有才无德者比比皆是,一个非常重要的方面就是忽视了学生态度、情感和价值取向的引导与培养。要使教学中传授的知识能给学生以深刻的思想影响,教师不仅要使学生深刻地领悟知识,还要善于引导和激发学生对所学知识的社会意义产生积极的态度,在思想深处产生共鸣,形成自己的善恶观念、爱憎情感和价值追求。只有这样,科学知识所蕴含的思想内涵才能转化为学生自己的观点、信念,才能真正提高学生的思想品德。

2. **学生思想品德的提高将推动其更加积极有效地学习科学文化知识**

学生掌握科学文化知识的过程是一个能动的认识过程,他们的思想状况、学习动机、学习态度,对他们的学习起着十分重要的作用。同时,学习活动是一项艰苦而复杂的脑力劳动过程,在学习过程中也必然会遇到各种各样的困难,这就需要学习者具有明确的学习目的、强烈的学习欲望、自觉的学习态度、持之以恒的学习精神,只有这样,学生才会全身心地投入到学习活动中并勇克难关。在教学中,教师要不断提高学生的思想觉悟,端正学生的学习态度,为其树立远大的理想和抱负,给学生以正确的方向,推动他们自觉、主动地学习。

3. **教学中需要克服两种错误倾向**

教学的教育性体现为把知识的科学性与思想性结合起来、把学科目标与确立远大理想的教育结合起来、把科学知识的传授与培养学生的基本观点与信念结合起来。要把德育寓于智育之中,在教学中防止两种倾向的出现:一是把教学过程看作是单纯传授知识的过程,

---

① 曹孚.外国教育史[M].北京:人民教育出版社,1979:177.

而忽视对学生进行思想品德教育。二是脱离知识的传授,另搞一套思想教育的偏向。这两种倾向既不利于学生获得全面而系统的科学文化知识,也不利于学生思想品德的形成和培养。正确的做法是合理地组织教学过程,把教书和育人有机地统一起来,才能真正实现教学的教育性。

(三)掌握知识与发展智能相互促进的规律

掌握知识与发展智能相互促进的规律是指在教学过程中,学生掌握知识影响着其智能的发展,学生智能的发展又影响着他对知识的进一步吸收与理解。也就是说,传授知识与发展智能是相互联系、相互制约、相互促进的辩证关系。

关于传授知识与发展智能的关系,在教育史上曾有过长期的激烈争论,形成了两种截然不同的主张。一种是以瑞士教育家裴斯泰洛齐为代表的"形式教育论",认为教学的主要任务在于训练学生的思维形式,知识的传授无关紧要。另一种是以德国教育家赫尔巴特和英国教育家斯宾塞为代表的"实质教育论",认为教学的主要任务在于传授对实际生活有用的知识,至于认识能力则无关紧要。两派所持观点都失之偏颇,传授知识与发展智能是教学过程的两大基本功能,都不可偏废。当然,我们既不主张教学过程只传授知识而忽视能力的培养,也不主张只注重智能的训练而忽视必要的知识传授,而是在打好扎实知识基础的前提下,发展智力和能力,从而实现二者的统一。具体的做法有三。

1. 正确认识和处理掌握知识与发展智能的关系

一方面,学生智能的发展依赖于知识的掌握,系统知识是智力发展的必要条件,智力发展离不开知识和经验。另一方面,学生学习的科学文化知识既是人类知识长期积累和整理的成果,又是人类几千年来智力和智慧的结晶,其本身蕴含着丰富的人类认识的方法。对学生来说,掌握知识的过程同时也是智力运用的过程。只有在掌握知识的过程中学会获取这些知识的认识方法,并把这些知识和认识方法自觉地、创造性地运用到以后的学习和实际中去,才能逐步发展自己的智力,形成自己的创造才能。

2. 学生对知识的掌握依赖于其智能发展

人的智能是掌握知识的必要条件。智力、能力发展好的学生,其接受能力也强,学习效率才高。相反,那些智能发展较差的学生,学习的困难也较大。发展学生的智能既有利于学生的学习,也有助于教学质量的提高。在知识信息量多且难度大的今天,更需要注意培养与提高学生的智能,发展他们的创造力。

3. 教师要坚持启发式教学,把学习的主动权交给学生

通过传授知识来发展学生的智能是教学工作的重要任务之一。但知识不等于智力或能力,学生掌握知识的多少并不代表其智能高低。不是任何一种知识教学都能有效地促进学生智能的发展。学生智力与他们所掌握的知识的性质、难度、分量有关,更与他们获取这些知识的方法和运用知识的创造态度相关。还有,学生的智力不是主观自由的,而是在掌握知

识、认识世界过程中发展起来的一种能力。教师用科学的方法进行教学,引导学生发现问题,让学生学会独立思考并创造性地运用所学知识解决问题就显得十分重要。按照德国教育家第斯多惠的看法,一个坏的教师是转述真理,一个好的教师则教人发现真理①。因此,教师要讲究教学艺术,坚持启发式教学,把学习的主动权交给学生,调动学生学习的积极性、主动性,激发学生的求知欲望和创造热情。唯有如此,学生在掌握知识的同时智能也得到发展。

(四)教师的主导作用和学生的主体作用相互依存的规律

教学过程是在教师引导下学生的认识过程。以赫尔巴特为代表的"教师中心说"认为,教师在教学中处于中心地位,向学生传授知识,培养能力,进行道德教育主要依靠教师,主张要树立教师的绝对权威,学生无条件服从。学生的独立性、自主性则被认为是有害的。他们片面强调教师权威,不仅导致学生的主动性、积极性得不到正常发挥,不利于师生之间的有效沟通,更谈不上学生创造能力的培养。

与"教师中心说"不同的是以杜威为代表的"儿童中心说"。"儿童中心说"主张教学应以学生为中心,发挥学生的主动性和积极性,教育教学的一切措施都要围绕学生进行,尤其要从儿童的兴趣出发。儿童是绝对的中心,教师只是辅助者,至于系统知识的传授和教师作用的发挥都是次要的。"儿童中心说"将教育的主体指向了学生,在一定程度上是对"教师中心说"的一种纠正,有进步性,但走向了另一个极端,即忽视教师的主导作用,忽视系统的科学知识,片面强调学生学习的主动性、积极性,使学生陷入盲目探索中,使教学变得随意而无目的。

总之,以赫尔巴特为代表的"教师中心说"和以杜威为代表的"儿童中心说"是师生关系的两个极端,前者无视学生的兴趣和需要,而后者则从学生的兴趣出发展开教学,这两种绝对的观点引起了人们对学生学习的重新思考,人们既反对片面强调绝对的教师主导作用,忽视学生的主体作用,也反对漠视教师的主导作用,过于强调学生主体性的做法,而是求得两者的统一。

现代教学论关于师生关系的认识正从单一走向复合,从肤浅走向深入。教与学作为一种统一的认识活动,教师和学生在这一活动过程中既具有相对独立性又密切关联。在教学过程中如何结合时代发展要求,遵循教师的主导作用和学生的主体作用的相互依存关系是值得我们深思的方面。

1. 充分发挥教师在教学过程中的主导作用

教师是教育者,是受过专门训练的具有一定专业化水平的人,实施着有目的、有计划、有组织的育人活动。教师在教学过程中是教学活动的组织者、设计者,是学生成长发展的指导

---

① 张焕庭.西方资产阶级教育论著选[M].北京:人民教育出版社,1979:167.

者、促进者。教师是组织者、设计者意味着教学活动不能随意进行,需要教师依据一定的教学目标合理组织教学资源、科学设计教学方案。教师是指导者、促进者,就意味着教师在教学过程既不能越俎代庖,也不能拔苗助长,而要做到启发诱导。

2. 深入挖掘学生的潜能,充分调动学生学习的积极性、主动性

现代教学论认为,教学的实质是学生在教师的指导下,学生个体的认识和发展过程。这就把以教师传授知识为主的传统教学过程改变为学生在教师指导下主动获取知识、主动发展的学习过程。在教学过程中,学生是能动的人,是学习的主体,不只是教学的对象。教师的教固然重要,但对学生来说还是外因。唯物辩证法指出,外因只有通过内因才能起作用。也就是说,教师传授的知识与技能、施加的思想影响,都需经过学生个人的观察、思考、领悟、练习和自觉运用,才能转化成为学生的实际本领与品德。学生的学习主动性、积极性发挥得怎样,直接影响并最终决定着学生个人的学习效果和身心发展水平。因此,调动学生学习的积极性、主动性是教师卓有成效地进行教学的一个主要方法。

3. 发扬教学民主,坚持教学相长

教学过程是以教师为主导、学生为主体的双边互动过程。教学的好坏不仅在教的一方,更重要的在于学的一方。因此,任何一厢情愿的教学都是没有效果的,只有教师的教与学生的学双方达成统一、相辅相成,教学才是卓有成效的。也就是说,教师的主导作用是针对能否引导学生积极学习而言的,它主要体现在按照教学过程的规律性对学生进行启发诱导上,因而,学生学习的主动性、积极性调动得如何,学习的效果怎样,便成为衡量教师主导作用发挥得好坏的主要标志。为此,在教学过程中,教师必须充分发扬教学民主,主动打破讲台与课桌的界限,冲破教与学之间的鸿沟,使师生融为一体、平等互动。只有这样,学生学习的主动性、积极性和创造性才能得以充分发挥。

同时,学生主体作用的发挥在教师的主导作用下才能实现。背离教师的主导作用来调动学生的积极性、主动性,这会带来很大的盲目性。在教学过程中充分发挥教师的主导作用是调动学生学习积极性、主动性的前提条件,学生的学习主动性、积极性,是对教师主导作用的积极配合。如果师生双方的积极性都发挥出来并配合得当,相辅相成,就会获得较佳的教学效果。

二、教学的基本原则

(一)认识教学原则

教学原则和教学规律是既有联系又有区别的两个不同概念。教学规律是指教学过程中各种矛盾之间的本质的必然的联系,是不以人的意志为转移的客观存在。人们只能认识、揭示、掌握和运用教学规律,但不能改变和创造教学规律。教学原则是指人们根据教学规律和教育目的而制定的对教学工作的基本要求。由于教育家的哲学观点和对教学规律的认识不

同,因而在总结教学实践经验的基础上所提出的教学原则也不尽相同。科学的教学原则反映了教学规律的必然联系。

(二)我国中小学基本教学原则

1. 科学性与艺术性统一的原则

科学性与艺术性统一的原则要求教师向学生传授反映客观实际的真理性知识和实际有用的知识技能,使教学内容具有严密的科学性。在整个教学过程中,教师要讲究教学的艺术性,增强教学活动的吸引力,并提高教学品位,让学生爱学、乐学,将两方面有机地结合起来,就可达到提升、优化教学过程的目的。科学性与艺术性统一的原则是教学过程的特殊性和教师主导与学生主体相互依存相结合规律的综合反映,是新时期人才培养模式对学校教学工作的迫切要求。其中,科学性是艺术性的基础,艺术性则是科学性的升华和创造。科学性和艺术性在教学中有机结合,构筑了教学进程的良性循环,给学生创造了科学性和艺术性相结合的良好环境。

2. 理论联系实际的原则

理论联系实际的原则要求教师加强基础知识的教学,引导学生以学习基础知识为主,从理论与实际的联系中去理解知识和掌握知识,并加强基本技能的训练,引导学生运用所掌握的知识分析问题、解决问题。

这一原则是教学过程中间接经验与直接经验相结合规律的直接反映。在教学过程中,一方面,学生主要以学习间接经验为主,通过系统的学科知识有序、有效地认识客观世界,掌握反映客观世界本质和规律的理论知识。另一方面,教学中注重理论联系实际,通过实验、观察、实践等方式加强理论知识的实际应用并指导实践,解决现实问题。这里的"理论联系实际"包括教学要联系学生已有知识的实际、联系科技发展最新成就的实际、联系社会生活的实际、联系学生身心发展的实际、还要联系学生实践活动的实际等。

理论联系实际原则对教师提出了要求:①教师在教学中要抓住教材的主要内容和重点,联系学生已学过的知识实际和生活经验的实际,把新知识和旧知识联系起来,把直接经验和间接经验结合起来,从而让学生形成科学概念,加深对理论知识的理解和掌握。②为了让学生在课堂上能够听懂、领悟所讲的理论知识,课前必须提供相应的感性储备。教师通过一些学习性的实践活动积累必要的感性材料,克服由于单一的间接经验灌输所产生的枯燥与乏味。③教师在教学内容的组织安排上要尽可能地反映现代科技发展成果,开阔学生视野,增添教学新意。④根据各科教学的具体特点及不同年龄、水平学生的实际加以区别,因材施教,强调实事求是,讲究实效,不追求形式主义。

3. 适应性和发展性相结合的原则

适应性和发展性相结合的原则要求教师在教学中既要按照学生的知识水平和身心发展现状设计教学内容,选择恰当的方法,安排合理的教学步骤,保证教学目标的实现;也要通过教学增加学生认知和能力发展的必要环节,为学生的持续发展创造条件。

教学过程是以认识为基础促进学生发展的过程。按照苏联教育家赞可夫的观点,教学是发展的"因",发展是教学的"果"。如果将教学看成是一个持续的活动过程,它所追求的是促进学生各方面的发展,为学生将来的发展打下坚实基础。从这个角度来分析教学过程,教学的适应性的侧重点是立足于现实,而教学的发展性则强调放眼未来,把教学过程放在一个完整的系统内来思考。教学的发展性如果能得以实现,是以教学的适应性为前提。根据教学实际与学生长远的发展目标,教师应把适应性与发展性有机结合,统领教学的每一个环节,就能从更高层次上解决教与学的矛盾,协调教与学的关系。

教学的适应性与发展性相结合的原则对教师在教学中的具体要求:①教师的教学要适应学生发展的年龄阶段。在学生学习的初级阶段或新学科的起始阶段,教师教学的首要任务是培养学生对该学科及其相关学习活动的兴趣,激发其学习的内部动机。教师过高估计学生的学习能力,教学内容容易超出学生认知水平可接受的范围;过低估计学生的学习能力,又容易使学生产生思维惰性。教师要把握好教学的适切性和趣味性,让学生在活动中获得成功感,激发其参与活动的兴趣与持久性。②教师在确立教学目标时,要将促进学生的发展当成终极目标。发展是一个长期的、持续的过程,是一个由量的积累达到质的飞跃的跳跃式进程。教学是一个让学生积累发展源泉和动力的过程,教师必须适时确立发展目标,引导学生朝这一目标迈进。③动态地认识教学的适应性与发展性。随着学生学习能力的不断提高,教学的适应性与发展性其内涵应随之变化,教师应把学校教育的阶段性目标纳入国民素质教育的总目标之中来实施,树立"大教育"观念,通过教学的发展性培养学生的"创造精神"与"创新意识"。教学的适应性与发展性相结合原则要求建立一套与之相适应的教学评价机制,用以指导教育教学中科学的教学观、人才观和质量观的形成。

4. 教学民主与严格要求相结合的原则

教学民主与严格要求相结合的原则要求教师在教学过程中,在充分尊重学生的基础上,营造一个和谐、平等的教学氛围,突出学生主体性地位,激发他们参与教学过程的主动性和积极性,同时,提出明确、严格的学习要求,自如地驾驭教学过程。教学民主与严格要求相结合的原则体现了教师主导与学生主体相互依存的规律,而建立在教学民主基础上的严格要求,则充分体现了教师的主导作用。爱是教育的基石,严是爱的升华,教师要做到"严中有爱""严而有度"。

教学民主与严格要求相结合原则要求教师要做到:①建立和谐、平等的师生关系,实施民主化的教学。构建民主平等、心理相容的师生关系是实现教学民主的心理前提。师生关系紧张直接导致学生产生厌学情绪,产生对抗心理,有时会给学生身心造成伤害。为了避免教学中出现以上情况,教师有必要在教学过程中贯彻教学民主化。②倾听学生的心声,换位思考。随着学生年龄的增长和知识经验的不断丰富,学生对教师教学的反思与批判意识和能力也会不断提高,这正是当代学生的可贵之处,反思中包含着创造,批判中孕育着革新。教学不只是强调教给学生现成的知识,而是让学生学会思考。这一目标的实现,取决于教师能否为学生开辟一个广阔的思维空间,能否站在学生的立场上反思自己的教学。师生之间需要平等交往与沟通,摆正各自在教学过程中的位置是关键。③严而有爱,严而有法。提倡教学民主并不等于自由散漫,任由学生天马行空,相反,它要求教师精心设计教学,严格执教,让学生明确学习的目标和要求,这是教师的职业使命感和责任感的综合体现。教师对学生真挚的爱是通过规范、严格的教学来实现的。学生真切地体会到教师的爱,才能产生巨大的动力。教学民主能否与严格要求有机结合,还取决于教师群体教育影响的连贯性、一致性。

5. 形象性与概括性统一的原则

形象性与概括性统一的原则是指教师在教学中充分运用各种直观手段,形象的语言等为学生提供丰富的感性材料,为学生掌握理性知识打下基础,培养学生抽象概括能力,让学生学会理性思考。教学过程是一种特殊的认识过程,它符合人类认识规律,即从感性到理性、从形象到抽象。学生掌握知识总是从感性开始的,感性的、生动形象的知识有助于提高学生学习的积极性,有助于学生理解和掌握抽象知识。在学习过程中,学生具备抽象概括、归纳总结、演绎分析的能力,就会找出知识体系的规律性,使学到的知识融会贯通。

形象性与概括性统一的原则要求教师在其教学过程中做到:①根据教学内容和学生的年龄特点正确选择直观手段。直观手段多种多样,可以分为直接经验、实践、教师形象化的语言和直观教具。单就直观教具又分为自然物体(实物)、形象物体(各种挂图、图表、模型等)、象征性教具(地图、绘图、图解等)、现代化教学手段(各种实验设备、各种声像材料、多媒体手段等)。教学中应选择哪些直观手段,要根据教学内容和学生特点来确定,注意直观材料的典型性与代表性,不能将教学的直观手段作为教学目的。②充分发挥语言的形象与抽象概括功能。一方面,教学中教师使用生动形象的言语讲解,能够引起学生的想象,唤起生动的表象,给予丰富的感性认识,帮助学生理解抽象的知识,帮助学生将已有的感性经验与所学教材结合起来,充分展示其形象性。另一方面,语言又是抽象概括的工具,概念、法则也是运用一定的语言材料来表述。这一抽象概括功能不仅能反映事物之间的种属关系、逻辑联系,还可以让学生形成规律性知识。③语言的形象与抽象概括功能两者并重、不可偏废。只强调形象性,忽视概括性,会阻碍学生学习能力的培养和智力的全面开发。运用直观手段的时间、数量和放置地点都要慎重考虑。反过来,若单培养学生的抽象概括能力,而不顾学生认识水平和思维特点的教学,其结果是教与学严重脱节。视学生的接受能力和实际发展水平来确定教学的形象性与概括性的结合策略,才是明智之举。

6. 系统性与渐进性统一的原则

系统性与渐进性统一的原则是指教学进程要按照科学知识内在的逻辑顺序和学生认识

能力的发展顺序进行。在教学设计上,教师既要从总体上把握知识体系,突出重点,分解难点,又要协调好教学内容中整体与部分的关系。掌握完整而系统的学科知识,形成学生自己的正确知识结构,在学习的每一个阶段都非常重要。就教学进程而言,科学知识的内在逻辑顺序与学生认识能力的发展顺序决定了教学必须循序渐进。知识体系从简单到复杂,由易到难,学生的认识活动同样经历着由具体到抽象,由感性到理性,由现象到本质逐步深化的过程。要将知识的"内在逻辑顺序"与学生"认识能力的发展顺序"统一于教学过程之中,让教学环节中的每一个"小系统"统一于学科知识的"大系统"之中。

系统性与渐进性统一的原则要求教师在教学中做到以下几个方面。①把握教材的内在逻辑联系,用宏观指导微观。教学的总目标是通过一个单元一个单元、一个教学板块一个教学板块的教学逐步实现的。知识教学的前后虽有内在的逻辑联系,但对学生来说,在没有学习和掌握所有的学科内容,没有形成自己的知识体系之前,每一次的教学、实践和讨论都只不过是一个个的知识点,由点到面需要教师引导学生将零散的知识归类整理,加工改造,形成完整的知识系统。这就要求教师具有"把一本书(科目)当成一节课来教"的整体观和系统观,使教学上下呼应,前后承接。②依据学科知识和学生认知的心理顺序,开展教学工作。教师对教材内容进行系统连贯的讲授,注意新旧知识之间的联系。只有在学生较好地掌握了旧知识之后再去学习新知识,才能保证教学的渐进性,才会收到较好的教学效果。③教师讲授各门学科,既要注意连贯性和系统性,又要注意分清主次,突出重点。平铺直叙,不分主次不能体现系统性。教学中突出重点,抓住关键,解决难点,触类旁通,才能真正体现系统性与渐进性的统一。

7. 理解性与巩固性相结合的原则

理解性与巩固性相结合的原则是指在教学过程中使学生牢固地掌握各门学科的基本知识和技能技巧,并能在学生记忆里随时再现已掌握的知识和在实际中运用这些知识。理解性与巩固性相结合的原则是依据教学任务提出来的。学生学过的知识技能学后就忘,意味着没有完成教学任务,而在理解的基础上实现知识内化,不但效果好,而且对培养学生的理解能力,达到对知识技能的活学活用非常有用。理解性与巩固性相结合的原则也是根据认识规律被提出来的。学生会运用已有的知识去理解新知识,进而熟练运用所学知识。对教学中知识巩固的重要性,中外教育家有过大量的论述。孔子主张"温故而知新",朱熹提倡"熟读精思"。夸美纽斯则认为,如果只顾知识的传授而忽视巩固,就好像水泼在米筛上,最终一无所获。知识的巩固与知识的扩充是联系在一起的,没有旧知识的巩固,就没有新知识的扩充。

理解性与巩固性相结合的原则要求教师在教学中做到以下几个方面。①以理解为基础巩固知识。知识掌握的牢固程度与学生对知识的理解程度密切相关,没有对知识的真正理解就不能真正掌握知识。这就需要教师在教学时,做到条理清楚、重点突出,力求使学生感知学习内容清晰,让学生在领会新旧知识联系的基础上记忆,学会对无意义的材料进行加工,达到深刻理解的程度。②有效复习。复习是巩固知识,加深理解的主要方式。不能将复习理解为学习过程的机械重复,而是对所获信息进行创造性加工、编码重组的过程。通过复习,学生可以加深对知识的理解和记忆,检查纠正记忆中的错误。"课前预习""认真听课"与"课后及时复习"是有效学习的三个阶段。复习时,一方面要注意采用多种形式进行,比如日常性复习、阶段性复习、总复习等;另一方面按照记忆的规律选择有效的方式方法,比如及时复习、尝试回忆与反复阅读相结合,集中复习与分散复习相结合等,还需注意不同学科在复习方法上的差异。③注重实际运用。运用是巩固知识、理解知识的有效途径。知识的理解并不单靠课堂教学这一环节实现,理解也有不同水平和不同层次的区分。通过知识的运用,学生可以不断提高理解水平、深化理解的层次。在运用知识的过程中,学生要能找出知识间的相互联系和规律,并能对自己的学习方法进行反思与改进,就能实现深度和有效学习。

8. 统一要求与因材施教相结合的原则

统一要求与因材施教相结合的原则是指教师的教学要面向全体学生,使他们达到课程计划和课程标准所规定的统一要求,实现全面发展。同时,教师要从学生的年龄特征和个性差异出发,有的放矢地进行教学,使每个学生都能扬长避短,在原有基础上有所提高和超越,尽可能达到最佳发展。这一原则是基于社会主义教育目的、学生身心发展规律和事物的矛盾普遍性与特殊性提出来的。在教学中关键是处理好共性与个性的关系,即处理好教育目的、任务的统一和学生的个别差异之间的关系。统一要求与因材施教有机结合不仅是一条教学原则,也是教育观、人才观的重要体现。

统一要求与因材施教相结合的原则要求教师在教学中做到以下几个方面。①坚持教育方针,明确培养目标,全面完成教学任务。教学要立足于让所有学生都达到德、智、体全面发展的基本要求。②深入了解学生的一般情况和个性特征。教师要通过多种形式对学生的智力水平、知识基础、学习态度、兴趣爱好、气质性格等进行全面了解,切实做到了解和掌握每个学生的情况,做到既把握班级的整体情况,又深知每个学生的个体特征,为做到统一要求与因材施教相结合而做好准备。③正视差异,因材施教。在统一要求的前提下,针对不同层次、不同水平的学生采取有针对性的教学,从差异出发,进而缩小差异。对学习上暂时有困难的学生,教师要给予更多的指导和关注,帮助学生在原有基础上实现全面发展。要多实践合作学习的教学方式,就要把教师的"教学"与学生间的"互帮互学"结合起来,为学生营造宽松、有学习意愿的学习环境。

各个教学原则既有各自的出发点和侧重点,相互之间又紧密联系、相辅相成,构成一个科学的教学原则体系。正因为各个教学原则所反映和解决的矛盾各有侧重,因此,在教学实践中它们发挥了各自独特的作用,若教师能灵活、创造性地运用这些教学原则,则可以达到事半功倍的效果。

第三节 教学方法与教学组织

一、教学方法

教学方法是将各教学要素联系起来的具有科学性、目的性的实践原则和操作步骤,对教师的教学具有直接的指导作用,是教学改革和发展中极受关注的方面。在长期教学实践活动和教学研究的基础上,教育理论工作者和教育实践工作者共同归纳整理出许多重要的教学方法。

(一)教学方法的本质

关于教学方法的概念,目前有着不同的界定。

定义一:"教学方法是教师与学生为实现教学目的,完成教学任务所采用的途径和程序。"①

定义二:"教学方法是为达到教学目的,实现教学内容,运用教学手段而进行的,由教学原则指导的,一整套方式组成的师生相互作用的活动。"②

定义三:"教学方法是为完成教学任务,师生在共同活动中采用的途径、手段和工具。"③

这些定义有所不同,但基本揭示了教学方法的本质和内涵。

1. 教学方法是实现教学目的、完成教学任务的手段

方法是达到目的的手段,而目的也要借助方法来实现。毛泽东曾说:"我们不但要提出任务,而且要解决完成任务的方法问题,我们的任务是过河,但是没有桥或没有船就不能过河。不解决桥或船的问题,过河就是一句空话。不解决方法问题,任务只是瞎说一顿。"④在教学中,教学目的和任务是选择和运用教学方法的依据,而采用科学、恰当的教学方法是实现教学目的、完成教学任务的根本保证。

2. 教学方法是教师教的方法和学生学的方法的高度统一

教学活动是师生的双边活动,作为教学活动的方法,既包括教的方法,也包括学的方法。把教学方法仅仅理解为教法,或是只重视教法而忽视学法,都是不可取的。教法和学法在教学活动中是有机联系、不可分割、高度统一的。一方面,教的方法要根据学的方法。早在20世纪20年代,我国著名教育家陶行知先生就主张把"教授法"改为"教学法"。现代许多新的教学方法是建立在对人的学习心理研究基础上的。这使得教师教的方法越来越重视学生学

---

① 吴杰. 教学论[M]. 长春:吉林教育出版社,1986:439.
② 王策三. 教学论稿[M]. 北京:人民教育出版社,1985:244-245.
③ 潘懋元. 高等学校教学原理与方法[M]. 北京:人民教育出版社,1995:176.
④ 毛泽东. 毛泽东选集:第1卷[M]. 北京:人民出版社,1966:125.

的方法,也越来越适应学生的学习心理。另一方面,教师教的方法在很大程度上指导和决定着学生学的方法,好的教法能培养出好的学法。教师选择运用教学方法应以教会学生学习,掌握好的学法为出发点。

3. 教学方法既具科学性,又具艺术性,是科学与艺术的有机结合

在教学方法中,既有科学成分,也有艺术成分。教学方法的科学性体现了教学活动的规律和原则;教学方法的艺术性体现了教学活动的灵活性和创造性。所以,教学法一方面要以科学为基础,一方面要以艺术为方法。在教学活动中,既自觉遵循教学方法的科学原理、规范和程度,又要充分发挥教学艺术的作用,充分认识到教学方法的这种规律性与灵活性、普遍性与特殊性、规范性与创造性相统一的关系,这将会大大提高教学的质量与效率。

4. 教学方法是师生相互作用中多边互动的手段和方式

教学方法既不是某种固定的动作或方式,也不是教学手段本身,而是师生、生生相互作用的多边互动方式。现代心理学认为多向交流较之单向交流和双向交流有着更加显著的效果,能最大限度地发挥相互作用的潜能。许多现代教学方法充分利用学生与学生,教师与学生之间的互动,实现教学活动的多边互动,形成教学信息交流的立体网络,从而极大地调动了学生的积极性,提高了学生的参与度,优化了教学效果。

概而言之,教学方法是为了实现教学目的,教师和学生在教学活动中相互作用所采用的手段和方式,既包括教师教的方法,也包括学生学的方法,是教法和学法的高度统一。教学方法对于全面完成教学目的和任务,提高教学质量具有十分重要的意义。科学地、恰当地运用好教学方法,不仅能够充分调动学生学习的积极主动性,提高教学的效率,而且能够使学生掌握科学的学习方法,从而促进学生智力的发展,增强学生学习的信心,锻炼学生的学习意志,养成学生良好的学习习惯。对于教师而言,研究和运用各种教学方法,对学生的全面发展,提高教学效果都具有积极作用。

(二) 中小学常用的教学方法

我国中小学常用的教学方法主要有讲授法、谈话法、讨论法、演示法、实验法、参观、练习和实习作业等。这些教学方法各有特点,运用时又各有特定的要求。

1. 讲授法

讲授法是教师运用口头语言系统地向学生传授知识的教学方法。讲授法是一种较为古老的、运用较为广泛和普遍的一种教学方法。讲授法的基本形式是教师讲,学生听,具体可以分为讲述、讲解、讲读三种形式。

讲述是教师向学生叙述、描绘事物和现象的方式,用于各年级、各学科的教学,在低年级、在语文、历史等人文学科运用较多。

讲解是教师向学生进行系统而严密的解释、说明或论证概念、原理和法则的方式,可用于各学科教学。数理化学科运用较多。

讲读是综合运用讲、读、练的方式。它包括词汇解说、课文讲解、诵读和默读训练、概括段落大意及复述、背诵、练习指导等。

以上三种方式之间并无严格界限，在教学活动中经常交替使用。

讲授法的优点是可实现学生在比较短的时间内获得大量的系统知识，有利于教师发挥主导作用，便于控制教学过程。此外，通过讲授的方式，教师可以有目的、有计划地向学生进行思想品德教育。讲授法的局限性主要是容易束缚学生，不利于学生主动、自觉地学习，对教师个人的语言素养有很大程度的依赖。

运用讲授法，需要注意以下六点。①保证讲授内容的科学性和思想性。教师讲授的概念、原理和事实、观点必须是正确的，这是保证讲授质量的首要条件。②讲授要有逻辑性和系统性。讲授既要体系完整、全面、结构严谨，又要做到层次清楚，条理分明，还应突出重点，锁定关键，解决难点。③讲授要具有启发性。教师要随时注意学生的表情，分析学生的心理状态，尤其是要用讲授的内容引起学生的兴趣。④要讲究语言。教师的语言水平直接决定讲授的效果。身为教师，首先要不断提高自己的语言修养，能做到语言清晰、准确、规范，逻辑严密；其次，要努力做到语言通俗易懂，生动形象，富于感染力；再次，注意语言的速度、节奏、声调、抑扬顿挫。⑤善于运用板书。板书字迹要工整、正确；板书内容及其布局要突出计划性、条理性，既突出重点，又突出内容线索。⑥加强学生听讲方法的指导。讲授法是教师讲和学生听的统一，教师在运用讲授法时，须加强对学生听讲方法的指导。听讲方法的基本要求是善听、善思和善记。

2. 谈话法

谈话法是教师根据学生已有的知识和经验，通过师生间的相互对话，引导学生通过比较、分析、判断、推理获取新知识、巩固旧知识的一种教学方法。谈话法有许多具体方式，比如，有引导学生积极思考做出正确回答以获取新知识的启发式谈话法、有为巩固知识或检查知识的复习式谈话法、有教师在讲授中明确学习重点，帮助学生独立完成作业的讲授式谈话法，等等。

谈话法的优点表现在：①能激发学生的思维主动性，调动学生学习的积极性，促进学生独立思考；②有利于培养学生的逻辑思维能力和语言表达能力；③可帮助学生及时反馈，清除其学习上的障碍。

谈话法也有其局限性：①使用谈话法进行教学，会占用较多的教学时间；②学生已有的知识和经验是获取新的知识的基础，是运用谈话法的必要条件。

运用谈话法需要注意以下几个方面：①要做好充分的教学准备。教师要根据教学目的和学生的知识、经验基础，从实际出发，明确谈话的范围、重点和要求，周密考虑谈话过程中可能出现的情况和问题，全面安排谈话内容，拟定谈话提纲。②谈话要面向全体学生。教师面向全体学生提出问题，能调动所有学生学习的积极性，使每个学生都积极思考。谈话中，针对问题的性质、难易程度，教师尽可能选择具有代表性的谈话对象，选择不同层次的学生，尤其是要照顾到学习比较困难的学生，必要时，适当地加以解释、说明，以作为补充。③谈话结束时要进行必要的总结。教师在谈话结束时应当用规范和科学的表述进行总结，帮助巩固学生的收获，并指出学生思考问题、回答问题的优点、不足以及建议等。

3. 讨论法

讨论法是学生在教师的指导下，围绕某个中心问题交换看法，相互交流、相互启发、相互学习的一种教学方法。讨论的具体方式有成对交换意见、分小组讨论、全班讨论三种。

讨论法的优点比较突出，主要有以下三个方面。①相互讨论容易激发学生的兴趣，活跃学生的思维。②能充分地发挥学生学习的主动积极性，有利于培养学生独立思考能力、口头表达能力、分析问题和解决问题的能力。③讨论是一种多向信息的交流活动，学生在听到各种意见时，会主动分析、比较，集思广益，取长补短，从而深入理解和消化所学的知识，增长新知识。

运用讨论法需要注意以下几个方面。①要做好充分准备。讨论前教师要根据教学的目的和要求，确定讨论内容，明确讨论的中心，提出讨论的要求。讨论是在学生中进行的，教师要指导学生搜集有关资料，准备发言提纲。②讨论法的主体是学生，但教师应多方启发引导。目的是使学生围绕主题自由发表意见，抓住中心，展开讨论。作为教师，要肯定学生各种意见的价值，不"裁判"，阻碍讨论。③讨论结束，教师要做好小结。及时总结讨论的情况，对讨论中出现的错误、片面的和模糊的认识予以澄清是非常必要的不可或缺的环节。其作用是使学生获得正确的观点和系统的知识，对有争议的问题进行分析，分析争议的焦点和化解的方式等，引发学生深入学习和思考。教师也可再提出问题，让学生课后继续探讨。

4. 演示法

演示法是教师运用直观手段进行材料演示，引导学生观察，使学生获取知识的教学方法。演示法古已有之，比如，宋代医学家王惟一撰有《铜人腧穴针灸图经》，并铸成铜人模型，刻示经络腧穴位置，用于针灸教学。随着现代教学技术手段的发展，演示的直观手段也变得多样。

演示法的优点体现在：①能加强教学的直观性，提高学生的学习兴趣，集中学生的注意力，发展学生的观察力；②使学生获取丰富的感性知识，加深对学习对象的印象，有利于知识的理解和巩固。

运用演示法需要注意以下三个方面：①要有明确的教学目的。教师根据教学任务的需要和学生的实际情况，有目的、有针对性地运用演示法，不能为演示而演示，也不能单纯为引起学生的兴趣而演示。②引导学生尽可能地运用多种感官感知。教师引导学生用多种感官去看、听、触、嗅，认识感知对象的主要特征、主要方面或变化发展的过程。方式上可采用全班或分组等不同形式进行观察。③演示要同讲授紧密配合。学生观察演示时，教师要适当地配以讲解或谈话，引导学生边看、边听、边思考、边讨论，以获得最佳教学效果。

5. 实验法

实验法是学生在教师指导下，运用一定的仪器、设备进行独立操作，并观察和研究这种操作引起的现象和变化过程，从而获得新知识或验证知识，形成技能的一种教学方法。实验法常应用于物理、化学、地理、生物、自然常识等学科的教学中。

实验法的优点具体有：①学生通过亲身操作实验，完成实验过程，对事物的认识从感性知识过渡到理性知识，这将有助于学生理论联系实际，加深对科学知识的理解，也激发了学生对科学的兴趣，养成严谨求实的科学态度和科学精神；②通过实验过程，还能培养学生的观察能力、独立思考能力、动手操作能力和创造能力。

运用实验法注意以下三个方面。①实验前要做好准备。实验准备包括编制实验计划、准备实验仪器设备和材料、分好实验小组（以2—4人一组为宜）。实验前，教师应指导学生，使其明确实验的目的、内容、步骤、要求以及操作要领。②实验进行时，要及时、具体地予以指导。学生实验时，教师要巡视学生的实验情况，根据情况可进行全班或个别的指导。教师对学生的实验操作要严格要求，一定要做到安全可靠。③实验结束时要及时总结。实验总结可由学生完成，也可由教师进行总结。要求学生会写出简单的实验报告，得出实验结果。此外，教师要教育学生爱护实验仪器、设备等，实验结束，指导学生将实验仪器设备、实验用品整理好。

6. 参观法

参观法是教师根据教学目的，组织学生观察、研究自然现象或社会现象，从而获取新知识，巩固验证已有知识的一种教学方法。根据教学任务，参观法可分为三种。

(1) 准备性参观。在学习新知识之前进行的参观，其任务是为学生学习新知识积累必要的感性材料。

(2) 并行性参观。在学习新知识的过程中进行的参观，其目的是使正在学习的理论知识和生活实际联系起来，结合实际，帮助学生理解新学的知识。

(3) 总结性参观。在学习新知识之后进行的参观，其目的是帮助学生巩固和加深新学的知识。

参观法的优点表现在：①它能使学生将所学的书本知识和社会生产、社会生活、自然环境的实际结合起来，丰富学生的直接经验；②有利于对学生进行生动活泼的思想品德教育。

运用参观法需要注意三个主要方面。①参观前要做好充分准备。教师应根据教学任务及要求，确定参观的具体对象、目的、时间、步骤，事先了解参观的地点和参观对象的情况，制订出翔实的参观计划，让学生明确参观的内容、重点及要求。②参观过程中要配合指导。参观过程中，教师要引导学生观察主要对象，使学生获得深刻印象。最好边让学生观察，边进行讲解、说明，对学生提的问题进行及时解答，指导学生搜集材料，做好笔记和记录。此外，还要维持参观的秩序,保障学生的安全。③参观结束时要做好总结。教师要检查参观计划完成的情况,对参观进行必要总结,概括学生在参观时获得的知识,指导学生整理搜集的材料,必要时,可要求学生写参观报告或心得体会。

7. 练习法

练习法是学生在教师指导下做各种练习,以巩固知识,并形成技能、技巧的一种教学方法。依据练习的性质和特点,练习可分为心智技能、动作技能、文明行为习惯三种类型练习。心智技能练习包括计算技能、阅读、作文练习等;动作技能练习包括实验技能、体操技能、劳动操作技能练习等;文明行为习惯练习包括礼貌习惯、卫生习惯、守时习惯练习等。

练习法的优点表现为:①使学生学到的知识得到巩固和运用,并形成一定的技能、技巧和行为习惯;②促进学生智力发展和能力形成,培养学生严肃认真、一丝不苟、克服困难的品格和作风。

运用练习法需要注意六个方面。①明确练习的目的和要求。当学生了解为什么要练习,要达到怎样的要求时,他才会有较高的自觉性和积极性,从而避免练习的盲目性和机械性。②合理安排练习。练习必须有计划、有系统地进行,要持之以恒、循序渐进。注意练习的度既是学生力所能及的,又保持一定难度,在统一要求的前提下要区别对待。③科学掌握练习量。技能、技巧的训练需要一定的练习量,但练习不宜过量,更不宜盲目地追求练习数量,以致加重学生的学习负担。教师应根据学生身心发展的特点和教学需要来确定练习量。④指导学生掌握正确的练习方法。练习前,教师对练习方法要做正确讲解和标准示范,确保学生基本掌握,以提高练习的效果。⑤练习方式要多样化。根据教学任务和学生实际,将课内练习和课外练习、口头形式与书面形式、记忆形式和操作形式等不同方式结合使用。采取多样化的练习方式,既能保持学生的兴趣和注意,还可摆脱练习训练的枯燥乏味,提高练习的效果。⑥重视练习结果的信息反馈。教师检查要及时,发现错误要及时予以指导和纠正,注意培养学生自我检查和自我纠正的能力与习惯。

8. 实习作业法

实习作业法是指学生在教师组织和指导下,从事一定的实际工作,以掌握一定的直接经验、技能和技巧,验证所学的知识,或将所学知识应用于实践的教学方法。

实习作业法的优点在于:①实习作业法的实践性、独立性、创造性、综合性较强,能有效培养学生运用所学知识从事实际工作的能力;②有利于理论联系实际,使学生获取丰富的直接经验。

运用实习作业法需要注意以下三个方面。①提出明确要求。让学生明确实习作业的目的和具体任务,提高学生的自觉性和积极性。②实习过程中,要加强指导。随着学生独立学习能力的提高,教师应鼓励学生独立自主地进行实习作业,充分发挥他们的创造精神。③实习结束进行检查和总结。在学生完成作业后,教师要进行检查、总结和评定,帮助学生总结收获,提升认识。

(三)教学方法的选择使用

教学中可使用的方法很多,每一种教学方法都有它特定的功能,也有它的局限性。不同的教学方法之间既相互区别,又相互渗透,相互补充。因此,在教学实践中,教师要从客观实际出发,科学、恰当地选择教学方法,合理、创造性地运用,才能发挥教学方法的实际作用,达到较好的教学效果。教学方法的选择,涉及两方面的问题:一是选择教学方法的依据;二是选择教学方法的程序。

1. 选择教学方法的依据

教学方法本身并无绝对的优劣,各自在教学活动中有着不同的功能和作用。在选择教学方法时,教师要全面、具体、综合地考虑各种相关因素,合理组合并将之贯穿在教学过程中,提升教学的内涵和品位。概括来说,选择教学方法的依据主要包括以下几个方面。

1)教学目标

选择教学方法,最主要的是看这种方法对于实现教学目标是否起到应有的促进作用。教学目标往往由知识、技能、情感、态度、价值观及身体素质等因素构成,这些因素在人的身心发展中既有共同的规律,也有各自的特点。因此,实现教学目标,需要有与之相应的教学方法。举例来说,如果教学中的具体教学目标是使学生获取系统知识,就选择以讲授法为主的教学方法;若教学目标是训练学生形成技能、技巧,则可选择演示法、练习法等。不过,如果教学活动的教学目标有多个,这就需要教师选择与教学目标相适应的多种教学方法组合、交叉使用。

2)学生发展特征

教学是指向学生的,学生是教学的对象,由此看来,学生的认知水平、能力、思想、态度、心理、生理等方面的表现特征直接影响教学方法的选择。学生的身心发展特征、学习认知水平等是选择教学方法的重要依据。教学方法按教师指导的程度及学生在学习中独立性的程度,可分为教师指导下的教学方法、半指导半独立的教学方法、学生独立学习的教学方法和学生探究、发现学习的教学方法。教学方法的选择,应根据学生学习独立性的水平进行相应的选择。比如,小学低年级儿童学习独立性较差,选择诸如讲授法、谈话法、练习法这样一些指导性较强的方法较为适合;对于小学高年级学生,其学习独立性有了很大发展,应该选择实习作业法、实验法、探究法等一些学习独立性要求较高的方法,培养他们的学习能力。还有些方法,需在学生已有的知识、经验的基础上运用,如谈话法、讨论法、发现法。学生的个别差异也是选择教学方法时应当关注的方面。

3)教师素养与个性

每位教师在其知识水平、教育能力、专业素养、思想水平、语言表达能力、心理素质及个性特征等方面都有所不同,而教师的这些不同特点,不同能力对应到教育教学实践活动中,在一定程度上也制约着教学方法的选择。在具体情况下,教师应根据自己教学的风格和特点,充分发挥自己的优点和长处,扬长避短选择相应的教学方法。比如,命令式风格的教师倾向于选择指导性强的教学方法,如谈话法;交互型风格的教师则倾向于选择有助于学生互动的教学方法,如讨论法。

4) 学科特点与知识形态

学科特点与知识形态对于选择教学方法起着基本的、决定性作用。自然学科的各门学科,常常要用演示法、实验法;而语文、外语学科则常常要用到讲读法、陶冶法;体育、音乐、美术学科则多以练习法为主。就知识形态而言,由于知识的性质和功能不同,形态也不同。按知识的来源,可分为直接知识和间接知识;按知识的性质,可分为陈述性知识、程序性知识和策略性知识。这些知识形态的分类对教学方法的选择具有重要影响。例如,间接知识的学习主要依赖阅读、理解、记忆,直接知识的获得主要依靠实践;陈述性知识的学习主要是感知、理解、记忆,程序性知识的掌握不仅需要理解,而且要加以运用,策略性知识的获得则需要学生的模仿、实践和反省。

5) 时间条件和物质条件

无论什么教学方法的运用都需要一定时间的投入,不同的方法所需的时间投入也不同。正是这个原因,教师在进行教学方法选择时,一方面要保证教学任务在既定的时间内完成;另一方面要选择高效率的教学方法,在保证教学质量的前提下,节省时间、提高效率。教学设施、设备、材料等物质条件也是制约教学方法选择的重要因素。如自学辅导就需要有丰富的图书资料,做实验则必须具备相应的仪器、设备和材料。在这些方面,处于偏远地区和农村地区的中小学校需要不断改善。

2. 选择教学方法的程序

苏联教育家巴班斯基提出了优选教学方法的程序。他和他的同事在访谈了许多教师之后,根据自己对教学方法的理解和分类,归纳出教师在选择教学方法时的一般程序。

(1) 决定是选择由学生独立学习该课题的方法,还是选择在教师指导下学习的方法;

(2) 决定是选择再现法,还是选择探索法;

(3) 决定是选择归纳的教学方法,还是选择演绎的教学方法;

(4) 决定关于选择口述法、直观法、实际操作法如何综合问题;

(5) 决定关于选择激发学习活力的方法问题;

(6) 决定关于选择检查和自我检查的方法问题;

(7) 认真考虑各种方法相结合的不同方案,以防可能出现的偏差。

巴班斯基提出的选择教学方法的一般程序,对实际选择教学方法具有一定的借鉴意义:①选择教学方法时,要尽可能地比较各种教学方法可能适用的范围和条件;②优先考虑学生独立学习或探索学习的教学方法;③制订多种教学方法组合的不同方案;④在教学实践中检验所选方案的有效性,并及时修正,调整和优化教学方案。

二、教学组织形式

(一)教学组织形式的概念与意义

1. 教学组织形式的概念

教学组织形式是指教学活动中师生相互作用的结构方式,是依据一定的教学目的、教学内容以及教学主客观条件组织进行教学活动的形式。具体说,教学组织形式主要解决的问题包括:教师按照什么形式把学生组织起来;通过什么方式使教与学紧密联系;怎样合理地控制和利用时空条件以及其他教学条件因素来组织教学、展开活动、传授教学内容,最终,完成教学任务,实现教学目标。

2. 教学组织形式的意义

教学组织形式在教学中具有重要的理论和实践意义。就其理论意义来说,研究和探索新的教学组织形式直接关系到教学过程及教学效果。辩证唯物主义认为,内容决定形式,形式服务于内容;同时,形式具有能动性,形式对内容的存在与实现有积极的反作用。教学组织形式由教学内容决定,是实现教学内容,完成教学任务的途径和手段。教学组织形式以何种方式展开,有哪些限制条件,直接关系教学的规模和效率,影响教学质量,牵动教学内容和目标的实现。现代系统论认为,系统要素的结构直接影响着系统的功能,结构不同,功能就不同。教学活动的各相关因素(教师、学生、教材内容、教学方法、教学手段等)在时空上的关系组合之结构,必会影响教学活动的功能及结果。就教学组织形式的实践意义来看,科学地确定教学组织形式,有助于大面积地提高学生的学习质量,有效培养更多的合格人才。教学中教师与学生的人员组合要合理,教学活动的组织程序要安排科学,更要统筹利用好国家投入的人力、物力、财力,最大程度地发挥教学系统的功能,就可以大面积地提高学生的学习质量,多快好省地培养国家建设所需要的人才。科学地确定教学组织形式,也有助于学生个性充分、自由、全面地发展。

(二)教学组织形式的历史沿革

教学组织形式是社会生产和科技发展的要求在教育中的反映,每一种教学组织形式都有其产生的历史背景。在某一特定发展时期,教学组织形式具有相对稳定性,当社会环境发生变化,科学技术与学科不断进步,教育目的、教学内容和教学目标有所调整时,教学组织形式也会随之而变化。

1. 个别教学

教育发展早期,教学组织形式以个别教学为主,这种教学组织形式是古代社会的基本教学组织形式。个别教学是指教师以特定内容在同一时间,面向一二位学生进行教学。其特点是教师只面向个别学生进行教学,这种个别教学形式与古代社会生产力发展水平以及古代社会自给自足生产方式中的教育要求相适应。个别教学组织形式的优点在于教师可根据学生的特点因材施教，使教学内容、教学进度适合于不同的学生，在其接受能力范围内实施教学。但由于其教学规模小，教学效率不高，会影响学校教育的发展。

2. 班级授课制

欧洲文艺复兴之后，资本主义工商业开始发展，科学文化进一步发展，社会各方面的发展进步促进了学校教育的发展。学校教学内容显著增多，课程增加，接受教育的人数增加，学校教育规模扩大，需要培养更多适应社会发展的人才。此时，个别教学组织形式在人才培养质量以及人才培养数量上，都无法适应社会发展的需求。一种新的按学生年龄和知识程度编班授课的组织形式——班级授课制出现了。班级授课制萌芽于16世纪的西欧，兴起于17世纪乌克兰的兄弟会学校，捷克教育家夸美纽斯对这一新的组织形式进行了理论上的论证与分析，为班级授课制正式进入学校奠定了理论基础，后经德国教育家赫尔巴特的发展而正式确立。班级授课制是教学组织形式的一次重大变革与进步，大大地提高了教学效率。到19世纪中叶后，班级授课制已发展成为西方学校教学的基本组织形式。我国最早采用班级授课制形式进行教学的是1862年在北京创办的京师同文馆。班级授课制在1903年的"癸卯学制"中以法令形式被确定下来，并在全国范围推行。

1）班级授课制的概念与特点

班级授课又称班级教学、课堂教学，指按年龄和程度把学生编成有固定人数的班级，由教师根据课程标准统一规定课程内容和教学时数，按照学校制定的课程表进行分科教学的一种教学组织形式。班级授课的基本特点表现在班、课、时三个方面。①以"班"为教学的空间单位。班级是按照学生年龄和知识程度编成的，班级人数和成员固定，教师也以"班"为单位进行教学活动。②以"课时"为教学的时间单位。每一课都是在统一且固定的单位时间内进行，课与课之间有固定的休息时间，教师在规定课时内展开教学。③教师在一个课时内，采用相应的教学方法和手段，组织学生学习一定量的学科内容。教师把教学内容以及传授这些内容的方法、手段集中在"课"上，将教学活动划分为相对完整且互相衔接的教学单元，保证了教学过程的完整性和系统性。

2）班级授课制的类别形式

（1）班级授课的具体形式主要包括全班上课和班内小组教学。全班上课是典型的班级授课形式，为学校普遍使用的一种教学组织形式。其特征是由授课教师根据课程标准，按照课表向全班学生集体上课，有统一的教学要求、教学内容、教学进度。教师以系统讲授为主要方式，兼用各种有效的方法直接向学生呈现规定的教学内容。

班内小组教学指在全班上课的基础上，教师把全班学生临时分成若干学习小组，分别完成规定的学习任务的一种班级授课形式。其基本特征是在全班上课的基础上开展小组学习活动，可以是学科小组，也可以是活动小组。小组是临时组成的，小组成员也是临时性的，教师按学习成绩或活动能力将他们安排在一组互动交流，小组学习活动结束时，要进行讨论、总结并向教师汇报。教师设计组织小组学习,并要经常深入各小组进行监督指导,随时解决小组学习中的问题。

(2)班级授课的特殊形式。在实践中,班级授课有一种特殊方式,即复式教学,是指同一教师在同一教室进行的同一节课中给两个或两个以上不同年级的学生上课的教学组织方式。复式教学仍然保留了班级授课所具有的班课时等基本特点,不同之处在于教师在一节课内通过直接教学和学生自动作业交替的方法同时组织几个年级的教学活动。即当教师在给一个年级上课时,其他年级的学生则根据教师的安排进行预习、复习、练习或完成其他作业。复式教学的实施需要合理编班,编制复式班课表,培训小助手,建立良好的课堂纪律。

3)班级授课制的优缺点

(1)班级授课制的优点:①采用集体授课,一个教师能同时教授许多学生,扩大了单个教师的教育能量,提高了教学效率,扩大了教育规模,加快了教育普及的进程。②以班级为学校教育活动的基本单位和基层组织,并规定固定统一的教学时间单位,有利于学校合理安排各科教学内容和进度,加强教学管理。③教师在规定时间内对全班学生进行同一内容的教学,便于按照国家规定的课程计划、课程标准,有目的、有计划、系统地向学生传授文化科学知识,培养和训练技能技巧,使学生获得系统连贯的知识,形成良好的认知结构。④学生组合成学习集体,拥有共同的学习目标和集体生活,便于学生之间相互启发,相互促进,学生借助集体的教育作用,实现其个性的健康发展和社会化。

(2)班级授课制的缺点。班级授课制在教学中的不足之处:①强调全班同学在同一时间按照同一进度学习同一内容,教学内容与进度整齐划一,难以照顾到学生之间实际存在的个别差异,很难有效地因材施教。②这种集体教学形式,多由教师按照规定的课时和日程表设计和组织教学活动,学生学习的独立性与自主性受到一定程度的限制。③在这种以"讲授接受"为主导模式的班级授课中,学生的探索和实践机会少,学生的学习主要是接受性学习,不利于学生创造力和实践操作能力的培养与发展。

班级授课需要改进,学校教学也需要更多有效的教学组织形式。但就目前来看,学校所出现的新的教学组织形式还不能从根本上取代班级授课的地位,只能作为其辅助形式或补充形式。

3. 具有代表性的现代教学组织形式

班级授课制的突出特点是按学生年龄及认知水平集体授课,这不利于学生个性发展。19世纪末20世纪初以来,面对科技的迅猛发展和社会发展对创造性人才的迫切需求,班级授课制需要进行改革适应发展,一些教育研究者提出了新的教学组织形式,其中较有代表性的有道尔顿制、分组教学制、特朗普制。

1)道尔顿制

道尔顿制是由美国教育家帕克赫斯特于1920年在马萨诸塞州道尔顿市立中学创立并

试行。道尔顿制强调适应儿童个性,取消以班级为单位的集体教学形式,改教室为各科作业室,学生按照自己的兴趣自由支配时间在各作业室自学,教师不再上课向学生系统讲授教材中的内容,只为学生指定自学参考书、布置作业,学生在自学和独立作业过程中有疑问和困难时才请教师辅导,学生完成一定阶段的学习任务后向教师汇报学习情况并接受教师考查,若考查合格,就接受新的学习任务。道尔顿制是一种典型的自学辅导式教学组织形式,教师的作用是充当顾问和回应学生的问题。这种教学组织形式能较好地照顾到学生个体差异,培养学生的自学能力,但由于没有体现出教师的主导作用,使教学活动的效率降低。

2)分组教学制

分组教学制首先出现在19世纪末20世纪初的西方国家,它是指按学生的学习能力或学习成绩把他们编成水平不同的班组公开进行教学。分组教学主要有能力分组、作业分组以及内部分组、外部分组等类型。能力分组是根据学生的能力发展水平进行分组和教学,各组学习的课程相同,但不同组的学习年限各不相同。作业分组是根据学生的特点和意愿进行分组和教学,各组学习年限相同,但不同组学习的课程则各不相同。内部分组在按年龄编班的基础上,根据学生的学习能力或学习成绩在班级内进行分组和教学;外部分组则突破了传统的按年龄分班的做法,是指在同一个年级中,根据学生的学习能力或学习成绩将学生编成不同的班级进行教学,是班级间分组,如快班、慢班或重点班、普通班等。分组教学的优点在于它能较好地照顾到学生个体的差异,便于因材施教。同时,分组教学也有其局限性,比如,由于分组和分班会给学生带来心理上的失落和不平衡,有的重点班、快班学生容易产生满足感和骄傲情绪,有的普通班、慢班的学生学习的积极性则会受挫。

3)特朗普制

特朗普制是美国教育家劳伊德·特朗普于20世纪50年代创立的一种教学组织形式。这种教学组织形式把大班上课、小班研讨、个人自学结合在一起,以20分钟为基本课时单位代替传统固定统一的上课时间。大班上课是把两个或两个以上的平行班合在一起,由优秀教师采用现代化教学手段进行集体教学,班级人数在100~150人之间。小班研讨由教师或优秀学生组织,对大班课上的授课材料进行研讨,小班人数限定在15~20人。个人自学指个人独立自学、研习和作业。三种教学形式的教学时间分配也各有不同。其中,大班上课占40%,小班研讨占20%,个人自学占40%。这种教学组织形式兼具了班级授课与个别教学的优点,既发挥了教师应有的主导作用,也使学生的主体作用得以充分体现。

为在教学过程中同时实现高效教学和因材施教,教学组织形式的发展呈现出两种趋势:一是教学单位日趋小型化,表现为缩小学校教学班级规模,以便教师对每个学生进行更有针对性的指导;二是教学形式日趋多样化和综合化,表现为以班级授课制为基本组织形式的前提下,教师在把握各种教学组织形式特征与功能的基础上,将班级教学、分组教学与个别教学结合起来,取长补短,优化互补,以取得良好的教学效果。

(三)教学的辅助组织形式

1. 现场教学

现场教学是指教师根据一定的教学任务,组织学生到事物和现象发生、发展的现场,在有关人员的协同下共同开展教学活动的一种教学组织形式。现场教学仍然保持了班级授课的基本特点,但与校内课堂教学又有所不同:现场教学的地点不在教室而在事物和现象发生、发展的现场;教学人员不仅仅是任课教师,还包括现场有关人员或二者协同进行;上课时限不是校内上课的四五十分钟而是可长可短。

现场教学具有以下优点:①有利于理论联系实际,加深学生对书本知识的理解,便于知识的运用与迁移,从而补充和深化了学生对教材的学习。②加强了教学的直观性,容易激发学生的好奇心和新颖感,从而极大地调动了学生学习的主动性、自觉性和积极性,使学生的主体作用得以充分发挥。

现场教学也会受到很多因素的制约,比如时间、空间等因素的限制,因此,其运用很有限,只能作为课堂教学的一种辅助形式。

2. 个别辅导

班级授课是按全班学生的年龄特征和知识程度等共性特征组织教学的,但每个学生在学习上存在明显差异,在实际的班级课堂教学中,有学生"吃不饱",也有学生"吃不了"。为了解决学生学习上的个别差异问题,教师有必要对不同学业水平的学生进行个别辅导。

作为课堂教学的一种辅助形式,个别辅导有其重要意义:①个别辅导便于因材施教,照顾个别,给"吃不饱"的学生以特殊指导,给"吃不了"的学生补课;②个别辅导有利于有的放矢,针对性强,从学生的问题和需要出发予以辅导,直接而具体地答疑解难;③通过个别辅导可发现课堂教学中存在的问题,并进行及时补救和改进。

三、教学工作的基本环节

教学是过程性互动活动,由备课、上课、作业的布置与批改、课外辅导、学业成绩的考核与评定几个相互衔接的教学环节构成的系统。教学质量的高低是一项综合性的指标,只有教师高质量完成每个教学环节的工作和任务,才能发挥教学环节的整体功能,全面提高教学质量。

(一)备课

备好课是上好课的先决条件。备好课可以加强课堂教学的计划性和预见性,是发挥教师主导作用的主要保障。备课的过程,也是教师提高自己文化科学知识修养、积累总结经验和教学能力的过程。

备课包含四个主要方面,即了解学生、钻研教材、选择教法、写好三种教学计划。

1. 了解学生

学生一方面是教学的对象,一方面是认识活动的主体。教学的最终结果体现在学生知识结构的形成,认知水平的提高,情感价值观的养成上。为了教学目标的达成,教师需要根据学生的发展现状和发展需求设计和实施教学,以获得良好的教学效果。因此,了解学生是教师备课的必要方面。

学生的学习态度和兴趣特点、原有的知识经验基础和能力水平,班级一般状况和学生个体状况等,都是教师备课时需要特别关注的方面。了解学生的途径和方法很多,教师可以在课堂互动中、作业批改和考查中了解学生的学习情况,也可以在课外活动、个别交谈中了解学生的兴趣爱好和个性特长,还可以用问卷方法来了解学生的学习思想、学习方法和学习习惯等。总之,教师应多方面、全面地了解学生。

2. 钻研教材

这里所说的教材包括课程标准、教科书以及与教学内容有关的参考资料。

课程标准是开展教学工作的指导性文件,是按照不同学习阶段开设的各门课程编写的。一门学科的教学目的和要求,教学内容的编选原则和编排体系,教学实施中应贯彻的教学原则和应采用的教学方法,各年级的教学要求、内容以及年级之间教学目标的衔接等在教学大纲中都有明确规定。深入钻研所教学科的课程标准内容,了解前后年级相同学科的课程标准的内容等,都有利于教师从宏观和整体上把握所教学科,对备课的侧重点和备课的指导原则有准确的认识。

教科书是教学内容的主要承载形式。要学习的最主要学科的系统知识,都以十分简洁而又准确的文字或公式被表述在课文中;要达到的基本技能,都以十分典型的练习或习题的形式被编排在教科书的作业中。教师通过钻研教材,掌握主要内容、重点、难点、关键点来增加教学适切性,促进学生知识技能、各种能力以及兴趣、情感等非智力因素的形成和提高。

各种参考资料都是教科书的重要补充,教师通过阅读参考资料可以获得大量有价值的信息来满足教学的需求。但参考资料并不能替代教师备课,即使是名教师的教案也只可借鉴和参考,不可照搬,因为,每位教师所面向的学生主体不同,学生学习的需求不同,可接受的程度也有差异,教师要根据学生的情况量体裁衣,设计教学。而且,教学作为一门艺术是不可重复的,每个教师都有自己的教学特色,如果照搬别人,课堂教学则不能吸引学生,无法产生共鸣,影响教学的实际效果。

3. 选择教法

教师在了解学生和钻研教材的基础上,接下来需考虑选择什么样的教学方法呈现教学内容和组织教学,以保证将教学信息传递给学生。教学方法的选择和运用受教学目标、教学内容、学生的年龄特征、认知水平以及教师自身素质的制约。随着计算机技术的发展,教学方法的运用已不可分割地与现代教育技术结合在一起,因此为提高教学效果,掌握现代教育技术的基本知识和基本技能成为新一代教师的必备素质。

4. 写好两种教学计划

教师在备课中,对学生、教材进行了分析,选择了适合的教学方法,做完以上三方面的工作后,最后要写出两种教学计划。备课的工作最终要落实到两种计划上。

1)学期教学进度计划

这种计划在学期或学年开始时就要编写出来。内容主要包括学生基本情况分析,本学期或本学年教学的主要任务和要求,课程标准和教科书的章节或课题,各个章节或课题的教学时数和时间安排,考试和考查的次数和时间,各个章节教学所需要的教学设备和教具等。学期教学进度计划的形式可以采用文字叙述的形式,也可用列表填写的形式。

2)单元教学计划

上课前,教师对课程标准的某一章、某一单元或教科书的一课进行整体筹划,并在此基础上制订出单元教学计划。单元教学计划的内容:①确定每个单元的教学目标和要求,把学期教学计划所规定的教学目的和要求落实到单元教学之中;②分析单元教材的性质特点,确定教学的重点、难点和关键点;③合理安排单元教学的课时,研究单元教学的教学手段等。

(二)上课

上课是整个教学工作中师生互动较为集中的环节,是学生认知变化的主要环节,是教学的基础,对教学工作的质量具有决定性作用。教师提高教学质量,首先要提高课堂教学质量;学校抓教学工作,首先要抓好课堂教学;提高学生成绩,首先要提高学生课堂学习有效率。上课是师生互动的重要环节,充分利用课堂教学时间,提高教学效率,对于提高教学效果至关重要。

1. 好课的基本标准

(1)教学目标明确。一节课从三个层次来衡量其需要达成的教学要求:一是认知方面的要求,即认知目标,它涉及思维、知识、解决问题、认识和智力等方面;二是技能性教学目标,主要涉及学生的动作和操作技能等;三是情感性教学目标,主要涉及学生兴趣的范围及其变化,以及学生的思想政治态度、价值观念的发展变化等。教师要十分清楚一节课的教学目标,并在合乎教材和学生实际的基础上做到认知、技能、情感三方面的有机统一。教学目标是课堂教学的出发点和归宿,从教学方法的选择应用到学生活动的设计和安排、教学环节的组织和实施等,都围绕教学目标进行。因此,教师有必要以适当的形式让学生对课程的教学目标有所了解。

(2)教学内容正确。要保证知识的科学性、思想性和系统性,教师要在概念、定义的表述方面,所做的论证、引用的事实方面语言表达准确无误。在科学性的基础上,教师要从教材内在的思想性出发,有的放矢,向学生进行思想品德教育。在教材处理上,教师既要保证教材内容的系统性,又要突出教材的重点、难点,使学生能明确知识间的联系,进而正确掌握知识。

(3)教学方法恰当。要求教师根据教学目的、教材内容和学生的实际情况,恰当地选用多种多样的教学方法和直观教具,生动形象地进行教学,坚持启发性,最大限度地调动学生学习的积极性、主动性。学生是否有效掌握了知识、发展了智力、培养了能力和形成良好的道德品质,是教学方法使用是否得当的判断依据。

(4)教学过程紧凑。从内容讲解到学生的各种活动、讨论、练习,教师都要精心设计,安排妥当,结构严密,使教学时间得到最大限度利用,以提高教学活动质量。

(5)学生主体性充分发挥。学生主体性的充分发挥是教学所要达到最理想的,也是最高的目标。教师要调动全体学生的积极性,就要面向全体学生因材施教。从传授知识的难易上,教师要照顾到全体学生的不同情况;从教学方法上,教师要根据学生的个别差异,区别对待,选用灵活多样的教学方法,使每个学生的积极性都得到发挥。

2. 上课的基本技能

上课是师生协同活动的过程,在这一过程中,教师规范化的活动方式和创造性的表现就是上课的技能。上课的技能包括许多方面,有四个主要方面需要关注。

(1)组织教学的技能。组织教学的任务是建立良好的课堂秩序和学习氛围,吸引学生将注意力集中到学习任务上来,使学生能积极主动地学习。如何组织教学过程,需要教师做到:第一,提前留出两分钟预备,组织学生做好上课的物质准备和精神准备;第二,做好常规的课堂教育和训练;第三,随时关注学生的课堂表现和表情变化,组织调动学生的注意力;第四,通过观察和总结,形成一定的教育机智,冷静、巧妙地处理突发事件。

(2)导入新课的技能。导入新课有多种方式,较常用的有方式有四。一是设置问题情境,从问题出发导入新课。具体做法是在进行新课前,教师从学生所熟悉的生活情境中引出一个学生感兴趣且有解决意愿的问题,在问题与新课之间建立联系,通过新课学习能解决或帮助解决学生课前感兴趣的问题。二是激发感情,导入新课。讲授新课之前,教师可先讲述一个动人的故事,或设置一个课文内容的情境,引起学生共情的情绪状态,将学生带入特定的情境,再在这一特定情境中领会其所蕴含的道理。三是开宗明义,直接指明学习内容和具体目标,导入新课。学习目标可以由教师指明,也可由师生共同探讨制定。四是在复习旧课的基础上导入新课。这一导入新课的方式较为常用,通过此方式既可巩固旧知识,又可承上启下,为学习新的知识做好铺垫。

(3)提问的技能。提问有多种类型,不同提问类型在教学中所起到的作用也不同。根据不同提问类型所承担教学任务的差异,课堂提问的类型大致分为四类。第一类,诊断性提问。此提问类型用于了解学生掌握知识的情况。根据学生对知识掌握的程度,诊断型提问的侧重点也相互区分,分为回忆提问、理解提问和运用提问。回忆提问指教师侧重对学生已经学过的具体知识、材料学习情况而进行的提问。理解提问指在回忆提问的基础上,教师对学生提出更深层次的问题,了解学生对新学知识的领会理解程度。运用提问指通过提问让学生对所学知识进行精确表述,并运用所学知识解决设计出来的实际问题。第二类,定向性提问。定向性提问指教师通过提出问题激发学生的认识兴趣,把学生的注意力和思维引向要学习的内容。第三类,引发性提问。引发性提问指通过提问引起学生丰富的想象,进而活跃学生的思想,启迪学生的智慧,引起学生对即将学习的课题产生浓厚兴趣。第四类,引导性提问。引导性提问指通过一系列提出的问题,一步步引导学生深入思考,理解所学内容或形成概念,掌握规律。

(4)讲解的技能。讲解的技能是教师应具备的一项重要技能,在实践中有以下特点:一是清晰性,要求教师讲解时使用普通话,口齿清楚,音量适中;二是准确性,要求教师对概念、定义、法则的讲解要准确,中小学生正处在理解能力的发展和提高阶段,要求教师讲课必须准确,既要通俗易懂,又不能违反科学性;三是生动性,教师讲解要注意具体、形象、幽默、富感染力;四是启发性,要求教师讲解要有针对性,能举一反三,有意识引导学生思考问题,鼓励学生质疑、批判、探究;四是教育性,教师所从事的是教育性活动,在课堂的师生互动中,教师的课堂与教学用语要适合其身份,教师要做到礼貌文雅、亲切热情,对学生的身心发展产生积极影响。

(三)作业的布置与批改

作业的布置与批改是教学工作的重要组成部分,是课堂教学的延续。作业分为课内作业和课外作业两种。课外作业指学生根据教师的要求和布置,在课外独立完成的学习活动。布置作业的目的是帮助学生消化和巩固所学的知识并形成技能。作业布置如果科学、合理,还能培养学生独立思考的习惯与能力,发展学生的智力和创造才能,培养学生刻苦努力和勇于克服困难的品格。布置与批改作业是教学中不可忽视的环节,是扩大学生知识领域,培养学生自学能力的良好形式。

作业的类型有阅读作业(如预习或复习教科书、阅读文艺和科技读物等)、口头作业(如口头问答、朗读、复述、背诵等)、书面作业(如演算习题、作文、绘制图表等)、实践作业(如观察、实验、测量、调查等)。

作业的布置需要注意四个方面。①作业要符合课程标准和教科书的要求,要有典型性,有助于学生巩固所学知识,形成技能技巧,并有利于学生智力的发展;作业要有明确目的且以追求学生学习的实际效果为主,注意联系实际和启发学生思考。②作业量要适当,难易要适度。作业的难易应以大多数学生经过主观努力和实际的投入并最终独立完成为标准,避免作业负担过重,不利于学生身心健康发展。③教师对所布置的作业提出明确要求,规定完成作业的时间、方式、具体要求等,对较难的作业可进行必要的指导。④认真、及时地批改作业。作业在教学活动中具有重要的地位和作用,既可帮助学生巩固所学,也可检验学生的学习效果,评估教学目标的完成度。通过批改作业,教师除了可以全面了解学生的学习情况之外,还可以有效地调整自己的教学。教师将作业的批改意见和修改建议反馈给学生,使学生对自己学习中的进步和失误有所了解,及时纠正错误,改进学习方法,提升学习效果。作业的批改方式有全面批改、重点批改、当面批改、师生共同讨论批改、指导学生互相批改、轮流批改等，教师可根据实际情况选择比较适合的方法。

(四)课外辅导

实施课外辅导的重要原因是课堂教学无法针对每个学生的情况充分做到因材施教，课堂的有效互动时间非常有限，课外辅导可以在一定程度上弥补课堂教学在这方面的不足。可以说，课外辅导是课堂教学的继续和必要补充，可以适应学生的个别差异，也是实施因材施教的主要途径和措施。

课外辅导的具体内容：①解答学生上课中遇到的各种问题，指导学生完成作业；②为缺课或学习基础差的学生补课并帮助他们克服学习上的困难；③给学有余力或学有特长的学生给予个别辅导，深化和扩充课堂上所学内容，等等。课外辅导的形式主要有教师对一个或几个学生进行辅导、组织优秀的学生辅导基础差的学生。

课外辅导的基本原则是以学生的学习需要为基本点，以素质教育思想为指导，任何以课外辅导名义进行的变相加课、补课均会增加学生的课业负担，应当制止或取缔。

(五)学业成绩的考核与评定

学业成绩的考核与评定是教学工作的重要反馈环节，是对前四个教学环节完成情况的整体反映。教师通过对学生学业成绩的考核与评定可以诊断和反馈教与学中的问题，也可对教学整体的安排与设计进行评定，加以调控，对教学中所取得的成绩、较为成功的教学经验、教学案例进行传播和推广。这个环节激励师生取得更大成绩，为即将进行的教学提供积极的指导和启发。

四、教案的研制

教案(课时教学计划)指每一节课的具体实施方案。教师在备课中通过编写教案对大脑中多种教学活动设想进行推敲，使之条理化、科学化，并明确体现在教案之中。编写教案是教师备课的深化和具体化，也是上课、评课的重要依据。

(一)教案的分类

常用的教案类型有讲义式、提纲式、综合式三种。

1. 讲义式教案

讲义式教案的特点是将讲课内容和课堂教学活动内容全部呈现于教案中，近似于讲稿。其优点是内容详细，教师在课堂教学过程中可随时参看，对于控制教学过程和掌握教学进度有帮助，不容易出错。其缺点是容易使授课教师照本宣科、受讲稿束缚且不利于教师灵活机动的临场发挥。

2. 提纲式教案

提纲式教案顾名思义就是以纲要的形式将教学的知识点、目标、方法按一定顺序提炼呈现出来的教案形式。教案内容简练、集中、篇幅较少,内容一目了然。提纲式教案的优点是:内容清晰,重点突出,便于组织教学,教师可根据学生课堂上的实际表现灵活调整,避免照本宣科的现象。这种教案易于调动教师的激情。此教案类型对教师教学水平和教学经验都有较高的要求。

3. 综合式教案

综合式教案是综合前两种教案编制而成的一种教案形式。它有两种表现形式:第一种形式是在同一份教案里,其中一部分按讲义式教案的形式写得比较具体、详细,另外一部分则按提纲式的形式写得简明扼要;第二种形式是一堂课准备两份教案,一份是详细的讲义式讲稿,一份是从讲稿中抽取出来的提纲,教师授课时两份教案同时对照使用。

对于上述几种教案形式的使用,教师具体可根据自身的基本素质、业务能力、教学经验以及课堂的需要来选择其中的某一种形式进行备课。

(二)教案的基本结构及其编写步骤

1. 教案的基本结构

一个完整的教案包含的基本项目有:班级、学科名称、授课时间、课题、教学目标、课的类型、教学方法、教具、教学过程、板书设计、备注。其中,教学进程又包括一堂课的教学内容安排、教学方法的具体运用和时间分配,教学进程这一项是教案的主要组成部分,所占比重较大。教学进程的行文方式有两种:一种是把教学内容与教法进程混合来写,以教学的逻辑顺序为讲授的次序,将教学内容相对应的教学方法和进程等方面的说明写在相对应的括号中;另一种是把教学内容和方法进程分开写,教学内容写在左边,教法和进程则写在与教学内容相对应的右边,中间可用直线或空隙隔开。

有许多中小学发放统一的规范格式的教案供教师备课使用,这种规范格式的教案都有"课后小结"一项。这项内容是教师上完课后填写的,是对一节课教学得失与教学体悟的简要分析。课后小结是教师积累教学经验、分析学生状况、提高教学水平的一种有效方式。

2. 教案的编写步骤

编写教案的一般步骤:①深入研究教材,确定教学内容的重点、难点和关键点;②确定本课时教学的具体目标,包括认知、技能和情感三个方面;③合理安排上课的步骤,确定课堂教学的结构、顺序,分配教学进程中各个步骤进行的时间;④选用适合的教学方法、准备所需要的教具并研究其使用方法,最终形成完整教案。

(三)教案编写的重要环节及其注意事项

教案编写过程中,较为重要的两个环节是提出教学目标和设计教学过程。这两个环节可以说决定着课堂教学的基本实施方式与实施过程,因此,在教案设计阶段,教师要特别注意这两个环节,避免出现由于设计缺陷带来的课堂教学低效。

1. 制定课堂教学目标的注意事项

课堂教学的一切活动都是围绕教学目标设计进行的。教师根据课程标准和学生的实际情况所拟定的课堂教学目标应该明确、全面、适度和具体可测。明确就是对目标的表述简洁明了；全面是指拟定的目标体系既要有知识技能方面的目标，还应包括能力培养及情感教育方面的目标；适度是指拟定的目标要从具体的教材和学生的实际情况出发，使不同水平的学生在他们各自的基础上通过努力都能达到；具体可测则是指知识方面的目标，要用学生的学习结果来表述，比如"要使学生知道什么、理解什么、掌握什么、会什么"来表述。

2. 设计课堂教学过程的注意事项

教学过程的设计是教案的正文，也是主要组成部分。在设计课堂教学过程时，教师要注意的事项有四个方面。①具备鲜明的目标意识。课堂教学的整个过程都是为实现课堂教学目标而精心安排的，为此，教师在设计每一个教学环节、每一个具体的教学步骤，引导学生思考什么问题、选用什么教学方式方法等，都不能离开实现教学目标这一中心任务。②了解熟悉多种教学方法、多种课堂教学类型和多种教学模式。为了在教学过程设计时更符合教育教学规律，更突出教学目标，能根据教学内容的内部逻辑顺序、学生的认知规律、师生之间和学生之间信息交流的方式，较顺利地设计出课堂教学程序，教师需要了解多种教学方法、多种课堂教学类型和多种教学模式，并熟悉它们的功能、异同及其使用方法等。③教师应根据自身的业务素质、教学经验选择适合自己的教案方式，可详可略。比如新教师或师范生在备课时，尽可能写讲义式的教案，以便更好地把握教学进程和教学节奏。④注意板书设计。板书的设计要有总体性，要起到凸显教学目标、教学重点，体现教学内容逻辑层次，释义教学难点的作用。先写什么、后写什么、写在什么位置事先要设计；板书的用词要简明精练、提纲挈领，板书的形式可采用表格式、纲目式、图文式、总分式、对比式，等等，教师可根据实际需要选择使用。

第四节 教学模式

前文分别从教学规律、教学原则、教学方法与组织形式等方面对教学过程进行了论述，不难看出，教学过程是一个由多因素组成的复杂过程。教学过程的各组成因素之间相互联系，构成了具有一定结构的系统，这一系统就是教学中常说的教学模式。

一、教学模式概述

（一）教学模式的概念

所谓教学模式是以一定的教学理论为指导，以一定的教学实践为基础形成的，在教学过程中教师必须遵循的比较稳定的教学程序、方法与策略的体系。在长期的教学发展历史进程中，人们通过教学实践与研究发现，教学活动不仅存在一些基本的因素，而且这些因素按照许多稳定的方式进行组合,也有人对这些不同的组合方式进行了研究,这其实就是对教学模式的探讨。直到20世纪,中外关于教学模式的专门讨论逐渐发展起来,这对于教学实践及教学改革等都有极其深刻的影响。

教学模式一词最初由美国学者乔伊斯和韦尔等人提出。1972年他们出版的《教学模式》一书系统地介绍了22种教学模式,以较为规范的形式对教学模式进行分类研究和阐述。近年来,我国学者也对教学模式进行了一系列研究,在教学实践基础上提出了多种不同教学模式,如自学辅导教学模式、六因素单元教学模式、"八字"教学模式、情境教学模式、尝试教学模式等。

(二)教学模式的结构

我们对各类教学模式进行比较后发现,一个完整的教学模式包括的内容有以下五个方面。

1. 理论基础

理论基础是指教学模式所赖以形成的教学思想或教学理论,为教学模式提供理论依据,反映了教学模式的主旨思想及所具有的内在特征,帮助人们了解某一教学模式的来龙去脉。凯洛夫的教学模式曾对我国教学理论与实践产生较大影响,它是以马克思主义辩证唯物主义认识论作为理论基础的。

2. 教学目标

教学目标是指教学模式所能达到的教学结果,是教育者对某项教学活动在学习者身上产生变化的一种预期。教学模式总是指向一定的教学目标,教学目标在教学模式中处于核心地位,因此,教学目标对于教学程序、策略和评价等具有一定的导向和制约作用。

3. 操作程序

操作程序是指教学按时间顺序展开的逻辑步骤及各步骤的具体做法。具体就是指确定师生先做什么、再做什么、后做什么。在实际教学过程中,既要关照教材内容的顺序,又要关注学生内在心理发展变化顺序。因此,人们会从不同的角度提出教学活动的基本结构及其逻辑顺序。以凯洛夫的教学模式为例,它的教学步骤为预备→复习→导入新课→讲授新课→巩固复习→布置作业六个环节。

4. 教学策略

教学策略是指那些使教学模式发挥效力的各种条件、因素及手段的总和。教学策略是教学目标得以实现的根本保证。比如有的教学模式为了实现学生掌握系统知识、技能和技巧的教学目标,强调在教学过程中紧紧围绕"教师""学生""课堂"三个中心来组织教学。

5. 教学评价

教学评价是指评价教学的方法与标准等。由于不同的教学模式在理论基础、教学目标、操作程序和教学策略上都有所不同,因此,不同的教学模式其评价方法与标准也有所区别。

每一种教学模式都有适合其特点的评价标准,有的是常模参照评价,有的是目标参照评价,有的是自我参照评价。现阶段,除少数几种教学模式形成了相应的评价标准与方法外,很多教学模式的教学评价尚处于探索阶段。

(三)教学模式的特点

随着教学实践的深入以及教学论研究的丰富,国内出现了许多不同的教学模式。这些教学模式有的着眼于教学思想和教学理论,有的着眼于教学目标,有的着眼于教学程序步骤,有的着眼于教学的策略、手段与方法,有的则综合考虑了教学活动的多种因素。不同的教学模式由于其着眼点和侧重点各有不同,这也就决定了各教学模式有各自使用的条件与范围,有的适应范围较广,有的适应范围较窄。在教学实践中,教师可根据实际情况进行选择,考虑其适用的范围与条件,在研究和运用教学模式中具体问题具体分析。

虽然教学模式多样,但它们也有一些共同特点。①完整性。任何教学模式都是由理论基础、教学目标、操作程序、教学策略、教学评价等因素构成,是上述诸因素构成的整体。严格意义上,缺少了其中任何因素,都不能称之为教学模式。把教学模式仅仅看作是一种程序、策略、方法、理论的思想,都是片面不可取的。②个别性。不同教学模式因其构成因素的侧重点不同,或整合方式不一,彼此间会产生差异,"个性"鲜明,各有其独特的适用范围与条件。③简明性。教学模式的操作程序与教学策略,通常以精练的语言或借助具象的图形、符号等清晰表述教学过程,使构成要素繁多、过程复杂的教学实践过程系统化、条理化、清晰化,使人们在头脑中比较容易形成更具体、更简明的框架。④操作性。教学模式作为教学理论与教学实践相结合的产物,比一般的教学理论更接近于教学实践,因为,教学模式中包含有清晰明了的教学目标、操作程序与步骤、教学策略等内容,教师可依据这些内容在实践中加以操作。

作为教学理论与教学实践的中介,教学模式一方面规定了教学过程中师生双方实施教学活动的理论起点,这也是师生双方教与学活动的指南;另一方面,教学模式将教学方法、教学手段、教学组织形式、教学结构等要素融为一体,将较为抽象的理论具体化为操作层面上的策略、方法,教师可根据实际需要选择运用。

(四)教学模式研究的意义

教学模式作为教学理论与教学实践的中介,教师对其进行深入研究,可帮助人们从整体上综合地认识与探讨教学过程中各因素之间的关系及由关系变化而形成的多样的表现形态,从动态上把握教学过程的本质与规律,对理论研究和实践具有指导意义。

1. 教学模式是教育理论应用于实践的转化环节

教学模式在更具体的层次上对与人的学习与发展相关的心理学、生理学、社会学等基础理论进行实践上的转化、模仿与设计,并以稳定的形式表现出来,即成为某一理论指导下的教学模式。其中包括一定的教学目标、必备条件和实施的程序、方法及策略等,将理论内涵转化为实践过程,这对教学实践者设计和组织具体教学活动具有指导价值。

2. 教学模式是教学经验上升为教学理论的转化环节

教师在教学中获得的个别教学经验,经过其抽象概括、系统整理形成一定的教学模式,再通过教学模式这一内涵丰富的形式使教学经验上升到理论层次。随着概括层次的提升,教学模式由小型的、较低层次的理论逐步概括发展成为完整的、较高层次的理论。由此可以看出,教学模式为教学理论的不断充实和发展提供具有实践指导意义的"养料",对教学理论起到理论建构的作用,它是教学理论转化为教学实践、教学策略的中介环节。

从教学论研究的方法论视角进行分析可知,在基础学科研究成果与学校教学实践之间、在教学理论与教学经验之间,一定形式的教学模式都发挥着不可或缺的连接与转化作用,在一定程度上改变了教学理论与教学实践相脱离的状况。

二、教育史上影响较大的几种教学模式

在世界教育发展史上,出现过两种对立的教学模式,其中一种是"传统派"的接受式教学模式,此种教学模式强调系统接受和学习书本知识,以捷克教育家夸美纽斯和德国教育家赫尔巴特为代表。夸美纽斯为实现"把一切知识教给一切人"的理想,对学生进行一种"百科全书式"的知识教学,根据感知→记忆→理解→判断的程序组织教学;赫尔巴特主张知识是培养德行、兴趣的最直接基础,掌握知识是教学的最直接目标。在对学生学习心理过程认识的基础上,赫尔巴特还提出明了→联想→系统→方法的"四段"教学法程序。与"传统派"相对的另一种教学模式是"进步派"的活动式教学模式,强调学生在活动中通过自己的自主学习获取经验、发展能力,以美国教育家杜威为主要代表。杜威提出的以培养学生思维能力为目标的活动教学模式是对传统的以掌握书本知识为目标的接受式教学模式的超越性否定,在活动教学模式中,通过情境→问题→假设→推断→结论的"五步教学法"培养学生解决问题的能力。

自20世纪50年代后期以来,世界范围内科学技术革命声势浩大,知识更新的速度日益加快,对新知识、对创新能力的需求日益突出,科技的迅猛发展使人们越来越认识到不管是轻视系统知识学习,还是忽视学生能力发展,这其中任何一种片面的观点,都不适应社会发展对教育、对人才培养提出的新要求。随着教育教学与人才培养的研究、实践改革的不断推进,教学领域出现了许多新的教学思想和教学理论,同时也出现了许多新的教学模式。新教学模式各有侧重,下文将介绍在教育史上影响较大的几种教学模式。

(一)程序教学模式

程序教学模式主要由美国教育心理学家和程序教学专家斯金纳根据操作条件反射学习理论提出来的。通过实验,斯金纳发现动物的行为可以通过运用逐步强化的方法,形成操作性条件反射,他将这种操作性条件反射的理论引入人的学习行为,应用于学生的学习过程。

斯金纳认为学习过程是作用于学习者的刺激与学习者对刺激做出反应之间形成联结的过程,这一过程按照"刺激—反应—强化"的基本序列作用于学生的学习过程中。任何复杂的行为都可使用逐步接近、累积的方法,通过简单的行为联结而成,在这一思想基础上形成了程序教学模式。

依据程序教学模式,教师可将教学内容按照逻辑顺序编排成若干前后衔接的便于学习的"小步子"学习材料,学习者对在"小步子"学习材料学习的基础上提出的问题(刺激)做出解答(反应),在获得是否正确(强化)确认以后,决定是否进入下一步教学。学生通过这样一步步累积而达到学习目标,这一过程见图5-1①。

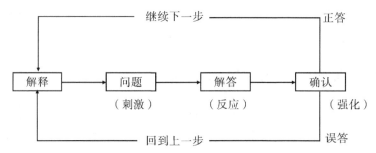

图5-1 程序教学模式的教学步骤示意图

运用程序教学模式需要注意以下几个方面的问题。

(1)"小步子"学习材料指教师把学习内容按内在联系分成若干单元,编成可操作的程序。材料一步步呈现,每次只进行一小步,难度逐渐增加,由浅入深,循序渐进,逐步达到学习目标。

(2)积极反应。在程序教学中,学生并不是完全被动接受,在参与教学过程中,当学生接收到刺激信息时,会做出相应反应(比如回答问题、选择填空、计算等)。为了回应刺激信息,回答问题,写出答案,学生需要动脑思考和动手操作,做出积极反应。

(3)及时强化。在学生做出反应和回答后,教师需要及时提供正确答案,使学生进一步确定自己反应的正误。这种及时反馈有助于学生对自己的学习进行定位和调整,增强学生的学习积极性。

(4)自定步调。在程序教学中,学生可根据各自的实际情况确定适合自己的学习进度,克服传统课堂教学整齐划一、标准化不能解决学生存在个别差异问题的弊端。学生可自定步调,进一步发挥其认知潜能。

斯金纳主张程序教学可通过计算机来进行,教师借助机器能更有效地控制教与学的过程。这种机械的教学模式受到了许多教育者的批评,批评的原因是学生的学习受到所规定

---

① 吴立岗.教学的原理模式和活动[M].南宁:广西教育出版社,1997:214.

程序的限制,很难培养学生的应变能力和创造性;而且,程序教学只呈现"学"的效果,并不体现"教"的过程,无法直接控制学习者的心理认知过程;机械的非理性教学,无法发挥教师的人格影响力。尤其通过机器完成的教学,传授知识技能外,学生的情感、态度、价值观培养被忽视,与培养全面发展的人这一教育宗旨相悖。当然,此教学模式主张教学过程分"小步子",循序渐进;倡导及时强化,增强学生的学习动力;主张学生自定步调,照顾学生个别差异的思想和实践,是值得借鉴的。

(二)掌握学习教学模式

掌握学习教学模式是美国当代著名教育心理学家布卢姆借鉴了卡罗尔提出的"学校学习模式"的研究成果而创立的。这种教学模式在"所有学生都能学好"的思想指导下,以集体教学为基础,辅之以不断及时反馈的环节,为学生提供个别化帮助和额外学习时间,使大部分学生实现课程所要求的目标。布卢姆甚至指出,"在适当的学习条件下,几乎所有人都能学会学校所教的知识。"[①]

布卢姆通过研究课堂教学实际问题发现,教学中教师一般会将所有学生按学习成绩分为差、中、优三级,且每一级各占1/3,布卢姆认为,这反映的是教育统计学中的"正态分布"原理,这一现象是教育体制中最有破坏性的一面,它降低了学生的学习热情,压制了师生教与学的创造力,也误导了学生对自我学习情况的认识与判断,不利于学生进行自我调节。

1. 掌握学习教学模式的组成步骤

教学模式的组成步骤有以下几步。

(1)划分教学单元,制定教学目标。教师首先根据教材编排体系和学期教学目标将教学内容划分为系列化教学单元,制定各单元的具体教学目标,每一单元在一至两星期内完成。在做单元计划时,注意各单元前后知识之间的承接,并确定各单元学习结果标准。

(2)实施诊断性测验。在教学中,为弄清学生是否具有学习新单元所必需的相关知识和技能,需要对其实施诊断性测验,如果学生尚不具有新单元学习所必需的知识与技能,则需要进行补习、补充和矫正。

(3)学习目标细化定向,实施集体教学。新单元教学开始之前,教师提前让学生了解教学单元的内容、学习方法和评价标准,使学生保持良好的学习准备状态,是正式学习的必备条件。在新单元教学正式开始时,教师依据教学目标要求进一步细化和定向,对学生实施集体教学。

(4)实施形成性测验,提供反馈信息。单元教学结束,教师对学生实施单元测验,其目的是判断学生是否达到了本单元教学目标的要求,是否达到"掌握"的程度。

(5)矫正学习与深化学习。单元教学评价后的形成性测验反馈信息,可帮助教师有效了

[①] 布卢姆,等.布卢姆掌握学习论文集[M].王钢,等译,福州:福建教育出版社,1986:48.

解教学的偏差和未掌握的目标及对象,根据学生单元测验中的实际表现水平,对没有掌握的学生及时给予辅导和补救,为掌握的学生提供更多"自由学习时间",鼓励其深化学习或主动帮助未掌握的同学共同达到教学目标。

(6)再次实施平行性的形成性测验。教师通过再次实施平行性的形成性测验以评定学生单元成绩,通过平行性的形成性测验反馈对学生学习进行矫正。

(7)实施总结性测验。平行性测验之后,便可进入逻辑序列中下一单元的教学,依次类推,直到完成所有教学单元。待一个完整学期结束时,教师对学生施以总结性测验,了解所有学生的整体学业水平。

掌握学习教学模式实施步骤,如图5-2所示。

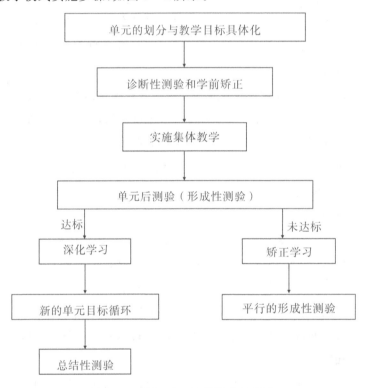

图5-2 掌握学习教学模式程序图

总之,要掌握学习教学模式,在具体实施中必须做到以下四个方面。①明确教学目标。掌握学习教学模式以明确具体的教学目标为导向,在整个教学过程中师生双方目标明确,具有方向感,克服了传统教学中由于目标模糊而带来的随意性、盲目性,这也是对传统的学生学习成绩按"正态分布"的刻板教学的挑战。②教师相信大多数学生都能够学好。教学前,教师需要使学生了解掌握学习的基本思想和一般程序,帮助学生树立能够学好的信心,形成积极的学习动机;教学过程中,教师通过不断反馈矫正,帮助学生在知识、技能、情感态度以及价值观方面获得全面发展,久而久之,成功的学习体验和进步会不断增强学生学习的信心。③实施反馈教学。"掌握学习"教学模式建立在一般课堂教学情境的群体教学基础之上,在群体教学中融入了"自我矫正—反馈"和个别化的矫正性帮助。具体方法就是教师通过实施各种不同性质的测验(诊断性测验、形成性测验和终结性测验)进行动态反馈,并按照不同学生的问题提供针对性帮助,及时弥补和纠正群体教学带来的不足。④因材施教。掌握学习教学模式是将集体教学、小组教学与个别学习融为一体的一套有效的因材施教的教学实践方法。

(三)发现教学模式

发现教学模式由美国教育心理学家布鲁纳基于认知心理学研究而提出的。其核心内容包括:①在教学目标上,尽可能使学生掌握科学内容,使学生成为自主且自动的思想家,使其日后能独立地学习研究;②在教学内容上,让学生积极主动地建构自己的知识结构,并使学生理解学科的基本结构,即掌握学科的基本概念、基本原理和学习学科的基本态度等;③在教学方法上,倡导"发现法",要求学生利用教材或教师提供的信息和材料,主动地进行学习、自我思考、探究和发现事物、发现问题的结论与规律,而不是被动的知识接受者。

1. 发现教学模式的优点

1)有助于将学生学习的外部动机转化为内部动机,增强学生学习的信心

发现教学模式倡导学生自主发现事物、发现事物的规律,自主构建学科结构,通过发现和自主认知改变学生的学习研究的能力,随着学生知识的扩大、深化以及认知能力的提升,就会对所学习的内容的其他方面产生兴趣,激发学生对更广泛事物的学习动机,增强新发现的自信感。

2)有助于培养学生解决问题的能力

发现法练习如何解决问题,有助于学生使用探究的方法进行思考,培养学生提出问题与解决问题的能力以及发明创造的态度,在发现中学会发现新事物。

3)有助于开发和利用人的潜能

在发现教学模式下,学生为了寻找验证结论的客观依据,就要展开具有逻辑性的和符合科学性要求的思考和分析,这种教学模式充分调动了学生逻辑思维的积极性、主动性,提高了学生的智慧,进一步挖掘了学生学习的潜能。

4)有助于知识的记忆和巩固

发现教学模式强调人类记忆的首要问题不是储存而是检索,而检索的关键在于组织,即知道在哪里去寻找信息和怎样去获取信息。在发现教学模式下,学生首先要对已有的知识结构进行内部改组,从而实现已有知识结构与将要学习的新知识的前后衔接,这种系统化和结构化了的知识提升了学生理解、巩固和应用知识解决问题的能力。

2. 发现教学模式的一般程序

1）提出问题

教师将问题及认识问题的线索提供给学生，使学生在问题情境中带着疑问和特定目标学习，提出无法自主解决的疑难问题。

2）创设问题情境

问题情境是一种特殊的学习环境。情境中的问题一般适合学生已有的知识水平与能力，经学生一番努力便可解决，这会增强学生对未知事物探究的积极性。

3）提出假设

学生利用教学给定的材料寻求答案，在这一发现客观事实和调动主体认知的过程中，能充分调动思维的高度和维度提出各种有益于问题解决的假设与方法、方案。

4）评价验证，得出结论

对提出的假设与方案运用演绎、归纳等分析方法反复求证、讨论，寻求答案，学生通过相关性的分析发现事物之间的逻辑关系，提取出一般的原理或概念，并付诸实践，达到分析问题与解决问题的目的。

3. 实施发现教学模式的主要关注点

1）鼓励学生积极探索

教学过程是师生进行探索的过程，也是学生"发现"新事物的过程。教师在教学中，通过一定的教学手段激发学生的内在动机，保证学生主动思考，鼓励学生克服发现过程中的各种困难，增强学生自信心，为学生提供自由思考的空间与表达的机会。

2）合理安排教学序列

教学与学生认知发展相适应是教育教学的基本规律；以学生最有效接受知识的方式呈现教学材料，安排教学序列，将新知识不断纳入学生已有的知识结构中是教学的理想方式。按布鲁纳的观点，儿童的认识发展依次表现为三种渐进的形式：表演式、肖像式和象征式。教师如果遵循儿童认识发展的这一规律组织教学，任何学科的基本结构与原理都可以用某种有效的方式教给任何年龄的任何儿童。

3）培养学生运用假设解决问题的能力

在教学中，教师向学生提出问题，这一教学行为一方面向学生提供了解决问题的选择假设，另一方面促使学生主动在探索过程中提出假设、检验假设，这是训练学生思考和解决问题的重要方式，实现了发现学习。

发现教学模式注重发挥学生的探索能力，强调学科的基本结构、学生学习的内在动机、师生之间的协作关系，注重发挥假设的作用、培养学生的创造能力与创造态度、提升学生的思维品质等。也正是由于发现教学模式强调学科的基本结构，导致教材编制比较困难；与接受学习相比，发现学习费时费力，在现实教学中发现教学模式会因为受到客观教学条件限制而难以实施,但"发现"的精神对于实现个体发展是极其重要的。

(四)暗示教学模式

暗示教学模式由保加利亚心理治疗医生洛扎诺夫基于现代心理学与生理学的研究提出。他指出,传统教学以知识灌输为主,带来了学生心理不同程度的紧张,甚至厌学;过分强调学科内容学习,忽视无意识心理活动和情感活动在学习中的作用,限制了学生学习主动性的发挥。现代心理学与生理学的理论认为,人的学习是大脑左半球与右半球、理智活动与情感活动、有意识活动与无意识活动共同进行和协调的过程,当这些活动处于和谐状态时,人们的认知活动则可顺利、有效进行。

暗示教学模式是基于人与人之间或人与环境之间未意识的刺激(比如声音、语调、手势、动作、色彩、光线等因素)对人的观念、行为产生一定的影响作用或某种效应的一种教学模式。这种教学模式特别强调外界未意识刺激与人在交互过程中,在人无意识或潜意识状态下对人所起到的强大暗示作用,主张通过外界的各种暗示因素或暗示手段,将理智与情感、有意识与无意识有机结合,充分挖掘人的心理潜力,使学生在轻松、愉快的情景中学习。

1. 暗示教学模式的几种重要手段

1)抽象的暗示手段

在教学中,较为常用的抽象的暗示教学手段主要是通过教师威严、教师专业能力、教师人格魅力等影响,使学生对教师、教学内容与方法等产生兴趣和信任感,乐于主动学习、钻研,提高学习能力与水平。

2)直观的暗示手段

教学过程中,教师运用最多的是直观的暗示手段。教师通过直观的暗示手段增强学生学习的流畅性,使学生由形象思维过渡到抽象思维,为师生展开互动提供条件。教学中,教师常用的直观手段有图片、模型、模仿、声音、图像、电影、戏剧、游戏、参观、访问等。暗示教学模式充分利用人的有意识与无意识知觉的特点,将教学内容与教学中的直观形式相结合,增强教学效果,有效实现教学目标。

3)艺术形式的暗示手段

教学中,艺术形式的暗示手段主要指利用音乐渗透,发挥音乐在学生非理性活动中的作用,达到学生身心放松的效果,产生灵感;利用音乐中的节奏,形成愉快的课堂学习活动韵律,促进学生以放松的情绪与活动过程高效学习。

暗示教学模式特别强调艺术对学生的感召力。其提出者洛扎诺夫认为,艺术诉诸直觉与情感,在教学过程中,适当利用各种艺术形式烘托课堂氛围,在轻松、愉悦的氛围中,将教学内容的基本原理和规则恰如其分地与音乐、舞蹈、表演等相结合,可达到学生心理和智力发展的良好效果。

2. 暗示教学模式的教学程序

暗示教学最初是从成人外语教学开始实验的,后来被运用到保加利亚中小学的多种学科教学中。暗示教学没有固定程序,根据具体教学内容和教学情境而定。下文将以语言教学为例对暗示教学的程序进行举例说明。

1)入境

上课开始,在教师带领下,全班学生按照瑜珈练功原理调息,做全身放松。

2)介绍

教师介绍新课,新课介绍完后,用不同的语调读课文三次。第一次用正常声调,第二次用私语式声调,第三次用得意的声调。

3)用积极音乐带动课堂节奏

教师播放音乐(通常采用海顿、巴赫等人的交响乐),组织学生倾听几秒后再朗读课文,目的是用音乐带动课堂节奏,使学生静心并专心注意课文内容,一边听朗读,一边看课文与译文,并轻声跟读,最终读完,全班寂静。

4)消极音乐继续播放,体会课文

寂静中音乐声渐起,消极音乐开始(通常播放的是高雷利的协奏曲),教师重读课文,这时不要求学生把注意力集中在教师朗读上,只需随意静听,闭目沉思,愉快地欣赏音乐,无意识地体会课文内容。

5)角色承担

教师将学生分组并分派不同的角色,让学生将新学习的内容通过对话、唱歌、短剧表演或做练习的形式重新组织起来,目的是巩固学习内容。

6)测验

最后进行小测验,计算成绩,从成绩反馈中看学生学习效果。

暗示教学模式在实际教学中也有具体要求:①学生有自信心,愉快而不紧张;②无意识调节有意识,情感调节理智;③设置情境,采用交际性练习,较短时间内学习大量材料;④师生相互信任与尊重。

暗示教学模式强调发挥无意识和情感的作用,激发学生的学习兴趣,关注大脑左右两半球的协调,发挥学生潜能;在具体实施中运用大量的游戏、音乐等活动形式,促进师生身心健康发展,学生的学习主体地位得以实现。总体来讲,虽然暗示教学模式还有很多问题需要深入探讨,诸如提高记忆效率与其他能力协调发展问题尚待解决,但无法否定暗示教学模式是一种有效提高学习效率的教学模式。

(五)"非指导性"教学模式

"非指导性"教学模式由美国心理学家卡尔·罗杰斯提出,是一种以人本主义心理学为基础,着眼于学习者人格发展,以学习者为中心的教学模式。"非指导性"教学理论源于罗杰斯的"非指导性"咨询理论。"非指导性"咨询理论强调以心理病人为中心,医生仅仅起一个"咨询"作用,鼓励病人自由地表达思想,建立医生和病人相互信任的、可靠的、前后一贯的关系。罗杰斯将这种治疗方法应用到教育领域,形成了"以学生为中心"的教学理论,强调学生"自我实现",教师仅仅起"促进"作用,所以他称之为"非指导性"教学。"非指导性"教学理论相信人类的天生潜能是积极的,只要后天提供一定的条件,人的天生潜能就会自然而然地释放出来,并得以发展。"非指导性"教学强调教学的目标是"适应变化和学习",就是要培养适应社会变化、学会学习并在社会上充分发挥作用的人。

1."非指导性"教学的主要步骤

尽管"非指导性"教学因教学对象的不同而变化,不过,这一教学模式有一个时间上的序列及这一序列所规定的一些具体操作步骤。

1)阐明辅助情境

教师创设一种和谐、民主、可接受的教学气氛。在此氛围中,师生对共同关注的问题进行自由讨论,学生能自由表达自己的想法,发表个人意见。

2)提出问题

课堂教学中,教师鼓励学生提出各种感兴趣的问题,并对所提问题进行归纳与澄清。最后,大家共同讨论后形成全班共同感兴趣的问题,这能实现一定的教学目标。

3)提供资源,共同讨论

明确了教学目标和教学任务之后,教师提供一些可利用的资源(图书资料、录音访谈等)用于小组讨论,鼓励学生积极参与小组讨论,共同探索问题,自由表达,真诚交流。教师根据学生需要进行指导,但不能代替学生发表结论。

2."非指导性"教学模式的使用方法

1)创设心理自由和心理安全的环境

教学中,心理环境自由表现为学生不受传统束缚,敢于设想、敢于发表意见、敢于实践设想,不屈从于权威的氛围;心理环境安全是教学中没有强制、批评,学生发表的不同意见、想法都受到重视、尊重、赞扬与鼓励的教学环境。在自由、安全的心理体验和环境中,学生才不会有所顾虑,能自由表达自己的观点、想法;才能够创造性地运用思维与想象,在学习的情境与氛围中提升洞察力、创造力、自我审视力以适应社会的发展。

2)建立良好的师生关系

罗杰斯在对"非指导性"教学进行阐释时指出,影响学生有意义学习的最关键因素并不是教师教学技能的高低、教师所使用的教学设备的优劣,也不是学校图书资料的多寡,而是教师和学生个人之间关系的和谐、默契、紧密的程度,教师的教与学生的学的合作行为之间表现出来的某些态度品质。不难看出,师生之间建立一种民主、良好的伙伴关系是实施"非指导性"教学的前提。

不过,建立良好的师生关系对教师提出了较高的要求,需要教师具备良好的态度品质,具体包括:①以真诚的态度对待学生。教学过程中,教师从内心到身处实际的教学情境中,都能做到以共同的学习者、生活者和伙伴的角色与每位学生相处,同学生分享各种学习方法、教学思路与安排、生活感悟、态度价值观、理想信念等,将所思、所虑、所想坦诚地告诉学生,争取获得学生的理解与信任。②无条件地接纳学生。教师要做到尊重每位学生的个人想法、情感、经验,理解学生遇到的各种问题和困难,包括学习方面的、能力发展方面的、个性方面的、情感方面的,接纳学生的缺点和不足,鼓励学生积极克服困难,自主学习,使学生在更高水平上有更好的表现,发展学生的创造力与自我责任感。③"移情性理解"学生。教师在与学生相处时,能真正做到换位思考,理解学生内心的真实想法,设身处地想学生所想,与学生的情感发生共鸣,有意识地缓解课堂氛围,帮助学生释放不良情绪并主动投入到学习中来,提高教学效果。

"非指导性"教学模式与传统教学只关注人的理智发展、片面训练人的认识能力、忽视学生的情感培养的做法相比,在教学目标和教学策略上都有了新的突破和发展。"非指导性"教学模式明确提出,其教学目标以人的本性为出发点,把教学作为学生自我实现的手段,开发学生的创造潜能,形成独立个性,培养真正独立自主、知行合一的"完整的人"。只是这一教学模式过分强调学习者的中心地位,排斥课程内容对学生的教育作用,与教育教学的规律有一定的偏差,对教学的效果会有一定的影响。

三、当代教学改革与发展趋势

社会发展与变革、全球化发展浪潮、世界教育发展新格局的确立,都无不推动学校教育发展新方向的探索,教师发展向更高水平进阶,人才培养目标与人才培养方式也不断向人本与科学高度融合的综合化方向发展。特别是后现代主义理论在当代的教育教学发展中起到了具有扭转性意义的作用,发展形成了教学领域中教学方式的新模式。

(一)后现代主义课程观观照下的教学模式变革

1. 后现代主义的价值立意与核心内涵

后现代主义是当前涉及领域广泛、内部观点歧义杂陈、影响波及整个世界的一种反思和批判现代主义的学术思潮。后现代主张"去中心",揭露"中心意识"的垄断性、封闭性和排他性,提倡以开放的态度重新认识"非中心"的价值,强调边缘而非中心对创新价值的贡献;后现代揭露"二元哲学"的控制性、直线性和权力性,以非线性的观点重新认识多元的价值,强调"多元对话"对世界共存文明的意义;后现代反对统整,揭露"宏大叙事"的虚假性、矛盾性和特殊性,以过程的观点重新认识复杂的价值,强调事物"不确定性"和"撒播状态"的流动特征。

2. 后现代主义课程观

后现代主义者在对泰勒原理批判的基础上，吸收泰勒原理及其他各派思想的进步之处，构建了后现代主义自身的课程观。该课程观追求多元的方法理论基础，突出了研究范式的差异性，在课程模式上表现出了多样性特征，反映了后现代主义与现代主义之间的批判与继承关系。后现代主义流派繁多，观点不尽相同，其具体的范式也处于变化之中，较难把握其特征，但后现代主义对人们的观念影响深刻，对课程观念的影响更深刻。

首先，后现代主义者鼓励人们怀疑一切现有的规范和信条，重新审视一直被视为理所当然的观点、学说，从而为创新思维和实践找到可能，同时，也为现代教育向"未来教育"嬗变提供了空间。

其次，后现代主义者启发人们对"什么样的知识最有价值"这一问题进行重新思考。与此问题相关联的是人们应选择什么知识进入课堂以及由谁来选择。

再次，后现代主义者鼓励教师和学生通过相互作用，自由地发展属于他们的课程，教师只有在学生真正参与课程设计，能够决定课程的内容时，才能真正成为"平等的首席"。

还有一点，后现代主义者对课堂讲授教学形式提出质疑，并倡导将隐喻的方式引入课堂，使之与传统的教学方式相互结合、互为补充。

3. 后现代主义课程观影响下的教学模式重构

后现代主义课程观给西方教育界带来了强烈的震动和冲击。进入21世纪，课程整合的理念已经成为教育界的共识，各国开始探索和构建教学实践层面的新模式。

STEM成为当前最受推崇的跨学科的融合教学模式。近年来，基于跨学科的现象教学、项目教学、合科教学等成为许多国家课程改革及课堂教学的新宠。跨学科教学指跨越学科间的界限，在注重各学科内在逻辑的基础之上建立学科间的联系，并将学科进行整合，进而在教学实践中实施整合后的多学科融合的教学。

跨学科的本质内涵主要包括：①理论基础。跨学科教学的理论内核，即建构主义——基于现象、主题、项目等重新建构知识以及学科之间的关联。②学科整合取向。基于两个或以上的学科，建立学科之间有意义、有价值的联系，并以此联系作为纽带将学科进行融合，进行课程开发，组织跨学科教学。③学科本身的内在逻辑和连贯性大于学科之间的整合。跨学科的切入点是设计跨学科课程的关键，不建议忽视各学科内在发生、发展的逻辑，不自然的联系，进行学科整合。④开展多元化教学。单一学科教学和跨学科教学都是课堂教学的开展形式，教学中可以灵活使用，进行多元化教学。

4. 后现代主义教学目的观与评价观

1) 多元的教学目的观

由于后现代主义崇尚差异性、不确定性以及文化多元主义，其教学目的观也呈现多样性。后现代主义以反思启蒙运动以来的理性主义文化为基础，在对现代"理性"培养目标进行反思的基础上,提出对学校教学目的采取宽泛的态度,不局限于单一教学目标的观点。教学仍注重学生各方面的发展,但并不强求每个受教育者都得到"全面发展"。教学目的可培养"片面发展"的人,即符合学生独有的特质和适合学生生活特殊性的人。

2)开放的教学评价观

开放性是后现代主义区别现代主义的另一重要特征。后现代主义评价观中的教学评价是运动、变化和发展的。在后现代视野中,教学是一个开放的系统,在对学生评价时,老师发现学生有新意的理解和主动回答这种"干扰"或"错误"时,应给予鼓励,因为这种"干扰"或"错误"才是激发学生产生创造力的前提。对学生评价后形成的这种不同于现代机械式教学评价的积极反馈,可启发教师形成新的富有创造性的教学,这样的教学评价才具有诊断性和形成性的作用。对于学生和教师而言,正是有了思考和解决这些"错误"和"干扰"的过程,才使教学富有活力,才能使教师在具有不可预测性和不确定性的教学活动中达到更高层次的提升。

具体内容:①解构原有的师生观和知识观。教师与学生的评价不是作为区分学生掌握知识多少的手段,而是师生对话的起点。每个人都有不同的视角,师生在对话和交流中,达成双方的理解,促成学生的发展和教师专业能力的提升。②教学评价的多元性。在后现代视野下,教学是丰富的和多样的,是富有情境过程性和启发性的。评价的对象是具有不同个性的学生,评价的目的不局限于知识层面,教师要了解学生丰富的心理变化,激发学生学习的动机和兴趣,鼓励学生对知识的理解达到更富创造性和自由性的高度,在知识与心理层面给予学生恰当的引导,在不断解决新问题的过程中继续激发学生探究。

(二)后现代主义所提倡的主要教学模式

2018年4月,经济合作与发展组织(OECD)发布一份最新报告——《教师作为学习环境的设计者:创新教学法的重要性》。这份报告通过来自27个国家和国际学校的案例表明,以下六种有别于传统的教学方式正在全球范围内兴起,影响未来的教育教学发展,见图5-3。

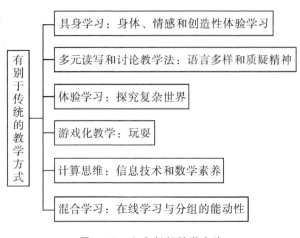

图5-3 六大创新教学实践

1. 混合学习

混合学习的主要目标是最大化利用技术与数字化资源的优势,依据学生需求进行差异化教学,积极开展课堂互动。这一教学实践建立在小组活动、面对面的互动以及学生积极参与的基础上。

在混合学习中,因为采用了媒体信息,教师从常规工作中被解放出来,有更多时间用于理论的实践,开展更具交互性的、多元性的课堂活动,并进行一对一教学。混合学习通常结合了探究与合作的方法,引导学生积极参与,实现学生对概念的深度理解,推动学生进行有意义交流。

混合学习包括三种形式:翻转课堂、基于实验室的模式和线上线下学习的混合模式。第一种,翻转课堂指学生先自学下节课的相关资料,正式课堂教学进行时,在教师帮助下实践、加深、拓宽对学习内容的理解。第二种,基于实验室的模式指学生分组在学校实验室与课堂之间交替进行学习,通过与教师面对面的互动对所学内容进行运用。第三种,线上线下学习混合模式指每位学生遵循既定的课程表,通过在线与面对面交流的方式,交替进行学习。以上三种混合学习方式的目的都是在满足学生需求、考虑教师教学能力和学校可用资源的基础上,使面对面交流与课堂时间使用达到最佳效果。

混合学习的有效实施离不开教师深入反思自身和学生的作用、改变教学的主动意愿和创新精神、提高自身专业参与度的强烈想法等因素。由于混合学习在很大程度上依赖数字化资源,这就需要教师还要具备教育技术应用方面的知识、技能,在课堂互动中对教学内容、技术和教学法进行过程性建构与优化。

2. 游戏化教学

这类教学实践的基础是游戏能够抓住学生的兴趣点,并促进学生主动学习。游戏和玩耍在儿童学习中扮演重要角色,教师通过玩耍和游戏教学促进学生参与,有利于促进儿童的智力、情感与社会性发展。游戏化教学已在大量学科中成功应用,如语言、数学、科学、历史、体育、艺术和设计等学科。使用视频游戏是全球教学实践的一个新趋势。这类教学创新让学习变得有趣和吸引人。

游戏化教学的两个主要教学要素是动机要素和情感要素。动机要素包括快速反馈、目标、参与和渐进的挑战;情感要素包括故事和身份、合作与竞争。

游戏化教学的优点表现:①促进自我管理的学习、合作、探索与创造性;②向游戏者传授复杂的规则,介绍不熟悉的世界,吸引他们参与到不熟悉的任务与逻辑中。

游戏化教学的特点表现为人人都参与,每个环节都相互关联,学生从游戏中学,从做中学,反馈及时并延续。游戏总是有新挑战,这对学生具有一定的激励性。

3. 计算思维教学

计算思维教学强调对学生数学、信息通信技术与数字化素养的培养,强调通过逻辑促进问题解决。

作为一种教学方法，计算思维的实践核心是以计算机能帮助人们解决问题为出发点思考问题和解决问题，并不是在课程中增加计算机科学这门课这样简单，是要更好地理解如何使用计算机形成问题框架并解决实际问题，将数学作为一种代码语言，将信息通信技术看作是解决问题所需的逻辑推理的平台。其教学技巧包括提出合适的解决方案、平行加工、模型验算、排除故障、找到问题解决策略。

计算思维教学强调将编程和代码作为一种新的素养进行培养，是一个全新的使用问题解决思维和计算机科学的教学方法。这一教学法在实际应用中包含的基本要素有：①逻辑推理，包含分析、预测与推断结果；②分解，将一个复杂的大问题分解成许多小问题；③算法，甄别并描述规律，形成分步骤教学；④抽象，抓住问题的核心，排除不必要的细节；⑤建立关联，对同样的问题用相同的解决方法。

经济合作与发展组织（OECD）特别指出，在学校教学中实施计算思维教学法要做到：①以更加前沿、更加全面的方式思考数学与信息通信技术技能，从传统的基于学科的规划、设计转向基于横向能力与技能发展的活动；②促进教师专业发展，通过专业培训使中小学教师具备计算思维与计算机技能，熟悉网络，能系统地使用信息通信技术。

4. 体验学习

体验学习是指将学习者直接与正在学习的现实之间建立联系的教学法。学生是通过积极体验、探究和反思的方式进行学习的。体验学习强调发现过程的重要性、全面体验的学习环境的重要性，重视意义内涵的价值，非常关注环境、学习者的积极参与以及反思与解决冲突的作用。

体验学习有三种主要形式：基于项目的学习、基于服务的学习、不确定性能力教学。①基于项目的学习，其出发点是真实世界的问题容易抓住学生的兴趣，能引发学生认真思考，从而获得并运用新知识。在教学中，减少指导，鼓励学生主动学习和思考。项目通常围绕一个问题或挑战展开，学生会反复走进实验室，参与多样化活动并进行问题研究，在一个真实的探究过程中合作、讨论、开展个性化学习。②基于服务的学习，指学生使用知识和技能解决真实社区的需求。比如，如何从河流中捡起垃圾是一种服务，而研究水样本则是一种学习。当学生收集和分析水样本用于开展当地污染的案例研究，并帮助权威机构改善水治理，就是一种服务学习。越来越多证据已显示，基于服务的教学实践对个人和社会发展、公民责任、学习及学习动机、职业预期、学校氛围及对社区的看法等有积极作用，它是促进21世纪技能——批判思维、复杂阅读、写作技能、解决问题能力培养的一种重要的教学实践。③不确定性能力教学指让学生学会在复杂环境中构建起一个将知识的不确定性纳入学习过程的学习环境，从中使学生进行批判思维，并做出合理决策。不确定性能力包括应对不确定的信息和情境，学会评价、容忍不确定性和减少不确定性。

体验学习包含四个要素：①一项任务的具体经验是指个体或小组积极参与独立的任务，这些任务有可能会颠覆学习者的信念与想法；②反思性发现指解决因假设与价值观之间的差异而形成冲突的过程，这一过程不断促使学生反思；③抽象概念化指学生通过创造、建模和形成新理念，理解经验与反思的意义；④积极实验指教师将所学内容付诸行动，并将它置于与学生密切相关的环境中。

体验学习不仅是一个发现过程，也是一个经过精心规划的学习过程。学生的发现、体验、实践建立在学生参与合作性、反思性活动得到的有意义的体验的基础上。为了增强学生的综合体验，教师需要在教学中为学生搭建脚手架，为学生提供必要的学习支持，如提供专家指导，组织复杂的学习任务，降低认知要求等。

5. 具身学习

具身学习指那些关注学习中非智力因素的教学实践，强调身心和情感的重要性。具身学习非常重视学生的社会、创造性体验和积极参与的重要性，注重充分利用创造性和情感，促进知识获得。具身学习的形式包括艺术和基于设计的学习、新的体育教学法、创客文化运动等。

具身学习坚持的重要理念是学生自觉使用身体去学习，比坐在桌边或电脑前更有效。大脑不是唯一的认知与行为源泉，情境化的认知需要将身体、情感与社会要素都纳入学习环境中。具身教学法强调开发和利用学习者的两大自然气质，即创造性与表达获得知识。这一教学实践是对传统上偏向抽象思维、个体被动获得知识的教育系统的一种否定。

具身学习的教学原则包括：①行动与思维同时发生；②身体与思维在学习中一起发挥作用，身体与思想时刻处于对话中；③科学与艺术彼此影响并相互支持；④运动与概念相互联系；⑤现实与想象在学生学习中共同起作用。

具身学习教学实践的三种主要形式是基于学校的体育文化、艺术统整学习、创客文化。①基于学校的体育文化，强调体育在提高个人品质和思考技能方面的作用。②艺术统整学习将艺术与其他学科相结合促使学生积极参与，增强学生的投入程度，激发学生学习的动机、锻炼学生学习的毅力，培养学生的创造性、运动技能、高层次思维和批判性思维技能、自信心等。③创客文化通常发生在实验室或创客空间，学生在这里可以进行各种工具和人工制品的修补与建造。学生在使用、探索、试验各种材料和工具的过程中，在适当的支持与相互合作下进行深度学习，并逐渐形成对科学的兴趣。

具身学习在学校中的应用与实施，可以从三个层面进行：①体育与艺术课上的各种活动和体验，可以将科学课上对光合作用的解释与舞蹈结合，帮助学生学习这一概念；②工作坊或者项目通过与校外的艺术家或专业人士建立合作，为具身学习学到的课程和内容提供反思平台；③将身体运动、创造性和情感培养融入学校的核心学科中。

具身学习适合学生好奇心、灵敏度、多视角思考、隐喻思考、冒险及其他元认知技能和执行技能的培养,也有助于社会情感培养,启发学生探讨一些跨学科问题,如性别问题、多样化问题等,与 21 世纪所需技能高度相关。

6. 多元读写能力和基于讨论的教学

这类教学创新不是单纯的教学法创新,其中也涵盖各种实践与教学原则。其本身就融合了两个相互联系的教学法,即多元读写能力教学和基于讨论的教学。多元读写能力教学关注学习者读写能力养成所需要的平台和语言的数量及多样化;而基于讨论的教学强调学习者意义内容构建的政治、文化背景,与学生的生活经历、兴趣、居住环境、成长的时代与历史因素密切相关。

这类创新教学实践强调读写能力是学生学习和批判素养的核心,强调语言多样性,促进批判思维与质疑精神的培养。它将知识置于政治、文化和著作者的背景中,通过换位思考和合作解构故事,形成理解。在创新教学实践中,课堂讨论是学生质疑所获得的观点以及"去主导语言中心化"的核心。

多元读写能力和基于讨论的教学在教学实践中遵循四大教学原则:①情境化实践,用学生的生活体验创造有意义的课堂活动,教学中必须考虑所有学生的情感与社会文化需求;②明确指导,教师需要积极干预,支持各种学习活动;③批判建构,确保学习者获得必要的理论指导,运用知识解决问题;④可迁移的实践,鼓励学生将学习体验与日常课堂任务相结合,并运用到其他情境与文化背景中。

将多元读写能力和基于讨论的教学实践引入课堂和学校中需要解决许多方面的问题,包括:①教师需要了解学生的生活与兴趣,与学生课堂外的经验建立具体的联系,了解学生生活的社区及历史背景;②教师需要提供必要的支持,让学习者在已有技能的基础上进一步解决复杂问题和进行反思;③教师需要掌握技术应用的能力,建立自信;④教师需要与专家合作解决学习者在沟通与语言使用中面临的障碍;⑤让其他语言进入课堂和学科中,教师需要具有包容和接纳的积极心理。

(三)我国教学模式的发展走向

综观国内外这些影响较大的教学模式,在归纳总结我国丰富的教学实践经验时,我们要吸取国外教学理论与实践的精华,并依据现代社会发展要求,改革和创造新的模式,这是我国教学模式改革与发展与时俱进的发展需要。

1. 发展学生的智力,培养学生的能力

培养学生的能力越来越受到人们的重视,现代教学在传授知识的同时,注重发展学生的智力。培养学生的能力在实际教学中已被广泛实践。学生能力得到发展,就好比交给了他们一把"金钥匙",学生一旦获得了这把"金钥匙",就能自主学习,自由地丰富知识。

2. 强调学生的主体地位

教学模式的发展历程告诉人们,现代教学模式是在提倡学生个性发展的努力中发展起来的。特别是20世纪80年代以来,"人本主义"在教学界占据重要地位,提出了以"人的能力全面发展"的人本主义课程观,并以此为指导开展教学。强调学生的主体地位,并非否定教师的主导作用,而是以实现学生的全面发展为目标将教师和学生两个教学主体统一起来,把教师和学生的作用结合起来,倡导"教为主导,学为主体"的基本教学思想。

3. 追求和谐、自然发展,创造愉悦、轻松、贴近实际的教育氛围

解决学生学业负担过重的问题,不能单凭采用某种教学模式就能解决。不过,有一点非常重要,就是有些教学模式能使学生在轻松、愉悦的氛围中学到更多的知识,得到更好的发展;现代生理学研究表明,人的大脑有很大的潜力未曾利用,特别是无意识和情感等潜能需要更深程度的开发,人尚有很大的发展潜力。运用情境教学法,把学生带入与教材内容相应的教学场景中,使学生如临其境,自然而然地掌握教学内容。

4. 坚持教学模式多样化

教学模式的研究综合了教学活动的各种有关因素进行系统探索,但一种教学模式不足以呈现教学活动的所有内容和因素,只能借助一定的条件在教学系统中发挥一定的作用。教学实践中,不存在任何一种适合于各种教学情境的万能教学模式,教师需要打破常规,不断探索有利于潜能开发、个性发展的模式。

任何单一的模式都无法达到一切目标,对于教师而言,明智的做法是掌握大量的教学模式,并不断提高有效使用这些模式的能力,才能在教学实践中,随机应变,选择出适合自己的教学模式组合,为学生创造充满活力的学习环境,促进学生身心各方面的发展,取得预期的教学效果。

第六章 课程与教学的评价

第一节 课程与教学评价概述

课程与教学评价是课程与教学设计及实施过程中的重要环节,具有导向、诊断、反馈、促进发展等多种重要的功能。课程与教学评价因此受到世界各国政府及学术界的重视。

一、认识课程与教学评价

评价的使用范围极其广泛。按照《辞海》的解释,"评价"泛指衡量人物或事物的价值,或指事物的用途和积极作用①。评价可对人或事物的优点与积极作用进行判断与衡量。

(一)课程与教学评价的含义

教育评价源于19世纪末,最早进行教育评价研究的是美国的莱斯。受莱斯的影响,20世纪以来,教育评价研究在世界范围内迅速发展,课程与教学评价的发展更为迅速。评价反映课程与教学计划实际达到教育目标的程度。由于教育目标最终体现为人的行为变化,因此,力求达到的教育目标实质是要使学生的行为方式产生所期望的某种变化。那么,评价就是确定学习者实际行为发生变化程度的过程。

课程评价就是指依据课程实施的可能性、有效性及其教育价值,可以做出价值判断的"证据的收集与提供"的过程②。它包含两个方面:一是对教育过程的校内计划与组织的判断,二是对学生成绩(学生的学业成果表现)的判断③。课程评价是一个过程,其任务是收集与提供证据,对课程的价值做出判断,这种判断的依据是课程实施的可能性、有效性与课程的实际教育价值。

教学评价作为学校教育实践的常规工作,是指收集教育系统各方面信息,依据一定的客观标准对教学及其效果做出客观衡量和科学判定的过程,也是对学生通过教学发生的行为变化予以确定的过程,是教学工作的重要环节。教学过程中的每一方面、每一环节,都可以成为教学评价的对象。教学评价涉及教学中的所有组成因素,包括教学目标、教学过程、教学方法、课程、教师的教学质量、学生的学业成果表现等。

---

① 钟启泉.课程设计基础[M].济南:山东教育出版社,1998:404.
② 钟启泉.现代课程论[M].上海:上海教育出版社,1989:348.
③ 钟启泉.现代课程论[M].上海:上海教育出版社,1989:348.

(二)课程评价与教学评价的区别与联系

课程评价与教学评价都是教育评价工作的重要组成部分,通常并不作严格区分。若要对二者进行区分,判断二者之间的关系,需要从课程与教学关系的视角进行分析。

课程的内涵包括很多种,通常人们认为课程是指教学内容,从这一概念内涵来看,教学大于课程。事实上,随着课程界定的泛化,出现了"大课程观",它认为课程在实践上是一种教育进程,在空间上是一个大系统,课程具有教育的整合价值。这样,课程的概念就明显地大于教学,而教学可以被看作是课程实施过程中的一部分。

课程评价与教学评价的区别:①课程评价作为课程理论的一个重要组成部分,包括对课程设计、课程目标、课程内容、课程组织、课程实施、课程管理等若干方面的评价。教学评价作为课程实施评价中的工作环节,包括对具体的教学目标、教学内容、教学方法等的评价。②课程评价侧重理论上的研究。近年来,课程评价研究涉及对课程评价理念、课程评价模式及课程评价方法的探讨,包括引进和借鉴国外的一些课程评价方法。而教学评价则偏向于具体化的研究,如课堂教学质量的评价指标体系、学生学习成果的评价、教师评价方法与体系等的研究,是实践操作型的评价方式。③课程评价为教学评价的有效进行提供了理念上的支持,为实施教学评价提供了理论指导,从整体上规范了教学评价的过程和方法。反过来教学评价的成功与否会影响到课程评价的效果。课程评价与教学评价之间有着紧密的联系。

二、课程与教学评价功能

(一)导向功能

课程与教学评价的导向功能是由评价标准的指向性决定的。一般说来,课程与教学目标作为制定评价标准的主要依据,受到一定社会的教育观、质量观和人才观的影响。课程与教学评价是评价者按照一定社会的教育观、质量观、人才观的基本标准来引导、约束被评价对象的发展方向。因此,在制定评价标准时,不仅要考虑社会需要,还要满足被评价对象的需要,使评价既符合社会发展规律又能满足个体需要。

(二)诊断功能

通过课程与教学评价,教师可以诊断现有课程与正在开发的课程或教学中所存在的问题与发生这些问题的原因。课程与教学评价所收集的许多资料与信息以及专家们所做出的判断,都有利于帮助管理人员和课程开发人员作出正确的判断、选择与决策,能够尽早地发现并迅速及时地解决问题,使课程达到尽可能完善的程度,也为改进教学提供依据,保证教学顺利有效地实施。

(三)决策功能

课程与教学评价总是与决策联系在一起,这里的决策功能有以下三个方面。

1. 为课程与教学改革的决策提供依据

人们通过课程与教学评价判断现有的课程与教学是否符合社会与教育的需要;有无改革的必要;哪些方面(课程标准、教材、教学过程和教学方法的组织等)需要改革以及如何改革等。

2. 为优化学生学习策略提供依据

教师在拟定每个学生的学习计划时,确定他需要什么,在安排选修课程和分班分组时,评定判断他的学业成就,使学生对自己的进步情况和存在的缺点有清晰的了解。

3. 为学校行政规程的决策提供依据

人们通过课程与教学评价可以判断学校制度、教学管理制度的完善程度;判断每个教师的专业素质水平及未来发展的方向、空间;判断学校的整体教学水平与教学质量达标情况等。

(四)促进发展功能

新一轮的课程改革的实施要求"改变课程评价过分强调甄别与选拔功能的做法,发挥评价促进学生发展、教师提高和改进教学实践的功能,重视发展性的评价"①。"发展性评价"就是:"建立促进学生全面发展的评价体系。评价不仅要关注学生的学业成绩,而且要发现和发展学生多方面的潜能,了解学生发展中的需求,帮助学生认识自我、建立自信。发挥评价的教育功能,促进学生在原有水平上的发展。建立促进教师不断提高的评价体系。强调教师对自己教学行为的分析与反思,建立以教师自评为主,校长、教师、学生、家长共同参与的评价制度,使教师从多种渠道获得信息,不断提高教学水平。建立促进课程不断发展的评价体系。周期性地对学校课程执行的情况、课程实施中的问题进行分析评估,调整课程内容、改进教学管理,形成课程不断革新的机制。"②课程与教学评价改革要转变之前过分重视评价的甄别和选拔功能的做法,凸显评价的促进发展功能。

第二节 课程与教学评价的对象与分类

一、课程与教学评价的主体

在课程与教学评价中,课程与教学评价的主体指的是由谁来评价的问题。在评价活动中,进行评价的个人或组织被称为评价主体。课程与教学评价的主体具有三种职责:①呈现一切与评价客体有关的客观资料、信息;②收集并呈现课程专家、教师、学生等对课程的主观判断意见;③评价者自己对课程与教学做出价值判断。

---

① 中华人民共和国教育部印发文件《基础教育课程改革纲要(试行)》,教基〔2001〕17号。
② 同上①。

新一轮课程改革前,课程与教学评价过分强调评价的选拔和甄别功能,评价主体主要是教育行政部门,由教育行政部门利用评价手段对学校的课程与教学进行指导、监督和管理。新一轮基础教育课程改革明确指出要重视评价的激励和促进发展的功能,同时,提倡作为课程与教学评价主体的学校、社会、社区等全员参与,广泛采纳家长、学生、教师、社区代表等的意见以及政府部门(教育行政部门、劳动就业部门等)的意见,提倡评价主体多方面、多角度参与课程与教学的评价。

(一)教育行政管理部门

教育行政管理部门作为学校的上级部门,对学校负有监督、检查、指导和管理的权力和职责,评价则是进行这样一些工作的重要手段。在宏观层面,教育行政部门首先制定相关的课程与教学的评价指标体系,统领下属学校的课程与教学工作,各学校要以上级教育行政部门制定的课程与教学评价指标体系来运行和实施教育教学工作。通过评价的手段,教育行政管理部门能够对整个区域内学校的教育教学活动进行统筹管理,除了对学校进行鉴别和比较之外,更多的是查缺补漏,给予一定的指导和帮助,提升各学校教学质量,激励各学校自身发展。

(二)学校管理人员

学校管理人员统筹和管理整个学校的教育教学工作,他们的评价是所有教育教学工作的重要方面。在课程与教学的所有评价主体中,学校管理人员是评价主体的重要组成成员。学校的管理人员对于本学校的课程与教学工作进行得怎样、应该朝什么方向发展等问题具有发言权。在课程实施过程中,学校管理人员更容易接近教师与学生,从他们那里得到许多关于课程与教学的反馈意见,且在课程与教学评价方面,学校教育管理人员有着丰富的管理经验,能够归纳和提取教师和学生意见中的关键和精髓,同时,对课程与教学管理中的优缺点也能提出自己的看法和意见。

(三)教师

教师作为课程与教学的设计、规划与实施者,了解其中的各个环节与细节问题,在进行教育教学方面有着丰富的经验,对课程与教学最具发言权。在课程与教学评价中,对课程标准、教材、教学方法、课程的教育价值与社会影响以及学生的学习成果等,教师都可以参与评价,提出意见和建议。同时,在学校的教师评价中,教师的自我评价也是不可或缺的。

(四)学生

随着新的课程改革、评价观念的转变,学生由过去被作为评价对象逐渐也参与到课程与教学评价的过程中,他们同样是评价主体。按照后现代主义课程观,课程是教师与学生共同建构起来的,教学过程就是教师和学生共同寻求探索知识的过程。同为教学过程主体的学生,也应具有评价课程与教学的权利。在评价学生的学业成就时,学校也要求他们进行自我评价。

(五)家长

家长对学生的关注,可以通过参与评价得到充分体现。学校内的课程与教学是否满足自己孩子的学习需要、是否体现一些实际的社会价值等,家长都具有发言权。同时,家长也要参与课程与教学,帮助充实课程与教学资源,并协助检验学校课程与教学对于自己孩子的适合程度,给课程与教学以最大的支持。

(六)社区

人们在教育教学中往往会忽略社区在课程与教学中的重要作用,事实上,社区对课程与教学有着重要的影响作用。一方面,社区可以为学校的课程与教学提供充分的资源,是课程开发、实施的重要支持因素;另一方面,社区是检验课程与教学对社会需求满足与适应程度的主要方面。因此,社区作为课程与教学评价主体是符合教育教学发展需要的,也是非常必要的。

二、课程与教学评价的对象

(一)课程方案评价

课程方案的评价包括课程计划的评价、学科课程标准的评价及教材的评价。课程计划是对学校教育培养目标、课程的指导思想、课程设置与课程结构、课程管理方式等方面的规定,是学校必须遵照执行的文件。课程计划的评价就是对课程编制的指导思想、培养目标、课程设置以及相关问题的评价,它是完善课程计划的一项工作。

学科课程标准是课程计划中每门学科以纲要的形式编写的有关学科教学内容的指导性文件。它规定一门教学科目的教学目标、教学内容、教学方法的原则和建议,以及该门学科相应的考试、考查方法。学科课程标准的评价就是对一门学科的教学目标、教学内容、教学方法等方面的恰当性做出判断。

在我国,大部分地区和学校广泛采用统编教材,教材编写的科学性问题受到极大关注。人们对教材的开发、编写提出了许多新的要求,有的地区还进行了"一纲多本"的试验。从理论上来说,教材是课程标准在教学中的具体化,是教学大纲的载体。评价教材,其核心是对教材与课程标准或教学大纲的一致性以及它的科学性与可读性进行判断。

(二)教学过程评价

课程实施是通过一个个具体的教学过程进行的,一个个具体的教学过程完成和实施的结果如何,要通过课程大纲所规定的宗旨是否实现,教学计划安排与组织是否得到有效执行,教材的作用是否有效发挥,大纲规定的目标是否达到等要素的利用和达成情况来判定。这也是为什么课程与教学评价人员要花相当多的精力来观察教学过程的进行情况的原因。他们收集对判断课程价值有意义的数据与信息,征求教师和学生对教学过程的意见,做出准确的教学过程评价,及时诊断教学过程中的问题,以提升教学水平。

(三)教师评价

教师是课程建设的主要参与者和课程实施的主要成员,他们直接参与课程的实施,是教学的主体之一。教师评价是课程与教学评价的重要组成部分。开展教师评价,首先要确定合理的评价内容,这样才能更好地发挥评价功能,激发教师不断研修和反思,提高自身素质,提升课程开发与教学能力。确定合理的教师评价内容,要考虑两方面的因素:一是社会发展对教师提出的要求,二是教师工作本身所固有的特点和规律。进行教师评价是一件复杂而有意义的工作,评价的内容涉及很多方面,主要包括以下内容。

1. 基本素质

教师作为具有一定学科背景的教育教学专业人员应具备良好的综合素质,包括:①政治素质。教师具有良好的政治素质和高尚的思想境界,才能把握好教育教学工作的正确方向。②道德素质。教师的职业道德是由教师所从事的特种工作即培养人的工作所决定的,是教师从事教育活动的行为准则和规范,是一定社会对教师职业行为的基本要求。③文化素质。教师的文化业务理论素质主要包括专业知识、文化科学知识、教育理论知识的综合应用水平。④心理素质。教师的心理素质水平反映教师专业发展的成熟程度及教学品质与风格形成的情况,对学生的身心发展有直接影响,对学生的心灵产生强烈的感召力和投射力,对教育教学效果具有重要影响。教师应自觉加强自身修养,形成良好的心理品质。

2. 业务能力

教师的工作是培养人的工作,教师要把知识、技能、文化、认知方法传授给学生,培养学生的优秀品德,促进学生人格发展,形成良好的情感态度和价值观,培养学生的创新思维与实践能力,为学生的全面发展提供应有的引导和支持。教师必须具备一定的业务能力,即教师要有一定的教育教学能力和教育科研能力。

3. 工作表现与绩效

教师工作表现与绩效是教师素质、工作态度和教育教学能力的综合体现。对教师工作表现的评价要结合教师的具体工作内容进行。教师的工作内容主要包括备课与上课、课外辅导与作业批改、科研与教学改革、出勤等方面。教师工作绩效的评价涵盖三方面的内容:①学生思想和个性品质的发展情况;②学生的学业成绩;③科研成果。对于中小学教师而言,其科研工作以教育教学科研为主,比如教育教学领域的经验总结、研究论文和专著、教学参考资料、辅导资料和音像资料的编写,教学案例的分析总结,教学设备和实验仪器的制作等。

(四)学生评价

对学生的评价是课程与教学评价中最为重要与复杂的部分,评价的根本目的在于更好地促进学生的发展。对学生评价的关键是改变评价过分强调甄别与选拔的功能,忽视改进与激励功能的状况。

新的教育教学理念强调培养目标和评价内容多元化,包括基础知识和基本技能,情感、态度与价值观,学习过程与学习方法。对学生的发展而言,其知识技能、情感、态度、价值观与学习的过程和方法是紧密联系的整体,它们之间没有主次之分,忽视任何一个方面,都可能带来学生发展的不足和缺陷。评价学生最佳的方法是依据教育教学目标,对学生进行多方面的评价,评价内容不仅包括学业评价,也包括对学生非智力因素的评价,比如学生的情感、学业成就和心理发展水平等,这是促进学生全面发展的必要条件。

在对学生进行过程性评价的过程中,教师将定期的正规评价如小测验、表现性评价和即时性评价如学生作业、课堂表现评价有机结合起来,体现对知识与技能,情感、态度、价值观与学习过程和方法的关注与整合。对学生评价的方法要多样化,除了纸笔测验,教师还可进行问卷评价、访谈评价,运用核查表进行观察,进行小论文、成长记录袋评价和表现性评价等。比如,教师为表现性评价创设了真实的情境,在学生活动或完成任务的过程中,不但能够评价学生知道了什么、能够做什么,还可以评价学生的创新精神、实践能力、学习兴趣、学习习惯及与他人合作、交流和分享的能力。在选择和确定学生评价的主体时,教师应鼓励学生本人、同学、家长等参与到评价中,实现评价主体多元化。

(五)课程资源评价

课程实施所需要的资源统称为课程资源,包括有形的物质资源(教材、教具、仪器设备等),也包括无形的主观性资源(学生已有的知识和经验、家长支持的态度)等。课程资源是决定课程目标有效达成的重要影响因素。充分利用现有的课程资源,积极开发新的课程资源,是提高教学效益的重要途径。课程资源评价的内容有:①课程资源的丰富性。评价完成课程与教学所必需的课程资源是否齐备,是否还进行了课程资源的开发和扩展。②课程资源的适合性。看课程资源是否契合课程与教学的需要,是否适合学校师生的实际发展水平,是否能满足教师和学生的实际需求。③课程资源的有效利用。学校在拥有丰富的、适合的课程资源后,能否最大限度地充分利用并服务学校师生;是否为方便学校师生利用课程资源创造了各种条件,如平台、制度保障等。④课程资源的可持续发展性。提高教师参与课程资源开发的意识和能力,积极促进家长、社区及其他相关主体参与,争取获得他们的最大支持,形成课程资源开发的氛围,实现课程资源的有效开发、转化与应用。

(六)课程与教学管理评价

评价本身是课程与教学管理的一种手段,反之,课程与教学管理是课程与教学评价的一项内容。在实践层面,课程与教学管理评价是上级教育行政管理部门监督和检查学校行政管理人员工作情况,发现其工作中存在的问题与不足,并提出有效反馈,督促学校改进和完善课程与教学管理工作的系列活动。学校师生都有参与课程与教学管理和进行评价的权利,为课程与教学改革和提质增效提出可行的意见和建议。

三、课程与教学评价的类型

课程与教学评价的类型,依据不同的标准有不同的分类:以评价目的为标准,可分为诊断性评价、形成性评价与总结性评价;以参照系为标准,可分为常模参照评价、目标参照评价和自我参照评价;以参与评价的主体分类,可分为自我评价和他人评价。

(一)诊断性评价、形成性评价和总结性评价

依据评价目的、时间的不同,课程与教学评价可分为诊断性评价、形成性评价和总结性评价。

1. 诊断性评价

诊断性评价是在课程和教学计划开始之前进行的预测性评价。诊断性评价的目的在于把握学生学习的起点和基础,使编制的课程和设计的教学符合学生当前的背景和需要,在教学实施过程中对症下药,因材施教。诊断性评价的内容范围包括识别学习者的优点、特殊才能、不足和存在的问题,了解学习者的学习诉求。诊断的目的是使教师的教与学生的学达到高度契合,使教学在学生可接受的范围内进行,有效实现教学目标。具体讲,诊断性评价的作用:①可以测定学习者开始学习时的状态和准备程度,如确定学生的家庭背景、前一阶段所掌握的知识和技能的质与量、学生学习的心理发展水平与特点、学习动机、身心状况等情况。②为处于不同学习准备状态的学生设计教学方案,基于对学生在知识、技能、能力、兴趣、个性、态度等方面特点的正确判断与分析,将学生分类,为不同的学生设计不同的课程与教学方案。③诊断性评价还能分析造成学生学习困难的原因,为提高学生的学习效率提供依据,找到方法。

2. 形成性评价

形成性评价指在课程编制、教学和学习过程中进行的评价,也叫过程评价。其目的是改进课程编制、教学设计和学习过程中的问题与不足。形成性评价的作用:①有助于了解正在形成中的课程与教学计划中的优缺点,为修订提供依据,在反复的形成性评价中通过不断反馈来调节,使课程与教学计划不断趋于完善。②有助于教师了解自己在教学目标的确定,教学方法、程序、手段的选择等各方面的长处与不足,有针对性地改进教学工作。③有助于因材施教,不断强化学生的学习。对于那些已经实现或基本实现了教学目标的学生来说,形成性评价可帮助他们及时获得成功的体验,强化其学习结果和内在学习动机;对于那些没有实现教学目标的学生来说,形成性评价有助于他们及时发现问题,在教师的指导和其他同学的帮助下,完成学习任务。

3. 总结性评价

总结性评价是在课程与教学活动结束时对其结果进行的评价,实施总结性评价的目的

在于对课程与教学计划的效力进行判断,或者对学生进行鉴定、分等,评定成绩。总结性评价在教学中的作用:①整体了解已经实施的课程方案在目标设置、内容结构、教学实施和实际效果等方面的优点与不足,对课程计划的整体效力进行判断,便于做出适当的课程选择和下一阶段的课程安排。②了解教师的教学效果与效率,为教师管理提供依据,为教师发展提供帮助。③可以确定学生在某门(某些)课程上的进步与不足,对学生的学业成就做出相应的、整体的判断,为调整学生学习方案提供有效依据,优化学生学习过程。

从"选拔适合教育的儿童"到"创造适合儿童的教育"体现的是课程与教学评价的一种转向,这种转变也体现在不同类型的课程与教学评价上。总结性评价重在发挥评价的鉴定、分等功能,判断评价对象的优劣。形成性评价和诊断性评价所关注的是学生、教师的发展与课程的完善,目的在于改善与提高。在当前的课程与教学实践中,形成性评价和诊断性评价成为占主导地位的评价类型。评价应贯穿整个教学过程,应注意运用多种方法,全面收集评价资料,并进行深入翔实的分析,提供有价值的反馈意见。

(二)常模参照评价、目标参照评价和自我参照评价

根据评价参照系的不同,课程与教学评价可分为常模参照评价、目标参照评价与自我参照评价几种。

1. 常模参照评价

常模参照评价是在评价对象集合总体中选择一个或若干个对象作为基准,然后将其余对象与基准进行比较,或者是用某种方法将评价对象排列成先后顺序,以此确定某一评价对象在总体中的地位的一种评价类型。常模参照评价是一种相对性评价。

智力测验和标准化考试就是常见的相对性评价的具体例子。比如,智力测验是以大规模的测试得到的结果作为标准(常模),将每一测验对象在该智力测验中获得的分数同这一标准(常模)进行比较,根据比较结果判断他在由所有同龄人组成的群体中的相对位置和排序。

由于相对性评价是以某一类评价对象群体的整体状况作为参照标准,这一参照标准一旦确定,任何时候和任何情况下,都可以在群体内部进行比较,评价对象即可知道自己在群体中的相对位置,在内心产生竞争动力,为其指明努力的方向。常模参照这一相对性评价适应性强,应用范围广,适合以选拔为目标的课程与教学评价活动。不过,这一评价的结果无法准确反映评价对象的实际水平,或是出现降低客观标准的"矮子里拔高个"现象,产生盲目乐观的情绪;或是产生抬高客观标准而形成"强中更有强中手"的局面,导致无休止的激烈竞争,对课程与教学产生不利影响。

2. 目标参照评价

目标参照评价是一种在评价对象之外,预先确定一个客观的或理想的标准(目标),并运

用这一固定标准评价每个对象的评价类型。这一评价标准不受评价对象群体状况的影响，评价结果只反映评价对象自身的实际水平，而与其所在的群体无关，这类评价属于绝对性评价。

目标参照评价在课程与教学实际中是一种被广泛应用的评价类型。在日常教学中，教师根据教学目标编制的单元测验，主要对学生达到预定学习目标的程度进行评价。学习目标可以被看作是绝对性的量尺，其作用是固定的，就是评价的标准。教师将学生的学习结果同这一标准进行比较，可以判断学生学习与发展情况，看其是否达标，或者达到标准的程度如何。我国高中会考就是典型的目标参照评价实例。

3. 自我参照评价

自我参照评价，也叫个体内差异评价，它是以每一评价对象自身作为参照，在个体内部进行横向与纵向比较，从而做出评价结论的评价类型。该评价类型有两种形式：①个体内部的纵向比较，即将评价对象的过去与现在进行比较，反映评价对象的发展趋势是进步还是退步，进步与退步的程度如何；②把评价对象的几个方面进行横向比较，比如学习成绩与学习动机和智力水平进行比较，语文学习、数学学习等学科学习间进行比较，从多方面了解评价对象的总体特征与发展水平，考察其发展的优点与不足。

自我参照评价观照了评价对象的个体差异，不会给评价对象造成竞争压力，同时，能动态地、综合地考察评价对象的发展变化，为评价对象提供启发性信息。

以上三类评价并不相互对立和相互排斥，教师在教学实践中要结合使用。在对小学生进行评价时，我们知道他们正处于身心快速发展的时期，可塑性大，教师要根据儿童的这一特点，用发展的、辩证的眼光看待学生，考虑到学生个体之间存在个别差异，对学生不能求全责备。学生只要取得了稍许进步，就要给予鼓励和表扬。对成绩好的学生，教师要鼓励他们拓宽思路、培养敢于求异的心理品质；对于成绩较差的学生，教师要多鼓励，让他们了解自己的优点和特长，感受自己取得进步与成功的快乐。总之，在评价过程中，教师发挥常模参照评价、目标参照评价作用的同时，还要发挥自我参照评价的作用，坚持以个体为主的评价标准，突出正面鼓励性评价。

(三)自我评价和他人评价

根据评价主体的不同，课程与教学的评价可分为自我评价与他人评价。

1. 自我评价

自我评价就是评价者根据一定标准对自己进行评价。比如，在学校层面，学校对课程目标、课程结构、课程组织进行的自我评价；在教的方面，教师对自己的教学思想、内容、方法、态度及教学效果的评价；在学的方面，学生对自己的学习成绩、态度、方法及学习效果等方面的评价，都是自我评价在课程与教学评价中的具体表现。由于评价者就是评价对象自己，人们也称这一类评价为内部评价。

组织有效的自我评价,有助于激发评价者的主动性和自信心,使之自觉地、主动地接受评价。自我评价中,评价者非常熟悉自身情况,增加了评价的效度,同时,开展自我评价能增强评价者自我评价的意识与能力,帮助评价者自我教育、自我提高与自我完善。相比较而言,由于自我评价缺少外界参照系,导致评价者或高估或低估自己,使自我评价对问题、成绩的评估或评价结果或多或少会产生一定偏差。

2. 他人评价

他人评价就是指评价对象之外的组织或个人依据评价标准对评价对象进行的评价活动。比如教育行政部门对学校课程与教学进行的检查与评估;学校领导、同行教师对教师教学工作进行的评价;教师对学生学习的评价等,都属于他人评价。由于评价者不是评价对象自己,因此,人们也称这一类评价为外部评价。

同自我评价相比,他人评价比自我评价更为客观、真实,可信度更高,更容易让人看到成绩与问题所在,更有益于评价对象总结经验,相互学习,共同提高。但他人评价耗费的时间和人力较多,组织起来较为困难。

在课程与教学评价中,有意发挥他人评价作用的同时,要注意发挥学校、教师、学生自身在评价中的作用,提高评价者的主体意识,使评价过程成为评价者自我教育、自我发展、自我提高与自我完善的过程。

第三节 课程与教学评价版块及其实施

学校教育通过课程与教学对学生发展产生直接影响,课程与教学之所以能对学生的发展产生实际影响,是因为课程与教学由相互联系的构成要素组成了一个功能体系在课程与教学实施过程中共同作用,发挥应有的功能,最终实现课程与教学的育人目标。根据这一逻辑关系,评价主体在对课程与教学进行评价时,要深入其组成要素内部,通过对各组成要素价值与功能的评价,实现对课程与教学整体的评价。课程与教学在实践中是无法分割的统一体,评价主体在对其功能进行评价时,要依据一定的逻辑关系将其分成相互关联的版块,如根据构成主体及其主体的系统化活动可分为教师、学生、课程体系和教学体系。因为教学体系包含在课程体系的目标实现过程中,是课程的实践环节,因此,课程与教学评价版块可分为教师、学生、课程体系三大版块。下文将分别介绍课程体系的评价实施、教师教学活动的评价实施、学生学习活动与成就的评价实施。

一、课程体系的评价实施

课程体系是一个系统,不仅包含课程体系目标、课程体系设计、课程体系实施、课程体系评价等诸多要素,还包括各个要素之间的相互关系和相互作用。课程体系评价是对课程体系目标、课程体系设计和课程体系实施等方面进行的价值评判和实际功能实现程度的评判的实践活动。课程体系评价是一个持续而循环的过程,课程体系目标、课程体系设计、课程体系实施、课程体系评价之间不是线性关系,而是一种动态关系(见图6-1)。它们之间相互影响、相互联系,有一个互动的过程。课程体系评价与课程体系目标、课程体系设计和课程体系实施密切相关、不断互动并相互施以影响,最终达到有效构建课程体系和推动课程体系发展的目的。

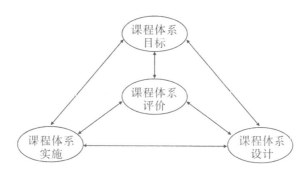

图6-1 课程体系评价内容及其内在关系图

课程体系评价始终与课程体系建设同步,评价从课程体系目标开始,课程体系设计和课程体系实施阶段也要运用评价手段检查它们是否适合于目标,以便随时进行修改。在对目标实现程度进行判断后,课程的评价并没有结束,评价结果将被反馈到方案的设计中去,作为修订目标、改进教与学、提高教学效果的依据。因此,课程体系的评价应该是形成性评价和总结性评价的结合。形成性评价强调过程的评价,它要求收集课程体系建设中各个阶段的信息,并随时加以修正;而总结性评价关注效果的评价,是对课程质量"整体"的看法。其焦点是整个课程计划的有效性,就课程计划是否有效做出结论。确定课程体系目标并将其细化,依据目标细化表进行课程设计,形成课程计划;根据课程计划实施教学,产生课程成效;课程评价一方面对每个阶段进行评价检查,另一方面对整个课程效果进行评价。课程体系评价的任务是根据课程体系目标的细化表制定评价标准,采集课程体系各环节的相关信息并对其做价值评判和实际功能实现程度的评判,为课程体系提供有效的反馈信息,以推进课程建设,促进教学质量的提高。

概而言之,课程体系评价主要包括课程体系目标评价、课程体系设计评价、课程体系实施评价和课程体系效果评价四个方面,见图6-2。

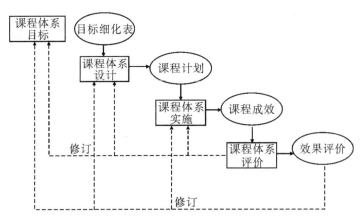

图 6-2 课程体系评价

(一)课程体系目标评价

课程体系目标是课程体系的灵魂,是整个课程体系设计工作的基础,是课程体系评价的根本标准。为了避免课程体系出现目标与需求脱节、目标描述过于笼统和程式化以及具体课程的目标不明确和不可测量等问题,需要对课程体系目标进行评价。

评价主要对目标定位、目标确定的依据和目标陈述进行观测(见表6-1)。

表 6-1 课程体系目标评价表

主要观测点	评价标准
目标定位	1.定位明确,对学校人才培养目标的达成起重要的支撑或促进作用 2.符合教学指南的要求 3.能促进学生知识、能力和素质的协调发展
目标确定的依据	1.有课程理论的支持 2.有需求分析研究结果的支撑
目标陈述	1.细化课程目标,明确目标要求应达到的程度 2.陈述清楚、可供操作、可测量

1.目标定位

课程体系目标是一个具有多层次、多结构的系统,包括课程体系总目标、课程结构目标和具体的课程目标。以英语学科为例,英语学科课程体系总目标是培养学生的英语应用能力;课程结构目标确定为精语言、懂专业和通文化三个主要方面;具体课程目标指培养学生英语交际能力、学术英语交流能力、职业英语交流能力、跨文化交际能力、外语实践能力、自主学习能力和人文素养。课程体系目标要求符合"学科课程标准"、教学指南的目标定位,目标涵盖知识、能力和素质要求,实现学生知识、能力和素质的全面发展。

2. 目标确定的依据

泰勒原理认为课程目标是预先设定的,来源于学生、社会和学科。而多尔认为课程目标具有一定的生成性和创造性,教育活动的丰富多变性会给目标带来不确定性,会"生成"新的目标。多尔提出的目标动态性弥补了泰勒提出的目标固定性的缺陷,以上两种课程目标的合理结合为课程体系目标的确定提供了理论依据。

确定课程体系目标,要先进行目标的需求分析。目标的需求分析是课程体系目标确定的起点,评价的第一步。课程体系目标的需求分析内容:①人们需要课程体系完成什么任务,以确定其需要;②为了适应各种需求和需要的情境变化,在对存在的种种"差距"完善的基础上,确定相应的目标。

国家、学校以及学生对课程体系都有不同层次的需求,这些需求体现出高层次和多样化。需求分析的过程就是要把这些主观和客观的需求转换成可行的目标体系。

3. 目标陈述

评价的目的在于了解目标实际实现的程度,这就要求目标陈述要清晰,可操作、可应用、可测量。为了使具体课程目标具有可操作性,教师可参考"学科课程标准"、教学指南的目标要求,结合学校实际情况、师生发展需要,将课程目标细化为逐级明确的可操作、可观测的指标体系,并对具体课程目标应达到的程度进行详细陈述。

(二)课程体系设计评价

一定的培养目标一定是需要一个与之相应的课程体系来服务它,将观念目标转化为现实成果,为此,人才培养的规格和具体要求应全面包含在该课程体系中。在课程体系设计过程中,学校对培养目标和培养规格做了明确规定,但在具体授课过程中,某些知识、能力和素质的培养要求很难在教学中执行,出现不可测或不具可操作性的现象,出现知识、能力和素质培养的"空档";加之,培养目标是概括的、宏观的,课程体系在多大程度上才算实现了培养目标,所设科目对培养目标的贡献有哪些,有多大并不确定,导致部分培养目标难以实现。很多学校在课程体系设计过程中都会遇到此类问题,因此,这也成了课程体系评价需要关注的重点方面。

课程体系设计的关键是使课程设置有效对接课程体系培养目标,使目标要求能在相应的课程和教学环节得到强化,最终实现。这也意味着对课程体系设计评价的主要观测点是目标与课程间的培养关系、课程设置和课程计划(见表6-2)。

表 6-2 课程体系设计评价表

主要观测点	评价标准
目标与课程间的培养关系	1. 目标转化为培养规格 2. 目标与课程对接,目标要求落实到具体课程和教学环节中 3. 每一项目标具有完整的培养过程
课程设置	1. 课程设置符合教学指南的要求 2. 课程体系结构合理,能体现语言学习的渐进性、持续性和连贯性 3. 课程体系内容合理,能够体现现代教育思想,符合教育规律,反映学科的最新发展成果和教研成果,具有基础性、系统性、先进性、适应性、针对性和校本特色
课程计划	1. 较好地执行《教学指南》对课程设置的要求 2. 对开设的课程、课型、学时和学分有明确规定 3. 较好地协调课程各要素之间的比例关系 4. 能够满足学生不同的英语学习需求

1. 目标与课程间的培养关系

课程体系是一个系统,课程之间的内在联系是整个系统的"黏合剂",它将各课程组成一个联系紧密的"人才培养整体"。高质量的课程体系完整地体现出课程目标与课程间的培养关系。培养目标是人才培养在知识、能力和素质方面应达到的基本规格和质量标准的预期。为实现课程培养目标,体现人才培养功能,教师需要将知识、能力和素质等有关培养目标分解,落实到具体的课程培养功能上。很多学校在确定培养目标后未能将培养目标和人才的知识、能力和素质培养规格联系起来,也没有对人才的规格进行详细具体的陈述,致使培养目标在现实中不可操作,无法循序渐进地推进。最终预期目标的达成度也难以被观测和检验,影响人才培养目标的实现。解决上述问题的核心是理清和明晰目标和课程的关系,使培养目标真正落到实处。

国内外已有学者对目标和课程的关系进行了深入的研究和分析。

陈玉琨(1999)提出课程体系的交互影响分析方法。他通过分析课程与目标的交互作用关系,确定课程对目标的支持程度,获得优化课程体系的依据;通过计算支持目标的课程的多少和程度,以确定目标可能实现的程度;通过分析课程体系,可以判断课程是否合适,可以了解哪些目标得到了实现,哪些目标没有得到实现,然后改进课程体系。

美国学者康拉德(1978)提出,围绕学生能力培养进行课程体系设计关键要素有三个:①明确阐述具有可操作性和可评价性的能力培养目标及其要求;②为目标中的每一项能力找到能够帮助学生达到要求的相应课程和教学环节,以此构建课程体系;③提供评价所有能力目标达到某种程度的标准和评价过程。

随着国外课程地图的流行,学生学习成果或学习产出进入课程体系研究领域。学生学习成果注重学生学到了什么,描述对学生特定的学习期望。学生学习成果明确表明学生完成学业时应具备的知识、能力、素质和人格的人才培养理念,其重要的方法之一是将课程设置与学习产出关联。

为了进一步明确具体课程对目标的培养层次,需要在目标与课程之间建立起某种培养关系。结合目标的知识、能力和素质的具体要求,教师根据课程内容确定目标培养层次,具体包括介绍或初步培养、强调、加强、更高水平。

介绍:教学活动只关注基本的知识、技能或能力,只有目标的一个或少数方面在课程中得到培养,并且为初级复杂度。

强调:教学活动集中于增强和强化知识、技能或能力以及拓展其复杂性。目标成分在课程中都是单独培养的。

加强:教学活动在先前的知识、技能或能力的基础上得到继续加强并提高复杂度。所有目标成分在整体和综合环境中得到培养和锻炼。

更高水平:教学活动聚焦于各种环境以及不同复杂度情况下的内容或技能应用,期望拥有更高层次的知识、技能。

目标的培养层次表明:①每一项目标要求都涉及从初次培养、强调、加强到更高水平的培养过程;②每一项知识的获取、能力的培养和素质的提升需要相应课程的共同作用;③每一项具体的知识、能力、素质培养目标是在不同难度要求的课程中介绍或初步培养、得到强调、进一步加强以及达到更高水平;④并不是每一项培养目标都涉及整个培养过程,尤其是更高水平的培养。

总之,明晰目标与课程间的培养关系有助于精细化课程体系,从而提高课程体系设计的可操作性和实效性。

2. 课程设置

课程设置是培养目标在学校课程计划中的集中表现。评价课程设置主要判断所设置的课程是否符合培养目标的要求及"学科课程标准"、《教学指南》的要求,课程体系结构和内容是否合理。

为了使课程设置有效对接课程体系目标,可尝试构建模块化的课程体系结构和内容体系。在课程内容方面,教师采用顶层设计的方法,在确定课程体系需要培养的目标要求后,将其转化为培养规格,即具体的知识、能力和素质等教学目标,将培养规格与从某一学科知识体系中筛选出构成课程体系的模块结构一一对应,再将课程结构目标中的模块分解,生成课程及其内容,形成某一具体学科课程内容体系。

整个内容体系具有系统性、针对性,适应不同层次学生的学习需要,有助于学生知识、能力和素质的协调发展以及学生各方面的可持续培养。

3. 课程计划

课程计划是课程设置的整体规划,是根据课程体系结构和课程内容体系,规定所列不同课程的互动、协调方式,规定课程目标主导下的课程体系学习的要求及其比例关系,对课程各要素都进行了比例、比重、开设顺序、课时分配上的整体安排。课程计划具体是指课程各模块以及课程各模块的分级层次、课时比重、学分比例、学期与学年及假期的划分。课程计划能较好地执行课程设置的要求,对开设的课程、课程类型、学时、学分及教学模式有明确规定,对不同分级层次学生制定不同的教学目标,合理分配课程模块与课时比重和学分比例,进行个性化教学,满足了学生不同的学习需求。

概而言之,依据课程体系结构和课程内容形成的课程计划符合既定的课程体系培养目标,保证知识、能力和素质目标的培养落实到具体课程和教学环节,使人才培养过程不偏离培养目标。

(三)课程体系实施评价

课程体系实施是课程计划的具体实施过程,就是将既定的课程通过一定的教学手段和方式与学生发生联系,将课程内容转化为学生认知结构、实际能力、个性品质、社会行为,最终实现预期课程目标的过程。这里将以课程建设、教学资源、教学模式、教学方法、教学管理、师资队伍六方面作为课程体系实施评价的主要观测点(见表6-3)。

表6-3 课程体系实施评价表

主要观测点	评价标准
课程建设	1. 有总体思路、具体计划和配套措施,执行良好,成效显著 2. 重视导学课程,开展适应性教育。重视外语教学实践体系建设,开展外语实践活动和竞赛,参与面广,效果明显 3. 能根据目标要求更新和拓展教学内容,建设校本特色课程,成效显著
教学资源	1. 具备语言实验室、自主学习中心等硬件环境,有供学生网络学习的电脑、校园网等网络设备,有校园外语电台、录播室等硬件设施,能满足语言教学要求 2. 重视运用信息技术搭建网络教学平台,平台资源丰富,能为师生的教与学提供优质教学资源 3. 校本教学大纲、课程大纲等课程文件齐备 4. 有科学的教材选用制度,执行情况良好,重视教材建设,成效显著 5. 建有教材配套的网络教学系统,资源丰富,能满足教学需要

续表

主要观测点	评价标准
教学模式	1. 大力推进最新信息技术与课程教学的融合,提高教师使用信息技术的能力 2. 利用网上优质教育资源改造和拓展教学内容,实施基于课堂和网上在线课程模式的混合式教学模式 3. 鼓励教师建设和使用微课、慕课、精品资源共享课等
教学方法	1. 积极推进教学方法改革,能因材施教,根据课程内容和学生特点运用多种合适、有效的教学方法 2. 重视研究型教学,措施得力,成效显著 3. 有效促进学生自主学习能力发展
教学管理	1. 教学规章制度健全,教学过程管理规范、有序 2. 教学管理的信息化程度较高,建有网络教学管理平台和数字化教学管理档案 3. 有完善的教学质量监控和评价体系,运行良好
师资队伍	1. 师资队伍整体结构合理,发展趋势良好 2. 组建教学和科研团队,搭建教师发展平台,效果显著 3. 通过多种途径有效促进教师专业化发展

1. 课程建设

课程体系的建立使课程目标更加具体化,更容易在师生互动的教学过程中操作,也便于对课程目标实现的程度进行评价,教学内涵变得更加多元化、个性化;基础知识和技能提高不再是教学中的唯一目标,培养学生的实践应用能力成为课程与教学改革的新目标取向,课程体系及教学内容也向学生应用能力的进一步提高和向更高层次及更宽知识面进行拓展。

在课程内涵建设中,学校将导学课程和实践教学活动纳入课程计划,成为课程体系建设的新尝试。导学课程的开设可有效帮助学生完成教学层次前后衔接,适应较高层次的教学。实践课的设置激发了学生的学习热情,培养了学生理论联系实际的实践能力。根据课程目标要求,教师不断更新课程体系,进一步拓展教学内容,依据社会及行业需求、学校人才培养特色、不同学生群体需求和个人兴趣,开发新课,丰富教学内容,优化课程体系,更好满足学生的个性化学习需求,实现人才培养的个性化、多样化、全面化。

2. 教学资源

学校重视信息技术在课程建设和教学创新中的作用和应用,引入信息技术,按照数字化要求进行教学资源建设,支撑课程体系,提高教学效率。学校在硬件上,建成供教学使用的多媒体网络教室的教学场所、教学网站、实验中心的实验实践场所等,使用诸如多媒体计算机、投影机的教学设备;在软件上,形成融自主学习、课堂教学和课外实践于一体的立体化教学环境。

3. 教学模式

处于信息技术与互联网普及化的背景下,面对在线教育和数字化教材、慕课电子书包等多样态课程共存的新形势,教师要发挥信息技术的作用,大力推进新信息技术与课程教学的融合,改造、利用教学网络平台和网上优质教育资源,拓展教学内容,实施线下课堂和在线课程的混合式教学模式。为提高教师信息技术素养和教学设计能力,学校开展以提升信息技术应用能力为目的的培训,鼓励教师建设和使用微课,同时,结合学生实际,研制融助学、辅教、测试和管理为一体的多媒体网络课件,为学生提供内容丰富的、开放式网络学习环境。

4. 教学方法

课程体系的有效实施根本上有赖于教师主动更新观念,积极改进教学方法。在领会课程体系的目标要求,了解教学内容特点的基础上,学校鼓励教师学习各种教学法之长,尝试和探索各种有效的教学方法,如启发式、互动式、探究式、自主式、讲座式、实践相结合的教学方法。为调动学生学习的主动性,教师鼓励学生利用多种资源自主学习与探究,让学生通过导学课程讲解、自主学习指导、学习策略讲座等,挖掘自主学习资源。教师通过学习过程监控和评价等方式,为学生打造自主学习的环境,促进学生自主学习能力的形成,激发学生的研究意识。

5. 教学管理

教学管理是基于管理理论,遵循课程与教学论的原理与方法,采用一定的管理技能,统筹教学各要素功能的发挥,保障课程体系的有效运行、实施,提高教学效率的过程。为保障课程体系的实施和提高教学质量,学校在教学管理中要做到:①牢固质量意识,健全教学规章制度,采用规范性、精细化、过程化、人性化和信息化相结合的管理方法,做细落实教学各环节;②强化过程管理,有效解决分级教学管理、自主学习管理和选课管理中出现的不同问题,实现教学过程中各环节间的有效衔接;③推进教学管理的信息化,运用信息技术和相关软件,实现教学管理的数字化、智能化,为课程教学提供客观、必要、实时的反馈和依据;④建立教学质量监控和评价体系等管理措施,实行学生评价、同行评价、督导评价和社会评价相结合的多元评价机制,通过科学管理保障课程体系的有效实施,提升教学效率。

6. 师资队伍建设

在影响教学质量的各种因素中,教师的专业水平和教学能力是较为突出的重要影响因素,也是保证课程体系实施的关键所在。师资队伍建设是提升教学质量的长效机制,具体措施如下:①强调树立终身学习理念对教师专业发展的重要性,增强教师职业发展动机和意识,根据专业发展目标制订具体计划并付诸实施,将专业化贯穿于教师的整个职业生涯中;

②根据师资情况对教师的专业化发展做出整体规划,提出实施方案,建立包括教师的职前专业培养、入职专业辅导、在职专业提高的一体化教师专业发展制度,分层、分阶段推进教师专业化发展;③通过组建教学团队和教研项目团队,为教师搭建专业发展平台;④通过实际的专业发展引导和建立长效的教师队伍建设制度和机制,建立师德高尚、业务精湛、结构合理、充满活力、高素质、专业化的师资队伍,这是保障学校教育教学可持续发展的根本动力和依托。

(四)课程体系效果评价

课程体系效果评价就是在课程体系和教学内容按照课程目标和课程计划完成后,检验课程体系整体实施过程的效果和价值,也就是检验课程体系的目标是否达成,课程体系实施的效果是否显著。一般情况下,课程体系目标是培养学生的实际应用能力。课程体系目标分为课程结构目标和具体课程目标,这些课程目标分解细化为目标要求,并转化为知识、能力和素质教学目标,具化为课程培养规格的细化标准,与具体课程和教学环节一一对应。因此,对课程体系效果的评价是通过对课程培养规格的细化标准的观测实现的。学校可采用教师评价、社会用人单位评价等方式评价课程体系目标是否达成,通过课程特色和效果评判课程体系目标达成的效果是否显著。

二、教师教学活动的评价实施

教师教学活动评价的内容包括教师的教学素质、教师的教学态度、教学准备、教学操作过程。下文将介绍每一项的具体内容。

(一)教师教学活动的评价内容

1. 教师的教学素质

教师从事教学工作必须具备一定的胜任教学工作的教学素质,比如必要的基础知识和专业知识、较强的沟通与表达能力、高尚的师风师德、健康的心理、各种教学技能、胜任工作的身体状况等。全面的、高水平的教学素质决定教师教学活动的质量、学生发展的满意度、教育教学育人功能的实现等。对教师进行教学评价时,教师的教学素质是必须考虑的因素之一。学校通过对这一因素的考核和评价,能够极大地引起教师群体对自身专业能力、职业道德和教育素养的重视与建设,在工作中主动研修,更新知识,改善知识结构,增强能力,为提高自身教学质量,探索新的教学领域、攀登更高水平的专业高度奠定可靠基础。学校对教师教学素质的评价涵盖的主要方面包括:①对各种知识掌握的程度和知识结构的合理性。比如能同时熟练掌握基础理论知识、专业知识、文化基础知识及相关学科的知识;教师所具备的知识结构是否合理,是否符合教学要求,是否能满足教学及育人的需要等。②各种业务能力的具备程度和能力结构的合理性。它具体指是否具备教学所需的表达能力、教学设计和组织能力、教学反思能力、科研能力、评价能力、驾驭课堂及课外活动的组织管理能力等。

③师德师风及政治理论水平。这是对教师思想素质方面的考核。它具体指教师本身的政治思想觉悟、世界观、思想方法、教风、生活和工作作风以及为教书育人工作所必备的道德价值观等。

2. 教师的教学态度

教师的教学态度其实质是教师对教学工作能做好而肯不肯做好的问题。学校评价考核教师的教学态度主要通过职业责任感来评价。职业责任感包括教师是否忠诚党的教育事业,是否热爱本职工作,是否安心于教育教学工作,是否严格要求自己、认真备课,是否关爱学生、是否对学生的发展认真负责,是否做到言教身传、教书育人,等等。

3. 教学准备

教学准备是顺利完成教学任务,保证教学质量的重要起始环节。考核教师教学准备工作,结合实际,归结为以下三方面:①了解学生。教师只有对学生进行摸底,了解和掌握学生的学习基础和身心发展水平,对学生的心理认知水平和可接受程度做到心里有数,在教学设计和教学实施过程中,才能做到按照学生总体要求和个体差异因材施教,保证教学效果和教学质量。学校可以通过教师是否勤于观察了解学生、是否与学生保持紧密联系、是否了解学生的发展需求、教学是否具有针对性、是否对学生友爱等方面对教师进行评价和考核。②教材的准备。教师在授课之前,保证所选教材适合学生身心发展水平。教师准备教材不只是选定教材,最重要的是熟悉、消化和整体掌握教材。教材准备的高阶表现是教师善于将教学理论与教学实践相结合,准备自编教材。对能够自编教材的教师,学校在考核自编教材的质量和水平的基础上,应给予高度评价和积极反馈。③备课和编写教案。备课和编写教案是教学准备的实体表现形式。在备课和编写教案方面,学校既要考核教师所编教案的完整性、合理性、知识系统性,还要考核评价教案的学理性和应用价值。

4. 教学操作过程

对教师教学操作过程的评价可以说是教师教学活动评价过程的主体部分。一切教学方法的应用、教学环节的设计、教学活动的实施完成以及教学效果的取得都要通过具体教学操作过程来实现。教学操作过程包括课程设计、课堂讲授、课外辅导、实践教学等多个环节。

课堂讲授的内容不限于理论概念、基础知识,实验、课程设计等环节也离不开课堂讲授。评价课堂讲授效果的标准包括授课内容的完整性和系统性,教学方法的灵活应用,语言表达效果,教学可接受性、启发性、灵活性和趣味性,教学对自身科研成果的消化和引进等。教学对实践的考核和评价包括教师本身的实验动手能力、操作技能、实验指导的有效性和效果等。对课外辅导工作的考核包括批改作业的数量和质量,答疑的次数和效果,为学生补课的情况等。对课程设计的评价主要包括课程设计方案编写是否充分反映课程教学目标,教师对课程设计方案熟悉和消化的程度,课程设计组织的有效性,设计方案的指导效果,等等。

(二)教学评价的组织与实施

为达到教学评价的诊断、优化、激励、发展目标,在教学评价正式实施的过程中,学校应按照教师素质构成要素的类别,分层次、有针对性地提出对应的评价指标(观测点)体系,比如教师素质构成要素按类别可分为知识、能力、素养。它所对应的评价指标为知识对应知识类别掌握情况和知识结构等;能力对应教学能力、语言表达与沟通能力、课堂组织管理能力等;素养对应道德素养、信息素养、科学素养等。除此之外,学校倡导多元评价模式,扩大教学评价主体的范围,将社会、社区、用人单位、第三方评价机构、课程专家、教育工作者、学生、家长等个人或组织纳入评价主体中来,实现教学评价的客观、全面、可信、有效。学校实施教学评价始终要秉持提高教学质量这一指导思想,将激发教师教学的内在积极性与有效利用外部资源相结合,实现教学的价值。

学校在评价教师教学活动的过程中,应做好以下几个方面。

1. 制定恰当的、客观的评价指标体系

教学评价的关键是要根据评价的内容确定科学的、客观的评价指标体系。评价活动直接指向全面获知教师教学活动的效果和水平,发现其中的问题,并解决问题,为教师提升教学质量提供合理依据和有效帮助。因而,具体评价指标体系的考量和审定一方面要考虑各种客观的外部环境因素的具体影响作用,另一方面还要考虑在整个教学过程中,那些稳定的与教师教学活动相关的反映教师主体能力、情感、态度、心理的特质,保证评价的客观、公正。评价所涉及的要点包括教师教学活动的水平、实力,工作的进展和运行情况,所取得的成效和成果。

确定评价指标体系要做到以下方面:①系统、全面地体现教师教学活动的所有方面。②结合实际,客观、真实而准确地反映评价项目所要求的基本内容及内涵。这就需要针对不同学科、不同课程的具体特点来分别确定指标体系。比如理论课与实践课,文化课与素质课,等等,不同类别的课程对应有不同的评价指标体系。③评价指标的描述要简捷,重点突出,易测易行,便于操作。尽可能地优选出那些客观的、能真正反映教师教学水平及教学效果的指标,构建结构合理,功能齐备的评价指标体系。当然,评价指标不应太繁、过细。根据教师教学工作的具体特点,评价指标应以定性分析为主,量化计算为辅。

另外需要注意的是,评价指标体系在充分征求被评教师的意见,征得他们认可和接受之后才能确定,避免出现教师对评价工作的逆反心理和抗拒心理,尽量保证教学评价工作调动教学积极性、提高教学质量功能的有效发挥。

2. 采取合理的评价方法

在评价教师教学活动时,采集评价观测值的方式主要有:①直接从评价对象本身提取。具体方式有听课、查看教案或备课笔记、被评教师亲自填写实测表格等;②从学生中提取。具体方式包括对学生进行问卷调查、组织学生座谈、要求学生为教师打分等;③从同行或专家组中提取。具体方式包括组织教师座谈、对教师的教学水平及教学效果进行集体评议或投票等。这三种形式在具体评价过程中被穿插和结合使用。需要注意的是,评价观测值采集的过程中要重视第一手客观材料的采集,尽量减少主观性因素的干扰。

鉴于教师教学工作的具体特点及评价中定性分析多于量化计算的情况,对教师教学活动的评价结果以分级描述为好,即对应评价结果 A、B、C、D 四个等级,分别表述为教学效果好、教学效果较好、教学效果一般、教学效果差。

3. 对评价结果进行总结

教学评价工作在完成了对教师教学活动水平分级和给出考量结果后,将告一段落,但此时,教学评价工作并未结束,接下来的重点是对整个评价结果进行质性分析,查找差距,分析问题,总结经验,制定相关政策与规定,奖优罚劣,寻找问题解决的方法和出路等。教学评价的组织单位需要做的工作包括制定教学评价实施方案、制定有关奖惩条例或规定、对优秀和先进的人或事进行嘉奖、对表现差强人意的人或事给予一定的鼓励和指导等,使教学评价的实效性得以充分体现。

三、学生学习活动与成就的评价实施

学生学习活动与成就的评价指对学生的学习过程和学习效果的全面评价,简称学习评价。

(一)对学生学习评价的目的与意义

传统的学习评价以知识技能培养目标为依据,重在甄别和选拔。随着人们对教育研究和认识的深入,现代学习评价不再将重心放在终结性评价结果和学生学习成绩的评定上,逐渐转向对学生学习过程表现的评价,侧重学生的知识构建能力、知识应用和真实任务完成的能力、问题解决的能力,关切学生的学习背景、学生情感、态度、价值观的形成,关注丰富而有意义的情境学习对学生多元智能的发展,等等。就当前来看,对学生的评价不再限于既定的学科培养目标,而是采用多种方式和多元评价,打破评价主体单一、评价方式单一的传统,将学生的自评与互评、家长评价、社区评价等纳入学习评价中。

融入了全新理念的学生评价对学生发展、对教师教学都具有重要意义。

1. 学习评价对学生发展的意义

1)了解自我,增强学习信心

实施多元评价标准彰显了学生的不同个性;自由评价关注教学情境中有意义的学习和活动任务,增进了学生多方面智能的发展;学习评价关注学生的学习背景和学习基础,使学生在了解自我的同时,发现自己的不足与特长,明确学习的方向,增强学习的信心,促进不同学生的优势获得更好的发展。

2)学会反思,提高学习能力

全新的学习评价鼓励学生反思学习实践过程、方法和态度;分析学习结果和知识、技能掌握的程度;了解教师、同学对自己学习的肯定、不满与期望;促进学生在自主性学习和情境

学习活动中学会自我反思、自我分析、自我评价、自我决策,帮助学生获得自我持续发展的能力。

3)提高学生解决实际问题的能力

对学生评价尤其重视其对知识构建和真实任务解决的能力,要求教师为学生提供任务型的教学实践环境,创设问题情境,增强学生实践意识,积极尝试解决生活中的实际问题,善于思考,敢于发表个人见解,勇于实践创新。

2. 学习评价对教师教学的意义

1)有利于了解学生,因材施教

通过对学生学习的评价,经过一系列的评价过程,有利于教师清楚地了解学生个体间的差异,了解不同学生的特点、学习中存在的问题和学生个体进步的程度,有针对性地因材施教。

2)认识教学效果,改进教学设计

教师对学生作业进行评定的过程也是对教学工作自评的过程。学生的作业完成情况和质量在一定程度上能反映教学的效果,教师从学生作业的直观反馈中,可以分析出学生学习任务和教学目标的实现程度,反省教学中存在的问题,帮助教师进一步改进教学设计,优化教学过程。

3)完善教学管理

成绩评定是学习评价,也是教学管理的重要组成部分。教师对学生学习过程和成就的评定为学校提供学生学业表现的客观依据,促进学校在课程与教学改革、人才培养方案和教学管理制度的制定和完善中从学生发展需要出发,并通过科学化和人文化的管理过程与教学之间形成协同互动的育人功能,提升学校整体的教学水平,优化学校的育人环境。

(二)对学生学习评价的类型及方法

从不同的评价角度出发,就会有不同种类型的评价。布卢姆按教学评价功能,将教学评价分为三种类型,即诊断性评价、形成性评价、总结性评价。继布卢姆之后,Ellen Weber 提出学生评价的四种类型:①真实性评价指教师真实的生活环境中对学生的表现做出的评价;②表现性评价指教师定期观察学生的表现并给予的评价;③形成性评价指评价结果能够指导后来的教学与学习的评价;④终结性评价指每一单元或每一课后,教师为检测学生在该单元或课中学到的技能和知识而做的评价。美国出版的《教学行为指导》一书将学习评价分为两类:一为形成性评价,指教学行为过程中的评价;二为总结性评价,它指教学行为完成之后教师对学生的学习进行的最终评价,其中教师会对学生的成绩和进步进行总结,采用测验、考试的方式进行成绩评定。

对学生学习活动的评价类型有多种,这里将着重对过程性评价和总结性评价进行说明。

1. 过程性评价

过程性评价是指在教学进行过程中教师对学生学习及其表现予以即时反馈的一种评价类型。这种评价从学生的学习准备、学习态度与动机、学习投入程度、发言表现、合作学习表现、作业表现、创新思维、知识技能掌握应用情况、常规表现等方面对学生进行评价。教学过程中，教师不会用过长时间进行评价，为了在合理、有效的时间范围内对学生进行评价，使学生自我认知有效形成，促使评价反馈对学产生深刻印象，抓取到学生学习过程中的表现，教师多用口头反馈的评价，学生用口头自评和互评的方式进行学习评价。

过程性评价在实施的过程中有一定的标准，具体表现：①对学生知识掌握情况的评价，教师以学过的或正在学习的知识目标为准进行评价，但也涉及教学情境中丰富而复杂的交流内容中有意义的学习内容，因此，对其评价的标准是有意义的学习内容和知识的准确性、启发性、建构性及其丰富程度；②对学生技能的评价，教师以某一课或单元学习的操作程序与方法为准，允许学生有创新和突破进行评价；③对其他方面的评价，教师可按常规要求或根据教学过程的实际需要，灵活评价。

2. 总结性评价

总结性评价指在教学的最后阶段或结束时，教师对学生学习所作的总结性判断和评定。总结性评价分为两类：一是综合性总结评价；二是对学生作业的评价。

1）综合性总结评价

综合性总结评价指教师通过观察学生学习中的表现，并结合学生学习结果，汇总学生自评、互评等信息，对学生个体或全体的学习所做的较为全面的综合性评价。所采用的方法可以是口头的或诉诸文字的，也可以是学生交流式的自评与互评方式，或是由学生填写综合性总结评价表格自评或互评的方式。

2）对学生作业的评价

对学生作业的评价是指教师对学生作业质量的优劣给予的评定。学生作业包括课堂作业、实践作业、调研报告等。教师所采用的评价方法有结课环节的作业评价、作业成绩评定、期末成绩评定等。

总结性评价也要遵循一定的标准，教师以教学目标和学习计划相结合为依据，充分关注学生的学习背景，关注学生对内容的理解、知识的构建、创新意识的激发、实际问题的解决等。评价表现出多元性。

（三）对学生学习评价的原则

1. 导向原则

学习评价使学生在学习过程中认清学习目标，深入理解学习内容，为其学习指明方向，为高质量的学习做好准备；使学生进一步了解自己在学习方法、思维方式、解决问题上存在的问题，明确学习有待改进之处。

2. 促进原则

评价是为了给学生学习提供具有互动性和提升性的信息反馈,使学生对自己的学习表现和成就有更深入的了解,引起学生对自己学习行为的进一步反思,发现自己的优缺点,增强学生学习的主动性,激励、鼓舞学生积极进取。

3. 尊重个性原则

评价要建立在尊重学生个性差异的基础上。这既是学习评价的难点,也是其必须遵循的原则。教师需要对学生的个性表现有深刻的理解和敏锐的判断,要善于把握不同类型学生的个性特点。

4. 慎重原则

学生对学习评价的结果极其重视,以评价结果来判定自己的学习能力。教师或其他评价主体在实施学习评价的过程中,要持有审慎的态度,科学的方法,合理的方式,关心学生发展的初心和责任心。高质量的评价是值得信赖的,是有温度的,是坚守"一切为了学生发展"的教育信条的。

四、课程与教学评价的问题及其改革

(一)课程评价的问题

1. 课程评价中存在的问题

课程成为专门研究领域的历史已有 80 多年。进入 21 世纪,课程研究领域出现了新的发展趋势和动向,同时伴随学科发展也出现了许多现实问题,比如在课程评价中,人们已经发现了其中掣肘学科发展的问题,也在为解决这些问题而继续探索和研究。

在对课程评价问题的讨论中,关于课程评价功能的解释是淡化甄别功能,突出选拔功能。它在理念上明确主张"建立评价项目多元、评价方式多样、既关注结果又更加重视过程的评价体系,突出评价对改进教学实践、促进教师与学生发展的功能,改变课程评价方式过分偏重知识记忆与纸笔考试的现象以及过于强调评价的选拔与甄别功能的倾向",规定的具体目标是"改变课程评价过分强调甄别与选拔功能,发挥评价促进学生发展、教师提高以及改进教学实践的功能"。

以上关于课程评价问题的讨论反映了两方面的变化:一是要改变过分强调选拔功能的倾向,改变偏重知识记忆和纸笔考试的现象;二是评价要走向多元化、多样化,重视过程评价、发展性评价。这两方面的变化是明确的,也是具有一定理论性意义的。课程改革中,关于课程评价实践的规定有以下几个方面:①以上所讨论的新的课程评价理念基本上已被实践者熟知,他们在实施评价的过程中,或多或少地都能再现这些理念,以这些理念来解释他们的课程评价实践,这意味着理论认同,也意味着实践是从审慎的理论反思出发的。②在课程实施的各种场合,这些理念被行为诠释和体现出来,实践张扬了理论。③一旦纳入考试,不论何种形式的或等级的考试,规范的标准、森严的考纪、无误的记分排序、重结果不问过程的"旧迹"就会得以重现和恢复。评价者已经习惯于将考试评价看作是带有与育人相偏离与选拔相联系的特殊使命的行为,这种选拔使命古已有之,也占据着合理的地位,是出于实际需要的考虑。课程评价在实践上,已然陷入了双向两难的境地,其始作俑者是变化的理论与传统的实践之间适切性选择的问题,这个适切性选择难题不解决,冲突就不可避免。因此,这个双向两难的困境的解决不是时间问题,而是它还缺少解决的条件,需要一定的条件来解决。

课程评价理论需要改造,改造到可以转换为与之一致的课程评价实践,这需要一定的条件,如果不能提供合适的条件或者花一番心血创造条件,那么两难问题将会无法解决①。

在课程改革背景下,对课程本身的评价活动从无到有,从少到多,逐步发展起来。在课程评价的理论与实践活动中,虽然取得了显著成绩,但从整体上反观,当前的课程评价研究与实践活动依然存在问题,主要有:①对课程评价的理解过于宽泛,导致对课程评价的认识不够深入和全面,对实践的指导存在一定的局限。②整体上看,当前开展的课程评价大多为专项的课程评价活动,各种评价活动之间没有相互协调与配合,缺乏系统性。③课程评价活动主要以国家层面的课程与教学评价为主,地方和学校层面的课程与教学评价不足,不具有主导性,在课程开发过程中,发挥的作用非常有限。④在实际开展的课程评价活动中,评价主体单一,主要是行政意义上的评价,虽有外部专家参与,但基于教育情境的具有教育教学指导意义的评价所占比重却不高。

2. 课程评价改革

我们发现了课程评价中存在的问题,找到了影响我国课程评价改革与发展的症结,就会找到应对的方案。

1)进一步加强课程评价理论研究

课程评价理论研究对于课程评价实践有重要影响,加强课程评价理论研究,可以在实践中指导人们更好地开展课程评价工作;使人们进一步明确课程评价的目的,尤其是需要进一步探明形成性目的。

2)加强地方特别是学校层面的课程评价

从课程开发和课程实施的要求来分析,在课程实施过程中,地方教育行政部门有责任和义务对于所开发的地方课程(包括课程设计、课程实施和结果)进行评价,使所开发出来的地方课程不断更加符合地方的实际需求,将课程评价逐渐引向教育场景中,更能凸显课程评价的育人功能。

---

① 杨启亮.课程评价:课程改革中的一个双向两难问题[J].教育理论与实践,2005(4):44-47.

3)建立有效的课程评价标准

在课程评价过程中是否一定要有评价标准,在理论上还存在争议,但在具体的评价过程中,如果没有评价标准作为评价依据,评价活动就会偏离课程目标,无法采集有效的评价信息,不能对教育教学活动进行指导。因此,建立课程评价标准,一方面为人们在总结性评价时提供参照和依据;另一方面在协商和对话过程中,向人们提供一个进一步建构的前提和框架。

4)建立合理的课程评价机制

任何一项活动,其功能的充分发挥都需要有良性的机制来保证。建立合理的课程评价机制要做到:①要明确各级课程评价主体的职责,明确各级管理部门的课程评价职责,有针对性地建立课程评价的中介组织,实现课程评价主体职责的落实。②加强对话与协商,这是当代课程评价特征的重要表现。在协商的基础上实施课程评价,加强了多元评价主体之间的有效交流与互动,形成有效的评价反馈。在课程评价中进行对话与协商,要特别强调教师在课程评价中的作用,即强调教师是课程评价者的地位和作用[1]。

(二)课程与教学评价的发展趋势

课程与教学评价的发展趋势即指课程与教学评价的未来走向。20世纪80年代以来,世界范围的课程改革步伐加快,在展开各项课程改革的同时,越来越多的国家逐渐意识到,实现课程变革,建立与之相适应的评价体系和评价工作模式是必备条件之一,课程与教学评价对课程的实施起着目标导向和质量监控作用。因此,课程与教学评价改革被纳入世界各国的课程改革中。课程与教学评价所体现的特定价值观,支配评价的操作取向和具体实施模式。总结世界各国课程改革实践,课程与教学评价正呈现出明显的发展趋势,主要体现在以下几个方面。

(1)单一的"目标取向的评价"正在走向与"过程取向的评价"和"主体取向的评价"共存的多元评价[2]。评价标准由刚性的单一化标准走向弹性的多元化标准。

(2)对课程体系本身的评价成为课程变革过程的有机组成部分,许多国家主张运用多种策略对所推行的课程体系进行多测度评价。"评价即研究""评价即合作性意义建构"等理念已深入人心。"质性评价"与"量化评价"相结合被认为是基本的评价方略[3]。

(3)对学生的发展评价是课程与教学评价的有机组成部分[4]。

(4)评价功能由侧重甄别与选拔转向侧重发展;从过分关注结果逐步转向对过程的关注;评价主体由单一主体转向强调参与互动、自评与他评相结合;评价方法从过分强调量化

---

[1] 刘志军.课程评价的现状、问题与展望[J].课程·教材·教法,2007(1):3-12.
[2] 张华.课程与教学论[M].上海:上海教育出版社,2000:463.
[3] 张华.课程与教学论[M].上海:上海教育出版社,2000:463.
[4] 张华.课程与教学论[M].上海:上海教育出版社,2000:463.

逐步转向关注质的分析与把握,定量与定性相结合①。

(5)注重课程评价过程中的对话与协商②。总体来看,当代世界课程改革在课程评价上注重评价对象、评价主体、评价功能、评价标准、评价方法的多元化,注重满足学生全面发展和多样化发展的需求。这些发展变化与发展趋势为未来各国的课程改革奠定了坚实的基础,创造了条件。

---

① 闫祯.教育学学程:模块化理念的教师行动与体验[M].北京:北京大学出版社,2010:138.
② 刘志军.课程评价的现状、问题与展望[J].课程·教材·教法,2007(1):3-12.

第七章 教学艺术

第一节 教学艺术概述

一、认识教学艺术

教学艺术在我国有较长的历史渊源。孔子的启发式教学提出的时间比较早,可谓是最早的教学艺术。很多学者对教学艺术进行过研究,也做出了解释。斯诺曼·麦考恩在《教学中的心理学》一书中提出:"好的教学,部分是艺术,部分是科学。"①教学首先要传授专业知识,包含一套复杂的操作规则和技术程序,教学必须以科学的理论为指导,具有规律性,从这一层面说,它应该是一门科学;在传授知识的时候,要考虑对象的接受能力、认知水平、兴趣,需因人、因地、因时制宜,不能固于一个程式,从这一层面说,它需要天赋,需要创造性地反复实践,它又是一门艺术。

(一)教学艺术的内涵

教学效果的优劣与教师的教学机智、教学素质有关。在教学中要做到"无意于法则,而自合于法则""从心所欲不逾矩",这的确是一种艺术境界。李如密教授认为:"教学艺术乃是教师娴熟地运用综合的教学技能技巧,按照美的规律而进行的独创性教学实践活动。教学作为艺术的本质,表现在三个方面:在教学过程中综合运用教学方法体系的技能技巧;遵循美的规律、贯彻美的原则进行的创造性教学;在教学过程中体现教师个性而独具特色的艺术创造活动。"②王北生认为:"教学艺术就是教师(在课堂上)遵照教学法则和美学尺度的要求,灵活运用语言、表情、动作、图像组织、调控手段,充分发挥教学情感功能,为取得最佳教学效果而实行的一套独具风格的创造性教学。"③

另外,目前还存在表演说、技巧说、规律说、特征说、创造说、审美说、素养说、交流说、整体说等不同学说对教学艺术本质的解释。从辩证的角度认识教学艺术,教学艺术是内容与形式、形象与抽象、整体与部分、情感与理性、共性与个性、逻辑与直觉、和谐与奇异等多个范畴的统一。与教学的科学性相比较,教学艺术具有非精确性、非模式化的特点,在教学实践

---

① 麦考恩.教学中的心理[M].庞维国,译.上海:华东师范大学出版社,2019:16.
② 李如密.教学艺术论[M].北京:人民教育出版社,2011:528.
③ 王北生.教学艺术论[M].开封:河南大学出版社,2001:27.

中,表现出独创性、表演性、形象性、审美性、情感性、个性化的特点。

概而言之,教学艺术具有三个层次的含义:①它是在教学过程中综合运用教学方法体系的技术类的技能与技巧。②它遵循美学的规律,贯彻美的原则来进行创造性的技术性教学。③在教学过程中,教师应该体现自己独特的教学个性,创立自己的教学艺术特色。

综合以上各种对教学艺术的解释,一般来说,教学艺术是教师运用综合的教学技能技巧,按照美的规律,唤起学生的心灵,启迪学生的思维,激发学生自主学习和探索的教学策略与方法[①]。

(二)教学艺术的基本功能

教学艺术如同润滑剂,通过激疑、点拨、感染、立美、审美实现对学生全方位的教育,使学生在知识与技能、学习过程与方法、情感态度与价值观方面得到全面发展。教学艺术的基本功能概括起来有以下几个方面。

1. 陶冶功能

教学艺术情理交织的特点及感染力,加之独具的审美形式增强了教学的情境性和非理性,具有潜在的教育功能。比如,生动活泼的教学氛围、民主融洽的师生关系、频繁多向的人际交往等。教学艺术的陶冶功能有效地淡化了说教痕迹,在精湛的教学艺术陶冶中,变"无为"的表象为"有为"的匠心,使学生在其学习过程中受到潜移默化的陶冶。

2. 转化功能

教学的实质就是引导学生把人类已知的科学真理转化为学生的真知,把知识转化为能力,对知识进行构建,运用知识打开未知的大门。教师精湛的教学艺术使教学过程变得有活力,有吸引力,可以迅速、高效地完成对学生知识的传授、技能的培养、智力的开发和品德的形成,它以适应学生身心发展特点为前提,教学艺术与学生学习活动和全面发展过程融为了一个有机体,转化为学生自主学习的内在催化剂。

3. 愉悦功能

教学艺术不同于严格科学意义上的教学,以轻松愉悦的方式激发学生的学习兴趣,让学生享受学习过程,进而丰富学生的情感和精神生活。教学中的谐趣、妙语连珠、幽默插曲、体态情趣、模态拟声、纠错解疑等都成为有效解除疲劳、使学生乐学的"兴奋剂"。

4. 整体功能

教学艺术是一个相对完整的系统,依靠其整体来发挥教育作用。备课、讲课、评改、辅导、考核等各个环节紧密衔接,相互配合,构成了教学艺术内部结构的最优组合,使教学艺术最大程度地发挥出整体功能。

(三)实现教学艺术的方法与手段

教学艺术需要在教学交流与持续互动中实现,它极大地尊重学生身心发展规律,极力寻

---

① 王强,黄永超,徐学军.现代信息技术与物理教学结合研究[M].长春:吉林人民出版社,2019:40.

求教师与学生的协同共振。这种共振不仅表现在师生在知识经验基础上产生的思维的呼应、合拍与共识,还表现在师生在情感上的共鸣,在行为上达成默契。在人们对教学艺术的共同关注、研究与实践中,实现教学艺术的方法和手段是多样的。

李如密在《教学艺术论》一书中,对教学艺术进行了分类:①根据教学艺术手段的不同,他将教学艺术划分为两种。一是使用传统教学手段的艺术,如教学语言艺术、教学板书艺术、教学非语言艺术、教具操作艺术等。二是使用现代化教学手段的艺术。②从具体方法维度上,他将教学艺术划分为教学讲授艺术、教学讨论艺术、教学谈话艺术、教学演示艺术、教学实验艺术。这对人们认识教学艺术、运用教学艺术具有借鉴意义。

根据通常的教学经验以及对一线教师的问卷调查与访谈可知,在课堂教学实践中,教师常用的教学艺术方法和手段有以下几种。

(1)激发学生兴趣的艺术,如寓教于乐的艺术。

(2)教学启发艺术,如启发思维的艺术、暗示教学的艺术、开启心灵的艺术。

(3)教学组织结构艺术,如导课艺术、结课艺术、创设教学氛围的艺术、调节教学节奏的艺术等。

(4)教学语言艺术,如语言表达艺术、提问的艺术、语言专业化艺术、幽默的艺术等。

(5)教态艺术,如教学动作姿态的艺术、眼神使用的艺术、面部表情的艺术等。

(6)处理特殊教学问题的艺术,如处理师生关系的艺术、教学管理的艺术、应对突发事件的艺术、与有障碍学生交流的艺术等。

针对某些具体的教学环节,一线教师通过亲身实践,总结出了一些具有借鉴意义的教学艺术方法,如设疑法、激趣法、悬念法、暗示法、演练结合法等。

二、信息化环境下的教学艺术

(一)基于信息技术的教学艺术概述

1. 基于信息技术的教学艺术的含义

信息技术本身兼具科学美和文化美的内涵,要让学生同时感受到这两种美,教师需要将这两种美传达给学生,遵循美的规律,借助美的形式,促进学生内化基于信息技术的科学美和文化美。从课程的角度来说,基于信息技术的课堂教学需要教学艺术,教学艺术也将在基于信息技术的教学中得到新的发展。

基于信息技术的教学艺术的本质就是教师在遵循教学规律的前提下,充分挖掘基于信息技术的科学美与技术文化内涵,综合运用各种教学技术方法和手段,有意识地用自身的热情和机智激发学生的学习兴趣和创造欲望,提升学生的信息素养[1]。

---

[1] 王强,黄永超,徐学军.现代信息技术与物理教学结合研究[M].长春:吉林人民出版社,2019:42.

对基于信息技术的教学艺术较为具体的解释为教师以教学理论、信息科学理论及其他相关理论为基础,结合自身所积累的教学实践经验,热爱教育事业,经过不断探索、潜心钻研而达到的教学意境。

2. 基于信息技术课程的美学特征和教学艺术

快速发展的信息技术给人们的工作、学习、生活带来巨大变化。信息技术的普及与便民、利民,无不凝结着人类的智慧,体现着人类在社会实践中合乎规律与合乎目的的力量,为人们呈现了其科学美的一面。作为信息时代一种特殊的信息传播方式,它通过特有的"比特语言"与文字、口头语言一样承载了深厚的历史文化。信息技术本身及其所承载的信息文化都可作为审美对象,二者都具有深厚的文化内涵。

信息技术的科学美与文化美伴随教学得到广泛宣传,一同映射到信息技术的课程中。随着人们对课程的深入理解和开发,基于信息技术的课程更加符合科学规律,也更具人文审美特性。其具体表现为以下两方面。

1)基于信息技术课程的科学美

科学美来源于自然美,是人们理智所能领会的一种和谐。自然语言识别、图形用户界面等信息技术都体现出科学的人性化、个性化特点,在人类的学习、工作和生活中,人机合作越来越达到和谐、紧密的程度。究其根本原因,主要有两方面:①课程内容展现出科学魅力。在新的课程理念和"信息素养"课程培养目标的共同指导下,基于信息技术课程内容的科学魅力内涵越来越丰富,充分重视技术思想与文化思想的挖掘,课程中包含了计算机、网络知识技能以及信息技术的相关历史、文化在内的丰富内容,为学生展现了一个基于历史传统的美的科学世界。追踪新技术、开拓新视野是基于信息技术学科的重要特点之一。在信息技术发展过程中,人们逐渐摸索出人性化、个性化、智能化的发展方向。在信息技术课程实施过程中,教师要善于从教材、教学资源中感受美、提炼美,激发出学生自我发展中的科学创造力。②课程资源极具形式美。计算机、网络等信息技术对现代社会和人们生活的影响无处不在,对学生而言,学习工具、电子信息产品、通信产品、学习软件、各种网络资源等给学生的学习带来了极大便利,提升了学习效率,拓展了学习空间,也让学生的学习时间更灵活、更个性化。信息时代是一个"读图时代","比特语言"为学生构筑了一个文字、声音、图像、视频、动画等多种形式的交流互动空间,他们可以按照美的原则,在信息技术课程实施过程中,利用信息技术手段进行设计、创意和创作,在实践中实现自己的专业设想,做到知识的转化。学生不仅体会到了不同表现形式的课程资源所带来的艺术享受,也能基于信息技术积极表达、创作,对学生来说,这也是一种美的体验和享受。

2)基于信息技术课程的文化美

信息技术课程虽然具有明显的工具性、应用性,但也体现出人文性,信息技术课程基于学生的发展需要以及为实现人的全面发展而设置,体现出基本的工具价值,又具有丰富的文化价值,以恰当而充实的技术彰显科学魅力,强化人文精神。

基于信息技术课程的文化美与信息文化相联系。我们已进入信息技术的大众化时代，生活实践是课程文化底蕴的直接源泉。伴随信息技术发展而涌现的众多产品，如QQ、抖音、BBS、Blog、聊天室、微信、钉钉等为人们提供了更多表达思想、社交、认识社会的空间和方式。网络交友、网络文学创作、网上在线学习等一些新的学习和生活方式为学生带来了全新的感受，为提升学生文化素养提供了更多方式。

基于信息技术课程的审美特质强化了教学艺术的重要性，同时教学艺术也需要以基于信息技术课程的特点为基础。基于信息技术课程的特点：①基础性。基于信息技术的课程在各个学科和教育活动中应用，是学生未来自我持续发展的基础。②发展性。基于信息技术课程的教学资源开发、师资队伍建设、教学环境建设等有许多值得探索研究的问题。③趣味性。与其他学科相比，基于信息技术的课程融合声、光、图等感受方式，在课程中使用信息技术软件教学，这些不同的表现手段和智能的工具可以激发、培养和引导学生对信息技术的学习产生兴趣。④实践性。基于信息技术的教与学都离不开实践、离不开具体的操作与应用、离不开解决实际问题。

3. 基于信息技术的教学艺术原则

在基于信息技术教学的过程中，教师遵循的一般的教学原则有教育性原则、科学性原则、可接受性原则、系统性原则、直观性原则、个别化原则、巩固性原则、学生学习自觉性和积极性相结合的原则等。在基于信息技术教学的艺术实践中，教师应该遵循目标性原则、审美原则、科学性与艺术性互生共息原则、可行性原则进行教学。

1）目标性原则

目标性原则是指在教学过程中，教师教学艺术的运用具有具体的教学目标指向。基于信息技术教学艺术的目标性原则指教师围绕具体教学目标展开，针对学生的实际、具体的教学内容和具体的教学情境进行教学艺术创造性活动，采用适合的教学方法和手段，充分发挥教学机智，在适当时机对学生进行启发、激励和鼓舞。

2）审美原则

审美原则在教学中表现为和谐、自由、完善，人的创造力量在教学中得以展现。从美的创造主体的角度来说，教师要充分理解基于信息技术课程的审美内涵，建立符合学生审美情趣和审美经验的教学情境，引导学生体验审美的心理过程，使学生在审美体验中领悟知识，发挥创造潜能。为了使基于信息技术的教学美更好地发挥其激发学生的作用，教师一方面要不断挖掘课程内容的审美价值，另一方面要以美的内容呈现形式和美的教学组织方式，将教学的内容美与形式美统一起来。

3）科学性与艺术性互生共息原则

科学性和艺术性是基于信息技术课程和教学的两个不同组成方面，缺一不可。科学性与艺术性互生共息的原则以及基于信息技术课程的多重目标要求教师将科学知识的教育与人文教育结合，使课堂有血有肉。科学教育以征服、改造自然，促进社会发展和物质财富增长为目的,在教学中注重向人们传授自然科学技术知识,开发人的智力教育;人文教育以培养人文精神、人文主义价值理性为教育价值取向,在教学中侧重人性精神、审美情趣、灵魂净化与文化传统影响,并找到合适的教育方式。

4)可行性原则

在基于信息技术的课堂教学中,教学艺术的运用要考虑可行性。教师在进行教学设计时要了解学生的学习风格、学生的可接受程度,考虑课堂中可能出现的情况,注意从学生的反应中获取反馈信息,根据具体的条件实现教学艺术化,不要在没有条件的情况下勉强进行。

(二)基于信息技术的导课艺术

所谓导课,又称课堂教学导入,是指教师在课程开始阶段,为集中学生注意力,激发学生兴趣,引发学习动机,引导学生进入学习状态而进行的教学行为①。导课艺术的最高追求是"第一锤就锤在学生的心上",为教学营造活跃的氛围,起到定向、启发、铺垫的效果。教学导课要有针对性、启发性、新颖性、趣味性和简洁性,采用简洁凝练的语言、饱满的激情、富有特色的方法来启发学生的思维、激发学习兴趣。

1. 导课的原则

一套完整的导课环节由五个方面构成,按先后顺序排列为集中注意力、引起兴趣、激发思维、明确目的、进入学习课题。教师在具体实施过程中要遵循以下原则:①关联性和递进性原则。教材的结构根据知识的内在联系组织,导课的内容要注意纵横联系,表明新旧知识的内在联系,把旧知识通过重新授课加以扩展和深化。②启发性原则。启发是教学的精髓,教师启发学生从浅显简明的事例中发现问题,进而从问题着手,引起学生的认识冲突,激发其积极思考和产生寻求解决问题方法的强烈愿望,使学生主动投入学习。③趣味性原则。新课的导入遵循风趣、幽默的原则,教师通过充满情趣的导课,调剂课堂教学气氛和节奏,最大限度地引起学生的兴趣,激发学生的学习积极性。④简洁性和灵活性原则。课程导入的导语要短小、精练、简洁,教师尽可能在开头的几分钟内完成导入,根据学生现场的表现,随机应变,灵活应对。

2. 导课的形式

导课是一种教学艺术,其形式多种多样。孟子有云:"教亦多术矣。"在教学实践中,常见的导入方式有:①游戏导入。热爱游戏是孩子的天性,根据这一特点,教师可以通过游戏导入课程主题,引导学生探究主题。②悬念导入。"好奇之心,人皆有之",教师有意识地设置悬念,使学生产生探知真相的好奇心和求知欲,使其思维处于一种活跃状态,产生探究欲望,自然地导入新课。③故事导入。故事有引人入胜的情节,很容易将学生带入其中,紧紧吸引

---

① 王强,黄永超,徐学军.现代信息技术与物理教学结合研究[M].长春:吉林人民出版社,2019:63.

学生的注意力,很快将学生带入教学内容的主题中,为进入授课环节做好准备;很多故事通过寓言的方式,让听故事的人在情绪共振中得到启发,这种把处事哲理和人生意义通过动人的情节揭示出来的特点与教学的育人目标相通,而且它用讲故事的方式点明教学的主旨,在内容和形式上都达到了课程导入的效果。故事导入,能使问题更加感性化,启发学生从故事中总结道理,并为进一步学习做好铺垫。④影音导入。影音导入指教师选择与教材内容密切联系的视频、歌曲等作为导入新课内容的一种方式。影音导入可引爆课堂气氛,在强烈影音刺激和催化下,学生的积极性被调动起来,为新课教学做了很好的铺垫。⑤创设情境导入。情境导课法是教师利用语言、设备、环境、绘画、音乐、活动等手段,制造一种符合教学需要的情境,诱发学生思维,使学生处于积极学习状态的方法。创设情境导入需要教师对课堂教学目标进行分析,把课堂教学内容分解成一个个的知识点、关键概念,找到与学生的智力、心理、情感、道德、社会行为发展相关的纽带,再把这些因素融入特定的情境中,将情境及其所包含的各个因素(有教学内容,也有支持条件)展示给学生,与学生联系起来,使学生充分沉浸在营造的情境和氛围中。有了感性认识做铺垫,课程教学的开展也就流畅了。

除了以上几种常用的导课方法外,还有一些其他的导课方法,如温故导课、演练导课、释题导课、机变(随机应变)导课、幽默导课等。每种导课方法都各有优点,教师在教学中可以灵活多样地使用。比如,对于事实性知识和原理性知识,温故导课的效果较好;对于中小学生,故事导课的效果较好,也较为常用;对于以操作技能训练为主要内容的课,则演练导课法为首选。

(三)基于信息技术的结课艺术

高效课堂结课的特征表现为"凝练、真实、实用、深刻"。因此,教师在备课时就要把结课方式作为一个重要内容来准备,让学生在精彩的"谢幕艺术"中有所思、有所悟、有所得。结课是讲究艺术的,结课的好坏也考验教师教学艺术水平的高低。优秀教师讲究结课艺术,精通结课方法和技巧,可恰到好处地"结课",或归纳总结,强调重点;或含蓄深远,回味无穷;或留下悬念,引人遐想;或新旧联系,铺路搭桥,等等,显示出精湛高超的教学艺术。下文介绍常用的六种结课方式。

1. 总结归纳法

心理学研究结果表明,课堂及时回忆比六小时后回忆的效率高四倍左右。结课时,为了达到更好的效果,教师及时引导学生对所学内容进行回忆、梳理,使其井然有序、系统化。教师可以带领学生一起总结操作步骤、理清思路、掌握方法,也可以让学生边说边演示,掌握操作过程,看到操作结果。教师总结归纳时,做到语言精练、突出重点、难点;以生为本,让学生表述、演示,加深理解。

2. 首尾呼应法

教师在课程导入时提前设下伏笔,经过授课环节,结课时呼应导入内容,就能使整堂课完整和谐,不仅解决了导入时的疑问,又巧妙地突破了难点和关键点,有利于学生形成系统的知识结构,便于提取、加工、创新和运用知识。

3. 悬念激趣法

信息技术课多以"模块"为线索来安排教学内容,每个模块需要多个课时才能完成,按照知识体系的"模块化划分"的特点,合理地设置悬念,将前后课的知识点衔接起来,让学生带着问题下课,促使学生主动思考和探究问题,带着急切的情绪和新的问题再进入课堂,达到悬念激趣法应有的作用。

4. 拓展延伸法

现代课程理念强调把课堂拓展到课外,将知识活学活用,注重培养学生自主探索的精神和创造性的思维能力,使学生能更好地用信息技术服务生活和学习,并感受信息技术的魅力。学生在完成相关知识学习后,鼓励学生参加相关的竞赛、演讲、社会服务等实践活动。学生为做好准备,课下主动搜集相关资料并学习一些操作技巧、程序和方法等,达到活学活用的效果。

5. 展示评价法

信息技术课堂大多采用的是任务驱动的教学方法,最终学生会把当堂所学的知识体现在课后作业,或信息技术创作作品中。在教师展示学生作品进行评价的结课中,学生之间可以相互欣赏和客观评价各自的作品,发现自己作品中存在的问题,听取他人建议,进行改进。例如,在学完"版式美化"内容后,教师可以指导学生创作一份简历。在结课时,教师可挑选几位学生的创作成果进行全班集体点评,让其他学生说出作品的优点和需要改进之处,如版面构图、制作技巧、色彩搭配、设计风格等。在评价时,教师对不足之处或共同存在的问题要有针对性地进行指导,挖掘每一部作品的闪光点和可借鉴之处,使学生有成就体会。

6. 讨论明理法

真理越辩越明。教师采用讨论明理法的结课方式能让学生畅所欲言,引导他们质疑、洞察,正确辩证地看待问题。例如,在学习完"计算机网络安全知识"的内容后,结课时,教师让学生就"中学生上网的利与弊"问题在"贴吧"上发表观点和想法,这样的方式给学生提供了讨论问题、消除疑虑的机会,是一种帮助学生深化认识的重要方法,优于枯燥说教。

第二节 教学艺术风格

一、教学艺术风格内容体系

(一)风格与教学艺术风格

1. 风格

在我国,风格最早是与人联系在一起的,指人的风度和品格。汉末魏晋时,风格用来品人,"风"指风采、风姿,指人的体貌;"格"指人格、德行。风格是对人的体貌和人格特征的全面评价。后来,风格一词被广泛应用于书法、文学、艺术、美学等一切艺术领域,用以说明艺术作品达到成功时方具备的重要特点。风格是指一个时代、一个民族、一个流派或一个人的文艺作品所表现的主要思想特点和艺术特点。

2. 教学艺术风格

教学艺术风格是指教师在教学思想指导下,在长期的教学实践活动中逐渐发展和形成的教学艺术个性化的较稳定的表现方式。在这一定义中,我们要把握以下几点。

1)教学艺术风格体现了教学思想

教学艺术风格是在教学思想、理论、观念指导下发展和形成的,不管教师本人是否意识到,他的教学艺术风格总是依据某种教学思想、教学理论和教学观念形成的。教学思想体现了教学艺术风格的方向。

2)教学艺术风格是在教学实践中形成的

教师在教学实践活动中,经过反复实践,不断摸索和探讨,总结、归纳、提炼自己的教学实践经验,经历较长的形成和成熟过程,才能最终形成自己独特的教学艺术风格。

3)教学艺术风格具有个性化特征

教学艺术风格是个性化的,个性化是教学艺术风格的最高境界的体现或标志。它主要表现为一个人的感知、思维方式、情感表达类型、审美价值观等与众不同,带有浓厚的个性化的特征。

4)教学艺术风格是较稳定的

一位教师的教师艺术风格有一个形成、成熟、发展的过程,且风格成熟,被确定下来,它就具有稳定性。只有较稳定的特点,才能构成某种风格。但稳定并不排斥变化、发展,但也可能表现形式、技巧产生变化,教学风格会完全改变了。

(二)教学机智、教学幽默与教学艺术风格

1. 教学机智

教学机智是指教师在教学中面临偶发的或复杂的教学情况时所表现的一种敏感、迅速、准确的判断能力以及灵活应变、妥善处理问题的能力。它是教师的知识、智慧、灵感、修养等在教学中的集中体现,是教师教学能力中不可缺少的方面。

教学机智具有如下的特点。第一,突发性。课堂是一个变幻多姿的世界,教师面对的是活泼多变的儿童,他们活跃的思想随时都有可能超出教师的指挥圈,导致无法预料的偶发事件。教师的教学机智正是在这些偶发事件的冲击下,怦然而生。第二,巧妙性。机智的基本特征是"巧"——机巧之智。"巧"就是巧妙,巧得令人赞叹。第三,协调性。教学机智是对课堂上所出现的偶发事情所做出的反应,其内容与形式、情感与理智、方法与目的都必须与当时的教学情境保持协调。第四,应变性。在课堂上出现异常情况,直接影响教学正常进行的时候,或出现新的矛盾和问题时,教师就需要有随机应变的本领。

2. 教学幽默

教学幽默是用富有情趣,意味深长的表现手段进行教学,以求得学生在愉悦、欢乐的气氛中感悟知识,增强能力,培养幽默感的教学艺术活动。教学幽默的特点,具体表现在以下几个方面。

第一,精心设计。精心设计是教学幽默与生活中自发幽默的一个分水岭。之所以要进行精心设计,是因为教学幽默要服从教学的需要。将教学引向成功,实现教学目标,是教学幽默的价值所在。教学内容不都是对学生有强烈的吸引力的,教师常常需要在课前准备和设计一种教学的情境以期能在教学的最佳时机出现,恰到好处地助教师成功进行教学以"一臂之力"。教学幽默是以不牺牲或不伤害学生为前提,也不牺牲教师个人的尊严,它是师生双方共同营造的教学方式,师生会共同享受幽默带来的快乐,体会幽默之中的美妙意味;它不是蔑视,不是挖苦讽刺,它是教师爱心加上智慧的产物。精心设计的教学幽默会有益于教学、有益于学生。

第二,含蓄且深蕴启迪。就教学幽默的表达方式来说,它是寓庄于谐,寓教于乐。"庄"指庄重,严肃健康,在教学上有积极的教育价值;"谐"指诙谐、有趣,逗人发笑。"庄"与"谐"的辩证统一实际上就是思想性和趣味性的统一。没有"庄","谐"就会失去健康、优美的品质;没有"谐","庄"就缺乏生动有趣的表现形式,幽默也就不存在了。教学是积极的价值引导活动,思想性是它的灵魂。教学幽默所激发的快乐,有诗意的酿造,有哲理的思考,使人回味无穷。教学幽默具有蕴藉隽永的含蓄美和启迪性。

第三,即兴而发。即兴而发不仅是教学幽默的重要特点,同时也是教学幽默的标志。教学幽默能针对教学中出现的异常情况,抓住最佳的时机,不失时机地摆脱困境,排除干扰,启发学生的学习兴趣,消除教学疲劳,促进师生关系和谐。

(三)教学艺术风格的特点

1. 独特性

教学艺术风格的独特性是其基本标志,因为每个教师都有与众不同的师承、教育、个性、学识、习惯以及生活际遇等,这种主体自身的独特性就决定了教学风格的独特性。教学艺术风格总是打上教师独特的印记而显示自我风采。教学艺术风格的独特性使许多教师在炉火纯青的基础上形成了鲜明的自我性,因此,即使在执教同一教材时,不同教师也表现出不同的教学特色。教学艺术风格的多侧面发展,表现了教学内涵的丰富性,同时也增强了教学艺术风格的适应性,只有教学艺术风格显现出千姿百态、万紫千红的情景,才使教师辛勤耕耘的教学园地中出现各领风骚、百花齐放之势,更有异曲同工之妙。

2. 稳定性

教学艺术风格是教师在教学过程中自然表现出来的一种稳定的教学风貌,它往往能够体现出一位教师独特的审美情趣、思想倾向、思维特点乃至气质、性格、能力、修养等诸多个性因素。教学艺术风格作为教学观念和教学技巧等因素构成的一个格调系统，它总是在各种教学情境中自觉不自觉地调节着各种要素之间的内在联系，从而维系着结构的整体稳定性。因此教学艺术风格的形成需要一种稳定的心理定式去支配教学过程中各种因素的协调。这种稳定性表现为教师教学思想基本完善，教学方法富有成效，以及教学个性的定型成熟。一般来说，教师在教学艺术的追求上，目标确定得愈早，其表现就愈鲜明充分，特点就愈稳定统一，也就愈证明他的风格已臻于成熟。

3. 发展性

教学艺术风格一旦成为固定的模式，教师就不能突破自己反为其所束缚。如果说，独创是教学艺术风格的生命，那么，发展恰是其长寿的内在动力。因此教师的教学艺术风格应注意在稳定中求发展。然而，往往教师要突破自己比超越别人更难。因为一个教师的教学一旦形成某种艺术风格后，其稳定性往往成为一种保守的习惯。这种习惯就会窒息教学艺术的生命。

事实上，教学艺术风格应是发展变化的，这种发展可以是"精益求精"，也可以是风格的转换。为了在教学艺术风格上实现"精益求精"和转换，教师需要对各家教学特色及风格进行潜心体验，广采博取，不断求索，才能与时代要求达到高度统一，才能使已形成的教学艺术风格沿着一条向上的曲线继续升华。在教育教学方面，陶行知提倡"真善美合一"。真善美合一的创造是艺术的最高境界，也是教学艺术风格的最高境界。

（四）教学艺术风格的类型

1. 典雅型

典雅型风格以庄重朴实、老练娴熟、一丝不苟、蕴含深远、韵味醇厚为特点。其教学指导思想往往是经典的、权威的或反复证明了的，但信奉经典而不守古，能够翻新和活用。它在教学表现方法上呈现出稳健、完善、和谐的特点，很少有失误。学生听这种课，有一种很浓、很深、很远的审美感觉。

2. 新奇型

新奇型风格注重革新，对于新产生的教学思想和理论较为敏感，运用也快。其艺术特色是形式新颖，富有独创性，发展变化快，不断破旧立新，灵活多变，具有很强的吸引人的艺术魅力。这种教学艺术在实际中也多见，其中较有名的是魏书生的语文教学艺术。其教学艺术的思想具有创新性。他对弗洛伊德、荣格、卡耐基等人的思想有很深的了解，并善于将其应用于教学实践；在教学艺术表现方式上，他不断求新。他对每堂课都有新的创造，大家听他的课，堂堂新鲜，很难找出固定化的模式。实际上，新奇正是他的不固定中的稳定的教学艺术风格。

3. 情感型

情感型风格的基本思想或理论基础为教学是人与人的影响过程,人的情意因素起着重要的作用。因此,教学要以情感为基础。这种风格的课的主要特点是教师感情充沛、热烈,具有很强的感染力和震撼力,师生关系和谐融洽,教学配合默契。属于这种风格的著名教师有斯霞、于漪、霍懋征、李吉林等。以李吉林的教学艺术为例,她把自己的教学艺术称为"情境教学",实际上就是情感教学。

4. 理智型

理智型风格的基本思想或理论基础为教学是一个特殊的认知过程,主要目的是学习知识和技能,发展智力。因此,教学主要是理智活动的艺术。其艺术特点是教学逻辑严密,想象丰富,联想广阔,每一个教学环节都环环相扣,重视教学的技能练习和能力训练。这种风格既表现在文科教学中,也表现在理科教学中。以著名的语文教师钱梦龙为例,他的特色是"精讲多练",以练为教学的主线。

(五)教学艺术风格的形成

教师从开始教学到逐渐成熟,最后形成独特的教学艺术风格,这是一个艰苦而长期的教学艺术实践过程。这个发展过程又可分为若干阶段。

1. 模仿性教学阶段

教师刚开始教学时,总是模仿别人的教学方式方法、别人的教学语言和教学风度,经常搬用别人成功的教学经验,甚至举例、手势、语调等也打上别人教学影响的烙印。这一阶段的突出特点,是模仿成分太多,创造性成分几乎没有。我们说,在教学之初的积极模仿是必要的,但不能停留在这个阶段上,一个教师对独立进行教学的要求与对别人教学的消极模仿之间的相互斗争,促使教学向下一个阶段过渡。

2. 独立性教学阶段

在这一阶段教师基本上摆脱了模仿的束缚,能够独立地完成教学工作的各个环节,诸如备课、上课、布置与评改作业、课外辅导、考核与评定学业成绩等。教师能将别人成功的经验通过吸收消化,变成自己的东西。这个教学阶段是从模仿性教学到创造性教学的过渡阶段,但是它在每个教师那里存在的时间却是不同的。有的人很短时间就由此进入创造性教学阶段,有的人却在独立教学这段整个教学发展的高原期上停滞不前。这个阶段包含着创造性教学的萌芽,当条件一旦成熟,创造性的花朵便会争相怒放。

3. 创造性教学阶段

在独立性教学的基础上,教师的创造性在教学中不断表现出来,突出表现在教学方法的改革、教学效果的优化、教学效率的提高上,创造性的教学是培养创造型人才所必需的。这一阶段,教师会更多地体验到创造的幸福和欢乐。但是,苦闷、痛苦的情绪也会常常成为这一阶段教师的"不速之客"。在这一阶段中,教师成为教学艺术的自觉追求者,不断地突破别人,也不断地突破自己。当独创性成为教学过程中稳定状态的标志时,这个教师便形成了自己独特的教学艺术风格,他的教学也便进入一个新的阶段。

4. 有风格教学阶段

教学艺术风格在教学过程各个环节、各个方面都有独特的稳定的表现,使教学带上浓厚的个性色彩,处处闪烁着创造的火花。教学内容和形式独特而完善地结合起来,教学成为真正塑造人们灵魂的艺术。至此,教师的教学艺术臻于成熟,教师也就真正无愧于"人类灵魂的工程师"这样光荣的称号。

每个教学的发展阶段都各有自己的特点,每个发展阶段的顺序不能颠倒,并且从一个阶段到下一阶段,都需有必要的主客观条件。在这种顺序发展过程中,教学的模仿性因素越来越少,而独创性因素越来越多。教师只有当独创性因素达到一定量的积累,才可能引起质变,从一个阶段发展到另一个阶段,最后形成自己的教学艺术风格。

二、教学艺术风格的课堂表现

(一)教学语言的艺术

1. 教学语言艺术的特点

1)导向性

导向性指教师在组织教学中,需要学生注意什么,感知什么,联想什么,思考什么等指导性的意义表达。关键在于教师怎样用教学语言引导。善于引导学生学习的教师,其教学语言总是能沟通师生的思维,拨动学生的心弦,引起学生的共鸣,营造出和谐的教学气氛,调节教学节奏的张弛,带领学生进入教学意境,收到最佳的语言效果。

2)科学性

教学语言的科学性一指教学语言要准确、规范、精练,具有系统性和逻辑性;二指教学语言推理有逻辑性,论述有系统性。它具体表现为用词恰当、简洁明快、干净利索。精练的语言"像敲钉子一声声入耳",不说空话、套话、半截子话,不要口头禅。

3)讲解性

讲解性是教学语言的形式特点,学生对教师所讲内容有听懂、理解、消化和记笔记的需要,这就使得教学语言与朗读语言、评书语言、播音语言有区别。重点问题需要强调一下,疑难问题需要解释一下,关键地方需要加重语气,说得要慢一点,便于学生理解。比如重要的问题说得重一点,特别强调的内容说得响一点。

4)教育性

教师在任何情况下都要将教书与育人结合起来,教学语言要文雅、纯洁、有分寸感和教育性,做到不说粗话、野话、脏话、大话,不强词夺理、恶语伤人,更不能用讽刺、奚落、挖苦性的语言去批评学生,伤害他们的自尊心。所谓"良言一句三冬暖,恶语伤人六月寒"。教师要具有教育性的语言,态度要民主。

5) 启发性

威廉说过:"平庸的教师只是叙述,好教师讲解,优异的教师示范,伟大的教师启发。"教师的教学是为了发展学生的思维能力,这就要求教师的教学语言耐人寻味、发人深思,富有启发性,在旧中见新、易中见难、平中出奇、难而可及、循循善诱。教师还要把握时机,才能充分发挥教学语言的启发作用。

6) 灵活性

针对学生的不同年龄特征和个别差异,教师要运用不同的语言形式,如直观的还是抽象的,委婉的还是直率的。不同的教学内容要用不同的语言去表达,如描写的、说明的、议论的、陈述的、抒情的、悲哀的、激壮的、明快的、朴素的、简洁的、庄重的等。

7) 趣味性

趣味性是指教学语言具有生动性、形象性,富有情趣,能吸引学生的注意力。教师在教学时多用大众化的谚语、歇后语、习用语,充分发挥语言的直观功能。教师的教学语言要声情并茂、妙语连珠、趣味横生。现代教学论研究的一个重要问题,就是探讨如何把苦学变为乐学,其中就涉及教学语言的趣味性问题。

8) 口语化

教师必须把书面语言转化为口头语言,这样才能做到通俗易懂、亲切感人。口语化的教学语言在语音上的要求,就是提倡使用普通话,发音准确、吐字清晰、自然流畅、动听、抑扬顿挫、长短句错落有致。教师还要注意语调,马卡连柯认为:"只有学会在脸色、姿态和声音的运用上能够做出20种风格韵调的时候,我就变成一个真正有技巧的人了。"

2. 教学语言艺术的种类

1) 描述性的语言艺术

描述性的语言艺术指用于客观地反映事实、活动、人物的语言,大都用于讲述记叙文体的课文或内容。其艺术要求是生动、形象、真实、深刻。这种语言艺术的表现方法主要有正描述法、倒叙法、夹述夹议法。

2) 解释性的语言艺术

解释性的语言艺术是教学中用以把问题、概念的含义、原因、理由、结论或定理解释清楚的语言。其艺术要求是令人全然明白,有启发性,条理清晰。解释性语言艺术的表现方法有诠释性解释、分类性解释、比喻性解释、举例性解释、图表性解释。

3) 论证性的语言艺术

论证性的语言艺术是指在教学中用事实、数字、论断、定理、定义等论据来证明论题或论点的真实性、正确性。其艺术要求是语言要富有逻辑性,论证充分合理,证明过程严密,论证的语言态度平等温和。其主要表现方法有归纳性论证、演绎性论证。

4) 演示性的语言艺术

演示性的语言艺术主要用于利用实物、图表、标本或实验把事物的本来面目、发生发展过程显示出来,以使学生理解和接受。其艺术表现要求是直观、形象、层次分明、特点清楚、全面细致、重点突出。其主要表现方法有实物演示方法、图表、模型、标本演示方法、实验演示方法。

5) 感染性的语言艺术

感染性的语言艺术就是运用某些情感性教学或陶冶性教学的语言,用以激发、感化学生的情感,使其发生情感共鸣,达到教书育人的目的。其语言艺术要求是感情真挚,语言恳切,使人感到亲切、温暖;烘托气氛,创设情境,令人情不自禁,不由自主地被感化和熏染;尊重学生,同时又严格要求;宽容失误,同时又指出其改进的方法。

6) 辅导作业的语言艺术

辅导作业的语言艺术是指在课堂教学中用于指导学生的练习、实际操作和讲评课后作业的语言。其艺术表现要求是语言要有指导性、鼓励性、启发性,讲评要公正、全面,指导要及时、适当和有点拨性。其主要表现方法有辅导课堂练习及其他操作的语言艺术方法、讲评课后作业的语言艺术方法。

(二) 无声语言的艺术

无声语言也有人称之为非语言表达或非语言行为,主要包括神态和姿态。无声语言的艺术是指教师在教学中创造性地运用无声语言进行教学表达活动的技巧与才能。作为教学艺术手段和技巧的无声语言,它不仅指教师在教学中善于用无声语言来表情达意,而且指教师善于觉察到学生在学习活动中表达出来的无声语言。

1. 无声语言的功能

1) 替代有声语言

语言媒介的选择取决于当时教学的客观环境。例如,当学生们正在安静地做作业时,一个学生悄悄站起来用手势表示他有事要外出一下,如果教师允许,只需点点头即可。如果使用有声语言就不免分散大家的注意力。又如,当全班同学情绪激动时,不利于课堂教学顺利进行时,教师做个球场上"暂停"的手势,要求同学安静下来。再如,课堂上,本是回答问题又胆小的同学,在想举手、又没有勇气举起来时,如果老师送去一个赞许的目光,点头鼓励他时,这个学生就会欣然举起手来。教师的这些动作,在共同的文化背景下,它们含义明确,容易理解,可以替代有声语言。

2) 辅助有声语言,增强有声语言的表达效果

有研究表明,在绝大多数情况下,语言交流仅仅表达了我们思想的最少部分,大概在 30%~35% 的情况下,教师创造性地运用无声语言进行教学,提高了教学艺术水平。当教师讲述感情成分浓厚的观点、事件、体验时,如果教师语言表达平淡单调、言而无情时,难免使

学生怀疑教师讲的内容是否出自内心,是否具有真理性;而仅仅希望通过语气、语速、语调的变化来表达感情,其效果也会流于一般;如果教师在运用这二者的同时,能伴之以生动形象的无声语言,就能在总体上加强教学信息传递的真实性、形象性和科学性,加深对学生各种感官的刺激,从而促进他们对教师传递信息的深刻理解,收到理想的教学效果。

3) 美化教师形象

美化教师形象有利于学生对教师形象的认同。无声语言直接受控于大脑,是教师内心活动自发的真实的反映,眼神、表情、手势等无声语言能充分反映出教师本人的气质和人格,也会深深地印在学生心目之中,可谓"身教重于言教"。有人曾以"教态对课堂教学效果的影响"为题,向100名不同文化层次的学生做了问卷调查。调查表明,学生十分注重教师的教态,普遍认为教态对教学效果会产生重要的影响。

2. 神态

1) 面部表情

面部表情是由脸的颜色、光泽、肌肉的收与展,以及脸面的纹路和脸部各器官的动作所组成的。它以最灵敏的特点把具有各种复杂变化的内心世界最迅速、最敏捷、最充分地反映出来。教师温和可亲的面部笑容,有神奇的教育功能;教师的微笑,是春风,可以吹开心灵的蓓蕾;是桥梁,可以沟通师生的心灵;是军号,可以给人以力量;是天使,可以唤起学生对美的追求。教师要学会恰当地利用面部表情,有效地传递信息和形成良好的育人氛围,这要求做到:①自然大方。教师表情必须是真情的自然流露,而不是装腔作势,一副皮笑肉不笑的假面具。教师要让自己的内心活动与外在表情相一致,在学生面前树立坦诚自然、表里如一的师表形象,从而赢得学生的充分信任。②温和适度。由于师生之间客观上存在着一道角色差异线,师生关系既不是父与子的家长式,也不是哥们义气的把兄弟,而是具有高度社会责任感和高级情感的特殊人际关系。教师在运用脸部表情时要恰如其分,恰到好处,做到嬉笑而不失态,哀痛而不失声,端庄中见微笑,严肃中有柔和,科学、理智地调控自己的情绪与面部表情的变化,使教学活动在正常的情绪曲线上运动。③宽容大度。教师脸上显示出的友善、信任和宽容,往往成为学生自我认识、自我悔过的"催化剂",也是教师教学民主化的反映。教师的微笑应成为一种内心世界豁达开朗的示范。笑,在生理机制上有先天的因素,但主要是后天形成的。内心世界如明镜一般开朗豁达,是形成笑的基本因素。微笑使脸上呈现较多的轻度曲线。

如果说直线表示一种"理智与平衡"的话,那么,曲线则代表了一种"变化与运动"。这曲线使我们在静态中看到了"亲切"和"端庄",在教学过程中使师生关系融洽、和谐,充分调动学生学习的积极性和主动性,让学习过程变得轻松愉快、生动活泼。

2) 眼神

眼神,即眼睛的神态。眼睛是心灵的窗户,它能表达许多语言不易表达的复杂而微妙的信息和情感。眼神是面部表情中最具有表现力的部分，也是一个人深层心理的一种自然表现。在教学中，作为教师无声语言的眼神，也可称为教学目光语。在教学中，目光语的运用可以使师生在无声的交流中达到"心有灵犀一点通"的境界。比如，学生听不懂或听得不耐烦时，眼睛就会发出情绪的信号，反之，学生答错了题，或答非所问时，教师眼睛也会发出指示的信号。一个善于诠释目光语的教师，就会根据学生的眼神来不断修正自己的教学方案，学生也应该从教师的目光语中，洞察教师情感的微妙变化。在教与学的双向交流中，学生的眼神常常起到了反馈信息的作用，而教师的目光则起到调节信号的作用。经验丰富的教师既能从学生的眼神中探索到信息和情感，又善于用自己的眼神说更多的话，传更多的情。让眼神来说话，则是教师教学艺术中所常用的手段和技巧。

在课堂上运用激励期望的眼神，往往比有声语言更能触发学生的心灵，更能牵动学生的感情。运用眼神可以制止学生的嬉笑打闹，唤回看小说、开小差、讲闲话、做小动作学生的注意力；可以全面注意每一个学生，保证良好的教学效果。在课堂教学活动中，教师运用眼神的方法大体有三种。①环视法。教师的视线有目的、有节奏地前后左右移动，把学生尽收眼底，以便观察全体学生的心理状态和情绪反应，也可满足学生希望得到教师注意的心理要求。优秀的教师是用眼神组织课堂教学的，在上课开始时，或在讲重点内容前，都要做一番环视，起着"一言未发先有情"的作用。②点视法。对于做小动作的学生，教师可投射以严肃的目光注视他，以示制止。在学生回答问题时，教师可用信任的眼神鼓励他。如果发现确实有病容倦怠的学生，教师可示意他趴在桌上休息一会。③虚视法。教师眼睛似乎在盯什么，给学生一种定点透视的感觉，但老师实际上是"视而不见"，这就是虚视法。新教师初登讲台，常常有胆怯之感，眼睛不敢看学生，就可采用虚视法，视线飘落在第三四排桌，再适当辅之以环视法，这样学生就会觉得老师在看着自己从而达到维护正常教学秩序的目的。

3. 姿态

姿态是身体的造型。表达思想感情的姿态主要包括头语、身姿和手势三种。它既可以支持修饰语言，表达口头语言难以表达的情感意味，也可以表达肯定、默许、赞扬、鼓励、否定、批评等意图，收到良好的教学效果。教师运用姿态应注意以下几点。

1) 头语亲切明快

这样往往能比有声语言更简洁明快地表达教师的教学意图和反应，且使学生感到亲切，即便是否定也不会使学生感到尴尬。而配合教学内容，巧用头语会加深学生对学习内容的理解。

2) 手势准确协调

手势在教学中大体有几类。一是情意手势，这种手势主要表达教师的情感，使其形象化、具体化。二是指示手势。它是指人说人，指物说物，往往用来指示前后左右视觉可及范围内的具体对象。三是象征手势。这种手势比较抽象，但用得准确恰当，也能引起学生心理上的联想,启发思维。在教学中,手势要少而精,不能滥用,否则会使学生眼花缭乱,应接不暇,效果将适得其反。

3)身姿端庄灵活

教学中身姿主要有站姿与步姿两种。站姿是最能体现教师的信心和风度的身姿。这种信心和风度通过两方面体现:第一,矜持感,它取决于教师站立的重心,教师应尽量取正面姿态,即使在指点、解释板书内容时,也应处于半侧面趋向正面姿态,这样不但可以体现教师端庄的风度,也能时时保持与学生心理联系的空间势态。第二,力度感,这从身姿来说,站立时腹部要微微收起,胸部要挺起,下肢要微微分开,这样才显得富有力量。总之,教师讲课时的站姿要以安静、端庄为宜,切忌依靠讲台、黑板,给学生懒散、拖沓、无精打采的感觉。步姿,走路时手臂摆动的幅度以及步子的大小、弹性能显示一个人自信、快乐、友善及雄心等心理特征。教师在走进课堂时要始终保持生机勃勃的步姿,显示出教育者的一种朝气,从而给学生以坚定的力量和气宇轩昂的美感。教师在课堂里的步姿要注意与教学内容以及课堂气氛和谐一致。

(三)教学板书的艺术

1. 教学板书艺术的主要特点

1)重点突出,内容精练

重点突出是指板书要反映教学的难点、重点。内容精练是指板书要用最凝练的文字或简洁明了的图形、符号反映教学的主要内容。内容精练并不是越简单越好,"简"的程度要依教学需要和教学内容而定,一般要求板书要化繁为简,以简驭繁,以少胜多,让学生从最精简的板书中学到该学的知识。

2)直观、生动、形象

直观、生动、形象是指板书应以生动、直观的形象诉诸学生的视觉,使学生很快地领悟、理解和掌握所学内容。

3)具有启发性

启发性是指教师设计板书做到语言精妙,富于启迪,让学生能够从板书的内容及形式中引起深思,品出其中的"味儿"来。这种启发性含蓄蕴藉,富有张力,往往给学生留下思考和想象的余地。

4)具有趣味性

趣味性是指教师在教学中要以充满情趣化的板书设计,力求新颖别致,妙趣横生,引起学生浓烈的学习兴趣,吸引学生的注意力,调动其思维的积极性。

2. 教学板书的主要设计格式

1)逻辑要点式

逻辑要点式就是教师根据讲授的内容,按照教材的逻辑层次加以概括,抽出主要观点,提纲挈领编排教师语言艺术的书写形式。这种形式适用于大多数课程,是板书的主要形式。它能够突出教材的重点,层次分明,结构严谨,加深印象,有利于培养学生的分析概括能力。

2)关键词语式

关键词语式是指教师在教学中选择或总结出能准确反映教学内容、含有内在联系的关键性的词语构成的板书。这种板书简便易行,能起到画龙点睛的作用。

3)表格式

这种形式的板书是根据教材内容可以明显分项的特点设计的。教师根据教材内容设计表格,提出相应的问题,可让学生思考后提炼出简要的词语,填入表格。此类板书是分门别类,井然有序,可供比较,利于归纳,利于引导学生区别异同、发现规律。

4)线索式

线索式以文章线索为主,反映教材的主要内容。这类板书可把教材的梗概一目了然地展现在学生面前,使学生对它的全貌有所了解,思路清晰、线条明了,吸引注意力。

5)图示式

图示式是指教师使用抽象图形(示意图)表达教学内容的板书。此类板书舍现象而求本质,图形简易却能说明问题,可广泛地应用于各科教学。

课堂教学处处有玄妙,处处有艺术,关键是要用心体悟,用心表达,用心给予。教师和学生在教与学的一回一应,思想的碰撞中,达到身心发展状态的一种和谐。教学艺术,看不到,摸不到,但它确实通过教师在教学中的各种形式展现出来,它不是教师一个人的独奏,是师生互动的协奏,是教学的盛宴,直抵人的内心,丰富、耀眼、壮观,令人难忘。

第八章　课程改革与教学革命

为人才培养提供政策与制度支持,明确未来人才培养目标、培养方式、评价手段等,并针对创新人才培养在教育教学条件、发展资源、实践环境方面的需求,党和国家制定出一系列教育、科技与人才发展战略,并始终坚持教育高质量发展目标,有力地推动了当前迫在眉睫的课程改革、教学改革、教师教育改革等。新时期我国课程改革与教学改革的重要指向及在这一改革背景中所呈现出来的课堂教学新变化是本章阐述的主要内容。

第一节　课程改革

课程改革是一个综合性的教育变革过程。课程改革使学习方式和教学方式发生转变,改变课程过于注重知识传授的倾向,强调形成积极主动的学习态度,使学生获得知识与技能的过程成为学会学习和形成正确价值观的过程,使传统学习方式的"被动性、依赖性、统一性、虚拟性、认同性"向现代学习方式的"主动性、独立性、独特性、体验性与问题性"转变。

一、课程改革的新理念

当前,新课程改革的核心理念是以人为本,即一切为了学生的发展。这里的"一切",指的是学校的所有教育教学方略的制定,方式方法的使用,都要建立在以人为本,促进学生健康成长的基础之上;这里的"学生",显然是指学校里的每一位学生;这里的"发展",指的是学校的教育教学及一切课外活动,都要把目标锁定在能够有利于学生终身发展之上,有利于学生在学校获得今后走向社会所需要的基本生存能力——自主学习能力、与人合作能力、收集处理信息能力,自主决策能力、解决实际问题能力,以保证青少年一代能够在未来社会生存与发展。人们提出"一切为了学生的一切"的教育口号。

"一切为了学生的一切"这个教育口号让所有关注青少年成长的人们备感欣喜,但在实际的教育教学活动中,也会有人将其误解,形成"教师可以替代学生的一切","学生的一切行为都要在教师的指示下进行"等违背学生自主发展的课程观,与现行的新课程核心理念相左。新课程的培养目标应体现时代要求:一是要使学生具有爱国主义、集体主义精神,热爱社会主义,继承和发扬中华民族的优秀传统和革命传统;二是要具有社会主义民主法治意识,遵守国家法律和社会公德;三是逐步形成正确的世界观、人生观、价值观;四是具有社会责任感,努力为人民服务;五是具有初步的创新精神、实践能力、科学和人文素养以及环境意识;六是具有适应终身学习的基础知识、基本技能和方法;七是具有健壮的体魄和良好的心理素质;八是养成健康的审美情趣和生活方式;九是成为有理想、有道德、有文化、有纪律的一代新人。

二、课程改革的新任务

新课程改革的主要任务是:更新观念、转变方式、重建制度,即更新教与学的观念;转变教与学的方式;重建学校管理与教育评价制度。所谓转变方式,即转变传统的教与学的方式。教的方式的转变,是为了学生学习方式的转变。新课程改革,其意义就在于通过改变学生的学习方式,赋予学生以自主学习能力、与人合作能力、收集处理信息能力、自主决策能力、解决实际问题能力。最主要的是引导学生关注人类面临的大问题,以培养学生的创新精神与实践能力以及对人类、对社会的责任感。

不仅如此,新的课程改革正在为改变学生的学习环境乃至生存环境而积极努力,把我国中小学生从"课堂上被动地听老师讲,课堂外埋头于书本,专心做大量与实际生活严重脱离的练习"中摆脱出来;让他们从过于沉重的课业负担中走出来,还给他们应有的自由时空,让他们快乐健康地度过青少年时期,让他们睁开眼睛看自然界、看社会、看生活。所谓重建制度,即重新建立学校管理制度与教育评价制度。这里所说的教育评价制度,包括政府对教育部门、社会对学校、教育部门对学校、学校对教师、家长对老师、老师对学生乃至社会对人才的评价制度等。制度保障教育实现应有的育人目标。

世界各国的课程改革都将课程功能的改变作为首要目标,力争使新一代的国民具有适应21世纪社会、科技、经济发展所必需的素质。我国当前的基础教育课程改革,深刻分析了基础教育存在的弊端和问题,对于在基础教育领域全面实施素质教育,培养学生具有鲜明的社会责任感、健全的人格、创新精神和实践能力、终身学习的愿望和能力、良好的信息素养和环境意识等,具有重要意义。我国教育总目标是:培养德、智、体、美全面发展的建设者与接班人。当前课程改革的最终目标是"构建符合素质教育要求的新的基础教育课程体系"。我国教育的最大任务不是培养只会解题应试的人,也不是培养少数精英或一两位诺贝尔奖获得者,而是要在造就数以亿计的社会主义建设者与接班人的同时,努力完成中华民族整体素质提高的历史使命,为中华民族的伟大复兴做出巨大贡献。

新课程改革的根本任务是:全面贯彻党的教育方针,调整和改革基础教育的课程体系、结构、内容,构建符合素质教育要求的新的基础教育课程体系。教学过程是师生交往、共同发展的互动过程。应逐步实现教学内容的呈现方式、学生的学习方式以及教学过程中师生互动方式的变革。课程改革的核心环节是课程实施,而课程实施的基本途径是课堂教学,关于新课程改革背景下相应的教学方式的变化与新教学方法的应用问题将在本章第二节中学习。

在新课程改革背景下,教师课堂教学的主要任务是有意识地设计那些能够形成学生现代学习方式的教学形态。课堂教学过程着力体现师生间的学习互动。新课程改革的核心任务是:改变学生的学习方式。教师课堂教学方式的改革,最终目标是为了转变学生学习方式,改变学生在学校里的生存条件,让改革后培养出来的人能够比传统方式培养出来的人更具有创新精神与实践能力。

三、课程改革的新内容

(一)功能改革

课程的功能要从单纯注重传授知识转变为引导学生学会学习,学会生存,学会做人。教学尤为重要的是在学生学习知识的过程中潜移默化地培养其正确的价值观、人生观和世界观,培养其具有社会责任感,努力为人民服务,引导其树立远大理想。这种过程也将影响学生思想道德品质的形成,影响学生人生目标的选择。

(二)结构改革

结构改革强调的是课程的综合性,也要注重学科内在的逻辑性。课程结构改革中设置了综合实践活动课为必修课,以加强学生创新精神和实践能力的培养,加强学校教育与社会发展的联系,改变封闭办学、脱离社会的不良倾向,培养学生的社会责任感。课程结构改革还强调课程的均衡性和选择性,以培养全面发展的人,并为每个学生符合其个体发展特性及发展意愿创造发展条件。

(三)内容改革

内容改革强调"改变课程内容'繁、难、偏、旧'和偏重书本知识的现状,加强课程内容与学生生活以及现代社会和科技发展的联系,关注学生的学习兴趣和经验,精选终身学习必备的基础知识和技能"。课程实施在引导学生学会学习方面,提出了具体的要求:"改变课程实施过于强调接受学习、死记硬背、机械训练的现象,倡导学生主动参与、乐于探究、勤于动手,培养学生搜集和处理信息的能力、获取新知识的能力、分析和解决问题的能力以及交流与合作的能力。"

(四)政策改革

政策改革强调课程管理的权限应根据各级不同的责任与需要做科学合理的划分,各地要在满足国家规定课程的基本要求下,规划、开发并管理好地方课程,发展学校课程。随着教师课程设计能力的提高,学校课程的发展将有更加多样和广阔的前景。

(五)课程管理改革

课程改革工作是一项关系重大、意义深远的系统工程,整个改革涉及培养目标的变化、课程结构的改革、国家课程标准的制定、课程实施与教学改革、教材改革、课程资源的开发、评价体系的建立和师资培训以及保障支撑系统等,是一项由课程改革牵动整个基础教育的全面改革。而课程管理改革对指导新课程改革目标实现，激发教师课程开发与建设主动性方面发挥重要作用。课程管理改革的具体做法有以下几个方面。

1. 建立刚性与弹性相结合的均权化管理体制

长期以来，我国一直采用国家统一的课程设置，全国中小学基本沿用一个教学计划、一套教学大纲和一套教材，缺乏灵活性和多样性。当前的课程管理实行国家课程、地方课程和学校课程的三级管理体制。其基本模式是：国家课程管理范畴包括制定课程发展总体规划，确定国家课程门类和课时，制定国家课程标准，宏观指导课程实施，是一个国家基础教育课程的主体部分；地方课程管理范畴包括省级教育行政部门根据国家对课程的总体设置，规划符合不同地区需要的课程实施方案，包括地方课程的开发与选用等；校本课程管理范畴包括学校根据国家课程计划、课程标准，结合本校的实际情况，为实现学校的培养目标而进行的课程设计、实施与评价。学校在执行国家和地方课程的同时，开发或选用适合本校特点的课程。虽然国家课程、地方课程、校本课程的开发主体各不相同，但国家基础教育课程体系的建设实际上是国家、地方和学校三级权力主体共同完成的。

2. 实行统一性与多样化相结合的教材管理制度

我国中小学教材建设与改革的目标，并不是走向绝对的多样化，以多样化取代统一性，而是统一性与多样化相结合。其具体指：①不同学科的教材，要从本学科性质、特点出发，实现多样化。②多样化不等于地方化。③多样化不等于数量化。选取教材本质在于特点、在于层次、在于质量、在于效益。

3. 鼓励教师和学生更多地参与课程编制

课程编制既要符合学科发展规律，也要根据人才培养目标做整体化、精细化加工。教师依据课程结构的框架及其对应内容开展课程开发。首先，建立由学习领域、科目和模块构成的课程基本结构；其次，必修课程与选修课程相结合，实行学分化管理；再次，在学科课程的基础上，丰富完善活动课程和综合课程的内容，具体措施为：①精选终身学习必备的基础知识和基本技能。基础教育是为每位学生的未来发展和终身学习打基础的教育，是提高全民族素质的教育，不是精英教育、选拔教育，其课程内容和要求应该是基础的和有限的，不能任意扩大、拔高。基础教育不是终结性教育，课程要为学生的全面发展留有充分的时间和空间，以促进学生自主、多样、持续地发展。②加强课程内容的现代化、实用化、人本化与本土化。③注意正规教育、非正规教育和非正式教育课程内容的协调。正规教育指学校教育或者制度化的教育；非正规教育则指"任何在教育体制以外进行的，为人口中特定类型的成人及儿童有选择地提供学习形式的有组织的、有系统的活动。

四、课程改革深化方向

(一)国家课程改革要点

2024年教育改革的重点方向主要包括课程改革、深化素养导向的教学改革、做好科学教育的加法以及开辟教育数字化新赛道。

课程改革方面,我国已全面进入"素养本位课程改革"时期,2024年将进一步推动课程改革在地方、在学校落地生根,全面提高中小学课程建设与实施质量。实现中小学课程建设和实施有高质量突破,主要通过以下几个方面:

第一,深化素养导向的教学改革,通过实施项目化学习,探索基于情境、问题导向的互动式、启发式、探究式、体验式等教学方式,构建素养课堂、素养教学、素养学习模型。

第二,做好科学教育的加法,面对全球新一轮科技革命加速演进浪潮,做好中小学科学教育加法。中小学科学课程改革、开发、实施以科学精神启蒙为基础,关注对学生科学兴趣的培养,要求中小学科学课程在内容和形式上均做到科学性与人文性、知识性与趣味性的较好融合,采用活动化、游戏化、生活化的学习设计,为学生创设自主探究的科学活动,在探究实践中发展学生的科学思维、实践能力。

第三,开辟教育数字化新赛道。教育数字化是开辟教育发展新赛道和培养教育发展新优势的重要突破口。

这些改革方向旨在提升教育质量,适应社会和经济的发展需求,培养具有创新精神和实践能力的人才。

(二)新课程标准新基点

新课程标准是国家教育意志在课程层面的具体体现,具有高度的权威性和规范性。2022年4月正式颁布的新版《义务教育课程方案和课程标准(2022年版)》是当前教材编写、教学、考试评价以及课程实施管理的直接依据。能够准确把握和理解新课程标准的核心要点,对改观教学实践中的问题,实现高质量教学极为必要。

总体上,新课程标准强调以素养为导向,注重培育学生终身发展和适应社会发展所需要的核心素养,特别是真实情境中解决问题的能力。具体归纳如下:

(1)强化核心素养:新课程标准将课程目标指向核心素养,强调培养学生的关键能力和必备品格,推动基础教育课程由学科立场向教育立场(学生发展)转型。

(2)注重实践应用:新课程标准注重知识的实践应用和创新思维的培养,鼓励学生将所学知识应用于实际生活中,解决实际问题。

(3)倡导多元化评价:新课程标准倡导多元化评价方式,不仅关注学生的学业成绩,还注重评价学生的综合素质和创新能力。

(4)加强跨学科整合:新课程标准强调课程的综合化和跨学科性,鼓励学生运用多学科知识解决实际问题,培养综合素养。

新课程标准系统呈现了基础教育的育人目标、育人方式及育人载体的新动向。新课程标准提出的新课程素养,突出了课程的综合与关联,要求变革育人方式,突出实践,尤其是学生在真实情境下解决问题中所表现出的使命担当、价值判断和实践能力。核心素养不是使学生停留在记忆理解层面,而是会运用技能,分析、解决问题。学生通过亲历、实践、探究、体验、反思、合作、交流等深度学习过程,实现其提高核心素养的目的。

五、国外课程改革新变化

近年来,围绕人才发展,国外课程改革也相继出现了一些新变化,归纳起来如下所述。

(一)强调核心素养与综合素质培养

随着全球教育的发展,各国课程改革越来越注重培养学生的核心素养和综合素质。这包括批判性思维、创新能力、团队协作能力、跨文化交流能力等。例如,美国推行的STEAM(科学、技术、工程、艺术和数学)教育,旨在通过跨学科学习,培养学生的综合素质和应对未来社会挑战的能力。

(二)推动教育数字化转型

向数字化转型已成为全球教育改革的重要方向。各国纷纷出台政策,加强数字基础设施建设,开发和应用数字教育资源,提升师生的数字素养与技能。例如,法国教育部发布了《2023—2027年教育数字化战略》,日本实施了"GIGA学校"计划,为每位学生提供一台计算机,以实现教育资源的数字化和个性化。

(三)优化课程体系与教学内容

国外课程改革还注重优化课程体系和教学内容,以适应时代发展的需要。这包括加强基础学科的教学,同时引入新兴学科和跨学科课程。例如,新加坡教育部发布《2030年教育科技总体规划》,在课程体系中融入21世纪核心能力框架,利用技术加强学生的数字素养和个性化学习。此外,各国还注重将可持续发展教育、环境教育等内容纳入课程体系,培养学生的环保意识和社会责任感。

(四)注重实践与创新能力培养

国外课程改革强调实践与创新能力的培养,鼓励学生通过参与项目学习、社区服务等方式,将理论知识与实践经验相结合。例如,加拿大教育课程改革注重培养学生的综合素质和创造力,强调学生的实践能力和实践经验的重要性。其课程中引入"项目学习"和"社区服务"等教学方法,鼓励学生主动参与和实践。

(五)加强教师队伍建设与专业发展

教师是教育改革的关键力量。国外课程改革注重加强教师队伍建设,提高教师的专业素养和教学能力。这包括加强教师培训、提供专业发展机会、完善教师激励机制等。例如,美国通过设置高中STEM教师发展基金、STEM专家驻校项目和STEM主管转行教育者项目等,缓解STEM教师不足和素养较低的难题。

(六)推动教育国际化与跨文化交流

随着全球化的深入发展,教育国际化已成为不可逆转的趋势。国外课程改革注重推动教育国际化与跨文化交流,拓展学生的国际视野和培养学生跨文化沟通能力。这包括加强国际学生交流、开展跨国合作项目、提供多语言教学等。例如,澳大利亚教育课程改革注重培养学生的综合素质和创造力,强调学生的实践能力和实践经验的重要性。其引入"问题解决"和"创新思维"等教学方法,鼓励学生主动参与和实践,并通过国际学生交流计划拓宽学生的国际视野。

国外最新的课程改革体现了对核心素养、数字化、课程体系、实践能力、教师队伍以及国际化等方面的重视,与我国当前的课程改革在人才高质量发展目标方面有所趋同。

第二节 教学革命

课程改革是教学改革的第一步,为教学的实施勾勒了一幅基本蓝图。有了课程方面的新变化,教学设计、教学内容、教学实施方案、教学方法等都会随之进行调整,目的是在实践层面使新的人才培养目标实现。

一、国内教学新气象

随着课程改革对人才培养目标的高质量定位,国内基础教育阶段在教学方面也有了一些明显变化的信号,教学中特别重视教育质量、学生素养及个性化发展。

1. 义务教育进入"三新"时代

2024年秋季,我国义务教育进入"三新"时代,即新课标、新教材、新课堂的相互兼容与融合。新课标强调素养导向,注重学生核心素养的培养,从学科立场走向教育立场,优化课程内容结构,强化学科实践和跨学科主题学习;新教材在内容和结构上进行了全面调整,强化了理科学习,注重科技创新能力的培养;未来课堂教学包括学生学业评估模式将更加注重学生综合素质的培养,如阅读量大幅增加、跨学科学习成为常态、思维能力和创新能力提升成为教学目标的关键指标等。除此之外,注重在教学过程中增加实验、探究、项目式学习等实践活动,加强跨学科主题学习,促进学生综合运用知识,提升解决问题的能力。

2. 新课程标准对教材选用的基本原则

新教材须依据新课程标准编写,确保教学内容与课程目标的一致性。首先,教材内容要注重创新性和实用性的结合。教材内容反映最新的科技成果和社会发展趋势,同时贴近学生生活实际,激发学生的学习兴趣,体现时代性、创新性和实用性。其次,鼓励教材编写多样化。教材编写需体现多样化选择原则,满足不同地区、不同学校、不同学生的需求。同时,建立严格的教材选用机制,确保选用教材的质量。

3. 新课程标准对课堂教学的新要求

新课程标准对课堂教学的新要求,首先体现在课堂教学方式的转变,从传统的讲授式教学向启发式、探究式、讨论式等多元化教学方式转变,注重培养学生的自主学习能力和批判性思维。其次,体现在信息技术应用于课堂教学中的程度进一步加强,要求教师充分利用现代信息技术手段,如多媒体教学、网络教学等,丰富教学资源,提高教学效率和质量。再次,根据新课程标准的要求,课堂教学需尊重学生的个性差异和学习需求,实施分层教学、个性化教学等策略,确保每个学生都能享受适合自己的教育。

4. 新课程标准对评价制度的新调整

为了与新课程标准在培养目标上达成一致,作为教学过程监测手段的教学评价制度也有相应的调整:第一,实施多元化评价体系。建立多元化评价体系,包括形成性评价、终结性评价、表现性评价等多种评价方式,全面反映学生的学习情况和发展水平。第二,注重过程评价。关注学生的学习过程和学习态度,通过课堂观察、作业分析、学习档案等方式收集评价信息,为改进教学提供依据。第三,强化评价的诊断和改进功能。这种制度通过评价和发现学生的问题和不足,为教师提供有针对性的教学建议和指导,以评促教、以评促学,实现学生的持续发展。

二、国内"教学革命"行动方案

为贯彻党的二十大精神,落实立德树人根本任务,中华人民共和国教育部决定推进实施"基础教育课程教学改革深化行动"(以下简称"行动"),旨在提高基础教育质量,促进学生全面发展。"行动"明确指出,在基础教育阶段,加强科学类学科教学,提升学生的科学素养和解决实际问题的能力;推进教学方式变革,鼓励启发式、探究式、讨论式等多元化教学方式,注重学生自主学习能力的培养;建立多元化评价体系,注重过程评价和学生的全面发展;加强教师专业发展,推进教育信息化,提升教学质量和效率。

(一)新教学方式与方法融入课堂教学

1. 多元化教学方式

启发式教学:教师们通过创设情境、提出问题、引导探究等方式,激发学生的学习兴趣和求知欲,促进他们主动学习和思考,培养学生的思维能力。

探究式教学:指在教学过程中,鼓励学生通过探究问题、阅读、观察、思考、讨论和动手实验等方式自主发现并总结出相应的结论,自主获取知识,培养学生的实践能力和创新精神。

讨论式教学:指在教师指导下,组织学生围绕特定问题或主题,进行小组讨论,学生自学、自讲,积极发表自己的见解,通过师生间、生生间的多边交流,促进思想碰撞和观点交流,达到深入理解、掌握知识、发展学生的沟通能力和合作精神的目的。

2. 信息技术与教学深度融合

智能化教学工具:智能黑板与互动教学系统、在线学习平台。智能黑板作为智慧教室的核心设备,不仅支持高清显示和多点触控,还能实现智能识别与互动,极大地提升了课堂互动性。例如,教师可以通过智能黑板直接书写、标注,甚至进行远程协作,而学生则可以通过互动系统实时反馈学习成果,实现教学相长。在线学习平台不仅提供了丰富的学习资源,还能根据学生的学习习惯和进度提供个性化的学习内容。例如,某些平台通过大数据分析学生的学习数据,为学生定制个性化的学习计划,有效提高了学习效率。

虚拟现实(VR)与增强现实(AR)技术:虚拟现实技术能够创造出身临其境的学习环境,使学生在虚拟环境中进行实践操作和实验,从而加深对知识的理解和记忆。例如,在劳动教育中,学生可以通过VR技术模拟劳动过程,提高劳动技能和实际动手能力。增强现实技术则将数字信息叠加到现实世界中,为学生提供更加直观和生动的学习体验。例如,在历史课堂上,教师可以利用AR技术将历史事件和场景以三维图像的形式呈现给学生,使他们仿佛置身于历史的长河之中。

智能教学(AI助教):利用人工智能技术辅助教学,如AI助教可以辅助教师进行课堂管理、作业批改和学情分析等工作,减轻教师的工作负担。同时,AI助教还能根据学生的学习情况提供个性化的学习建议和反馈,帮助学生更好地掌握知识和技能,提高教学效率和针对性。课堂教学中,教师还可以通过引入智能评估系统,更加客观和全面地评估学生的学习成果。智能评估系统不仅能够自动批改作业和试卷,还能对学生的答题情况进行深入分析,为教师和学生提供有针对性的改进建议。

3. 注重学生个体差异的教学方法

分层教学:指根据学生的现有知识、能力水平和潜力倾向,将学生科学地分成几个层次或群体,并针对每个层次的特点和需求进行有针对性的教学,通过科学分层和有针对性的教学,确保每个学生都能享受适合自己的教育。

个性化教学:指根据学生的个体差异、兴趣爱好、学习风格和能力发展水平来定制教学内容、方法和评估方式,以学生为中心,为学生提供个性化的学习资源和指导方案,旨在满足每个学生的独特需求,激发他们的学习动力,提高学习效果。

混合式学习模式:这一模式结合了传统课堂学习和在线学习的优势,为学生提供了更加灵活和多样的学习方式。在这种模式下,学生既可以在课堂上接受教师的面授指导,又可以在课后通过在线学习平台进行自主学习和复习。这种学习方式有助于激发学生的学习兴趣和积极性,提高学习效果。

基于项目的学习(PBL):此模式是一种以学生为中心的教学方法,它鼓励学生通过参与实际项目来学习和掌握知识。在PBL中,学生需要围绕一个具体的问题或任务展开研究和实践,通过团队合作和自主探索来解决问题。这种教学方法有助于培养学生的创新思维、实践能力和团队协作能力。

(二)数字赋能教学过程

1. 教学内容与资源的数字化

通过视频、微课、图表、动画、虚拟仿真等多种形式,将教学内容以立体可视化的方式呈现,这有助于学生更好地理解记忆隐蔽工程、复杂节点、内部结构或标准化示范操作等难点内容,提高学习效果和教学质量。

利用网络平台提供在线课程,学生可以在家中或其他地方通过网络进行学习。在线课程通常包括视频讲解、在线测试、互动问答等环节,能够为学生提供更加灵活、便捷的学习方式。

通过虚拟现实技术模拟实验环境,让学生在虚拟环境中进行实验操作。虚拟实验室能够为学生提供更加安全、经济的实验条件,同时也能够帮助学生更好地理解实验原理和过程。

建立教育资源库,将各种优质的教学资源进行分类、整理、存储和共享。教育资源库可以包括电子图书、教学视频、教学课件、教学案例等多种形式的教学资源,为教师和学生提供丰富的学习材料。

2. 教学设计与组织的创新

个性化教学设计:借助数智化教学平台和数字信息技术,快速获取并优化教学内容资源,实现教学内容的个性化设计。它可以通过数据分析学生的学习行为和效果,提供针对性的教学内容和多样化的学习资源。

互动式教学模式:利用数字技术,实现师生之间的实时互动和反馈。例如,通过在线教学平台,教师可以随时了解学生的学习进度和疑问,及时解答和指导,增强课堂的互动性和学生的参与度。

3. 教学评价与反馈的智能化

实时数据采集与分析:通过课堂和教学平台实时采集教学互动和学习评价数据,运用智能教学系统和大数据分析技术,对数据进行实时智能分析或交叉统计分析。这有助于全面掌握学生的学习个性化需求、习惯和效果,及时调整教学内容和策略。

可视化评价与反馈:将教学评价结果以图表、词云、PK排名或个体画像等形式进行可视化呈现,实现以评促教、以评促学。这种直观的评价方式有助于教师和学生及时发现问题并改进。

4. 学习方式的多样化与泛在化

自主学习与个性化学习:学生可以根据个性化学习指导意见,自主选择学习模块、学习方式、学习时间和学习伙伴。借助数字化教学平台,学生可以完成自我训练、检测和再提升,实现个性化学习。

泛在化学习:数字技术打破了时间和空间的限制,学生可以随时随地通过在线学习平台进行学习。这种泛在化的学习方式有助于学生更好地利用碎片时间进行学习,提高学习效率。

5. 教育管理的数字化

常态数据采集与分析:常态采集学生行为养成、学业成绩、体质健康等数据以及教师的相关数据,动态反馈师生发展样态,为个性化成长精准导航。这有助于教育管理者更好地了解师生状况,制定针对性的管理措施。

智能化管理系统:通过数字化管理系统,实现对学校、教师、学生的系统管理,提高管理效率。例如,利用声纹识别等人工智能技术对教师行为进行准确识别和分析,为教学评价和反思提供有力支持。

可以说,数字赋能教学过程已是不争事实,具体体现在教学内容与资源的数字化、教学设计与组织的创新、教学评价与反馈的智能化、学习方式的多样化与泛在化以及教育管理的数字化等多个方面。这些数字化手段的应用,有助于提升教学质量和效率,促进学生的全面发展。

(三)教师专业发展强调全能型发展

高质量教学要求和高素质人才培养目标对教师提出了更多专业方面的发展要求,未来教师的专业发展不再局限于专业知识、教学技能、教育理念、课堂管理与自我管理等方面,而是向全能型教师专业发展方向努力。全能型教师的专业发展是一个多维度的过程,要与人才发展目标相呼应,从学科立场走向教育立场,通过对自身素质的锻造,有效促进人才素养的全面养成。全能型中小学教师所具备的全新素养涵盖了师德师风、专业素养、教学能力、沟通能力及创新能力。

1. 师德师风

崇高的师德:中小学教师应具备高尚的职业道德,热爱教育事业,具有职业理想和敬业精神。他们应以身作则,为学生树立良好的榜样,成为学生的楷模。

热爱学生:教师应关爱每一位学生,尊重他们的人格和权益,平等对待每一个学生,不歧视、不体罚学生。他们应相信和关心学生,成为学生的朋友和引路人。

为人师表:教师应注重自身的言行举止,做到言传身教,通过自己的言行去影响学生,培养学生的良好品德。

2. 专业素养

自我发展规划:全能型教师需要制定自我发展规划明确自己的职业目标和发展方向。这包括设定短期和长期的发展目标、制定实现目标的计划和措施、定期评估自己的发展进度和成果等。通过自我发展规划的实施,教师可以不断提高自己的专业素养和综合能力水平,实现个人价值和社会价值的双重提升。

学科知识深化:全能型教师需要具备扎实的学科知识基础,并随着学科发展不断更新和深化自己的知识储备,具备终身学习的意识和能力,不断更新自己的知识结构,提升专业素养。除了学科知识外,教师还应具备广博的科学文化知识,具备一定的人文素养和科学素养,以便更好地满足学生的求知欲和好奇心。教师通过参加专业培训、学术研讨会、阅读专业文献等方式,以保持对学科前沿动态的敏感性和掌握最新的教育理念。

教学技能提升：除了学科知识外，教学技能也是全能型教师不可或缺的一部分。这包括教学设计、课堂管理、学生评价等多个方面。教师需要不断反思自己的教学实践，总结经验教训，并通过观摩优秀课例、参加教学比赛等方式提升自己的教学技能。

教育科研能力：全能型教师需要具备一定的教育科研能力，能够针对教学实践中的问题进行深入研究和分析。这包括选题能力、文献综述能力、实验设计能力、数据分析能力等。教师需要积极参与教育科研活动，将自己的实践经验上升为理论成果，为教育改革和发展贡献自己的力量。

信息技术应用：在信息化时代，全能型教师还需要具备熟练的信息技术应用能力。这包括多媒体教学设备的操作、网络教学资源的获取与利用、以及利用信息技术进行个性化教学等。教师需要不断学习和掌握新的信息技术手段，以提高教学效率和质量。

教学反思能力：教学反思是全能型教师专业成长的重要方式。教师需要对自己的教学实践进行定期反思和总结，发现问题和不足，并思考改进策略和方法。通过教学反思，教师可以不断完善自己的教学理念和技能水平，提高教学效果和质量。

3. 教学能力

新教育理念指导教学：教师需要不断更新自己的教育理念，以适应教育改革和发展的要求。这包括以学生为中心的教学理念、全面发展的教育理念、终身学习的教育理念等。教师需要将这些理念融入自己的教学实践中，关注学生的全面发展和个性差异。

教学设计能力：教师应能够根据学生的实际情况和学科特点，制订科学合理的教学计划，设计生动有趣的教学活动。

课堂管理能力：教师应具备良好的课堂管理能力，能够有效地组织和管理课堂教学，确保教学活动的顺利进行。

学生引导能力：教师应善于引导学生自主学习、合作学习和探究学习，激发学生的学习兴趣和积极性。

评价反馈能力：教师应能够客观公正地评价学生的学习成果，及时给予反馈和指导，帮助学生改进学习方法，提高学习效果。

4. 沟通能力

与学生沟通：教师应善于与学生沟通交流，了解他们的需求和困惑，为他们提供必要的帮助和支持。

与家长沟通：教师应与家长保持密切联系，及时向家长反馈学生的学习情况和表现，共同促进学生的全面发展。

与同事沟通：教师应与同事建立良好的合作关系，共同探讨教学问题，分享教学经验，提高教学效果。

5. 创新能力

教学理念创新：教师应敢于尝试新的教学理念和方法，不断探索适合学生的教学模式和策略。

教学内容创新:教师应关注学科前沿动态和社会热点问题,将最新的知识成果和时事热点融入教学中。

教学手段创新:教师应熟练运用现代教育技术手段进行教学,如多媒体教学、网络教学等,提高教学效率和效果。

全能型教师的专业发展是一个全面而持续的过程,需要教师在多个方面不断努力和提升自己以满足教育改革和发展的要求并为学生的全面发展和个性差异提供更好的教育服务。

(四)探索家校社区协同育人模式

新的义务教育课程方案以及新的课程改革实践对教育教学的内部教育质量和外部育人环境方面都有新的要求,家校社区协同育人模式的探索也是当前学生核心素养发展背景下的一个重要课题,旨在通过家庭、学校和社区三方的紧密合作,形成教育合力,提高教育质量,共同促进学生的全面发展。

1. 理念认同

提升共育意识:家庭、学校和社区应充分认识到协同育人的重要性,树立共同的教育理念,形成教育合力。

健全共育制度:建立健全家校社区协同育人的相关制度和政策,明确各方责任和义务,为协同育人提供制度保障。

2. 合作机制探索

成立组织机构:成立由学校、家庭和社区代表组成的协同育人委员会或领导小组,负责协调各方资源,制定协同育人计划和方案。

明确职责分工:明确家庭、学校和社区在协同育人中的职责和分工,确保各方能够各司其职、各尽其责。

建立家校沟通机制:通过家长会、家访、家校联系册、网格化管理、开放日活动等方式,加强学校与家庭之间的沟通和联系。及时了解学生在家庭中的表现和需求,为家长提供个性化的教育建议;利用社区网格化管理机制,加强与家长的沟通和联系,及时反馈学生在校情况;定期举办校园开放日活动,邀请家长和社区代表参观学校,了解学校教育教学情况。

利用信息技术:建立家校社区协同育人的网络平台或APP,方便各方随时随地进行沟通和交流。

家庭教育指导:学校为家长提供家庭教育指导服务,帮助家长树立正确的教育观念,掌握科学的教育方法。

社区实践活动:组织学生参加社区实践活动,如志愿服务、文化体验等,让学生在实践中增长见识、锻炼能力。

家校共育课程：开发家校共育课程，将家庭教育和学校教育有机结合，形成互补优势。

整合教育资源：充分利用学校、家庭和社区的教育资源，为学生提供丰富多样的学习机会和体验。

引入社会资源：邀请社会专业人士、志愿者等参与协同育人工作，为学生提供专业指导和帮助。

3.资源与环境支持

社区资源利用：加强与社区的合作，利用社区内的文化、体育、科技等资源，为学生提供丰富的课外学习和实践机会。

企业合作：探索与企业的合作育人模式，邀请企业家进校园开展讲座、实训等活动，增强学生的职业素养和实践能力。

志愿服务平台：搭建志愿服务平台，组织学生参与社区志愿服务活动，培养学生的社会责任感和奉献精神。

营造良好氛围：通过家校社区协同育人活动，弘扬社会主义核心价值观，培养学生的道德品质和文明素养。加强家庭、学校和社区之间的沟通和协作，营造和谐、积极向上的育人环境。关注特殊群体，特别关注贫困生、单亲生、留守学生等特殊群体，为其提供个性化的关怀和帮助，确保他们有公平的受教育机会。

家校社区协同育人模式虽具有诸多优势，但在实施过程中也面临一些挑战，如各方参与度不高、资源分配不均等，因此，需要从加强宣传引导、完善制度保障、加强资源整合、强化监督评估等多方面入手，形成家校社区三方共育的良好局面，为学生发展保驾护航。

主要参考文献

[1] CHARTERS W. Curriculum Construction[M]. New York：Macmillan，1923.

[2] TAYLOR F W. The Principles of Scientific Management[M]. New York：Harper，1911.

[3] 卢梭.爱弥儿[M].北京：商务印书馆，1978.

[4] 夸美纽斯.大教学论[M].傅任敢，译.北京：人民教育出版社，1984.

[5] 巴格莱.教育与新人[M].袁桂林，译.北京：人民教育出版社，1996.

[6] 杜威.民主主义与教育[M].王承绪，译.北京：人民教育出版社，1990.

[7] 泰勒.课程与教学的基本原理[M].施良方，译.北京：人民教育出版社，1994.

[8] 巴班斯基.中学教学方法的选择[M].张定璋，高文，译.北京：科学出版社，1985.

[9] 曹孚.外国教育史[M].北京：人民教育出版社，1979.

[10] 常锐伦，唐斌.美术学科教育学[M].北京：人民美术出版社，2007.

[11] 陈晓端，张立昌.课程与教学通论[M].西安：陕西师范大学出版社，2017.

[12] 陈旭远.课程与教学论[M].长春：东北师范大学出版社，2002.

[13] 丛立新.课程论问题[M].北京：教育科学出版社，2001.

[14] 戴忠恒.心理与教育测量[M].上海：华东师范大学出版社，1987.

[15] 傅道春.新课程中教师行为的变化[M].北京：首都师范大学出版社，2001.

[16] 高孝传.课程目标研究[M].北京：教育科学出版社，2001.

[17] 黄甫全，王本陆.现代教学论教程[M].北京：教育科学出版社，1998.

[18] 黄甫全.课程与教学论[M].北京：高等教育出版社，2019.

[19] 教育部基础教育课程教材发展中心组.基础教育课程改革通识培训丛书[M].北京：北京师范大学出版社，2001.

[20] 靳玉乐.新教学方式的实践艺术[M].成都：四川教育出版社，2009.

[21] 孔凡哲，崔英梅.课堂教学新方式及其课堂处理技巧基本方法与典型案例[M].福州：福建教育出版社，2011.

[22] 李保强，周福盛.教育基本原理[M].济南：山东人民出版社，2008.

[23] 李秉德，李定仁.教学论[M].北京：人民教育出版社，1991.

[24] 李如密.教学艺术论[M].北京：人民教育出版社，2011.

[25] 马云鹏.课程与教学论[M].北京：中央广播电视大学出版社，2002.

[26] 潘洪建,陈云奔.课程与教学论基础[M].2版.镇江:江苏大学出版社,2020.

[27] 潘丽平,阮学,顾燕萍.教育教学理论与现代教育技术[M].长春:吉林人民出版社,2020.

[28] 瞿葆奎.教育学文集·教学(上)[M].北京:人民教育出版社,1988.

[29] 瞿葆奎.教育学文集·课程与教材(上)[M].北京:人民教育出版社,1988.

[30] 饶玲.课程与教学论[M].福州:福建教育出版社,2019.

[31] 施良方,崔允漷.教学理论:课堂教学的原理、策略和研究[M].上海:华东师范大学出版社,1999.

[32] 施良方.课程理论[M].北京:教育科学出版社,1996.

[33] 施良方.学习论[M].北京:人民教育出版社,1994.

[34] 王策三.教学论稿[M].北京:人民教育出版社,1985.

[35] 王强,黄永超,徐学军.现代信息技术与物理教学结合研究[M].长春:吉林人民出版社,2019.

[36] 吴畏.中国教育管理精览[M].北京:警官教育出版社,1998.

[37] 吴也显.教学论[M].北京:教育科学出版社,1991.

[38] 吴卓岗.教学的原理模式和活动[M].南宁:广西教育出版社,1998.

[39] 夏瑞庆.课程与教学论[M].合肥:安徽大学出版社,2002.

[40] 谢小苑.大学英语新课程体系探索[M].北京:光明日报出版社,2019.

[41] 徐志彤.优质教育长出来:高质量实施学校课程建设的区域实践[M].北京:光明日报出版社,2020.

[42] 闫祯.教育学学程:模块化理念的教师行动与体验[M].北京:北京大学出版社,2010.

[43] 张华.课程与教学论[M].上海:上海教育出版社,2000.

[44] 张焕庭.西方资产阶级教育论著选[M].北京:人民教育出版社,1979.

[45] 张人杰.国外教育社会学基本文选[M].上海:华东师范大学出版社,1989.

[46] 张释元,谢翌.课程与教学论[M].南昌:江西高校出版社,2018.

[47] 赵祥麟,王承绪.杜威教育论著选[M].上海:华东师范大学出版社,1981.

[48] 中华人民共和国教育部.开创基础教育改革与发展的新局面[M].北京:团结出版社,2001.

[50] 钟启泉,张华.课程与教学论[M].广州:广东高等教育出版社,1999.

[51] 李锡云,石怀文.体育研究[M].昆明:云南科学技术出版社,2004.

[52] 课程教材研究所.课程改革整体论[M].北京:人民教育出版社,2003.

[53] 余文森,龙安邦.论义务教育新课程标准的教育学意义[J].课程·教材·教法,2022(6):4—13.